# Before/After
# 会社法改正

田中　亘　Wataru Tanaka

梅野晴一郎　Seiichiro Umeno

沖　隆一　Ryuichi Oki

加藤貴仁　Takahito Kato

齊藤真紀　Maki Saito

邉　英基　Hideki Ben

編著

弘文堂

# はしがき

　株主総会資料の電子提供制度、一定の会社への社外取締役の選任義務づけ、および株式交付制度の創設などを内容とする、令和元年会社法改正が実現し、令和 3 年 3 月 1 日から施行されることとなった（電子提供制度については、改正法公布の日（令和元年 12 月 11 日）から 3 年 6 か月を超えない範囲で政令で定める日から施行）。

　本書は、法制審議会会社法制（企業統治等関係）部会の委員・幹事または法務省関係官として改正論議に関わった編者らが作成した設例（**Case**）を素材として、会社法の研究者や実務家である執筆陣が、法改正の内容、改正が会社法務に与える影響、および改正法下での解釈問題等について、検討、解説を行うものである。

　本書は、『Before ／ After 民法改正』、『Before ／ After 相続法改正』（ともに潮見佳男ほか編著）に次ぐ、弘文堂の Before ／ After シリーズの第 3 弾に当たる。従来、同シリーズでは、ある **Case** について、それが法改正の前（Before）と後（After）に起きたとした場合に、それぞれどのような法的処理がされるかを見開き 2 頁で解説するという方式を採用し、好評を博してきた。

　しかし、会社法改正の場合には、株主総会資料の電子提供制度や株式交付制度のように、改正前にはなかった新しい制度が創設されており、本書では、そうした新設の制度自体の内容や、当該制度下での解釈問題等について解説することが求められる。このような場合、法改正前には対応する制度自体が存在しないことから、Before ／ After の形式で解説を行うことは難しい面がある。他方、例えば D&O 保険契約の取扱いが法改正前後でどのように変わったのかを問う設問のように、改正事項によっては、Before ／ After 形式で解説することが適切な場合もある。

　そこで、本書では、問題の内容に応じて、Before ／ After の形式で解説する設問と、そうでない設問を設けることにした。各設問について、解説が【**Before**】と【**After**】に分かれているものは、その **Case** が法改正前と改正後に起きた場合のそれぞれの法的処理について解説している。これに対し、解説が【**Before**】と【**After**】に分かれていない設問は、もっぱら、その **Case** が法改正後に起きたと想定して、改正法下での処理の仕方を解説するものである。

　本書の章立てや設例の順序は、基本的に、法制審議会平成 31 年 2 月 14 日付「会社法制（企業統治等関係）の見直しに関する要綱」の章立てや提案の順序によっている。読者の参照の便宜のため、事項索引の他、条文索引を設けた。本書が、会社法の実務や研究に従事する方々や、会社法の学習者によって参照され、改正会社法をより良く理解する助けになれば幸いである。

今回の改正では、関係省令の公布の日（令和2年11月27日）から改正法の施行日（同3年3月1日）までの期間がかなり短かったが、省令の内容をも織り込んだ上で施行日前に本書を刊行するため、執筆者には、省令案がパブリック・コメントに付された段階で原稿の提出をお願いし、校正の段階で、確定した省令の内容に基づいて適宜修正を頂いた。このようにタイトなスケジュールの中で刊行にこぎ着けることができたのは、執筆者のご努力のほか、企画の段階から一貫して本書を担当された弘文堂の北川陽子さんのご尽力の賜物である。編者一同を代表して厚くお礼申し上げる。

　　　令和3年1月

編者を代表して

田中　亘

編者

田中　亘・梅野晴一郎・沖 隆一
加藤貴仁・齊藤真紀・邉 英基

●編者紹介

**田中　亘**（たなか・わたる）

　1973 年生まれ。東京大学法学部卒。

　現在、東京大学社会科学研究所教授。

　主著：『企業買収と防衛策』（商事法務・2012）、『会社法［第 2 版］』（東京大学出版会・2018）、『数字でわかる会社法』（編著、有斐閣・2013）

**梅野晴一郎**（うめの・せいいちろう）

　1961 年生まれ。早稲田大学政治経済学部卒。

　現在、弁護士（長島・大野・常松法律事務所）。

　主著：日本弁護士連合会編『実務解説 改正会社法［第 2 版］』（共著、弘文堂・2021）

**沖　隆一**（おき・りゅういち）

　1959 年生まれ。京都大学法学部卒。

　現在、弁護士（沖総合法律事務所）。

　主著：『新株主総会ガイドライン』（分担執筆、商事法務・2007）、『新・取締役会ガイドライン』（分担執筆、商事法務・2011）、『実務解説改正会社法［第 2 版］』（共著、弘文堂・2021）

**加藤貴仁**（かとう・たかひと）

　1979 年生まれ。東京大学法学部卒。

　現在、東京大学大学院法学政治学研究科教授。

　主著：『株主間の議決権配分——一株一議決権原則の機能と限界』（商事法務・2007）、山下友信＝神田秀樹編著『金融商品取引法概説［第 2 版］』（分担執筆、有斐閣・2017）

**齊藤真紀**（さいとう・まき）

　1974 年生まれ。京都大学法学部卒。

　現在、京都大学大学院法学研究科教授。

　主著：伊藤靖史＝伊藤雄司＝大杉謙一＝齊藤真紀＝田中亘＝松井秀征『事例で考える会社法［第 2 版］』（共著、有斐閣・2015）、森本滋編『商行為法講義［第 3 版］』（分担執筆、成文堂・2009）

**邉　英基**（べん・ひでき）

　1984 年生まれ。慶應義塾大学法学部法律学科卒。

　現在、弁護士（森・濱田松本法律事務所）。

　主著：竹林俊憲編著『一問一答 令和元年改正会社法』（共著、商事法務・2020）、戸嶋浩二編著『事例分析からみた上場会社法制の現状—上場会社投資と資本政策』（共著、商事法務・2011）

●執筆者一覧 （五十音順）　＊印：編著者

新木　伸一　　（あらき・しんいち）　　　弁護士（長島・大野・常松法律事務所）

飯田　秀総　　（いいだ・ひでふさ）　　　東京大学大学院法学政治学研究科准教授

梅野晴一郎＊　（うめの・せいいちろう）　弁護士（長島・大野・常松法律事務所）

沖　　隆一＊　（おき・りゅういち）　　　弁護士（沖総合法律事務所）

尾崎　悠一　　（おざき・ゆういち）　　　東京都立大学大学院法学政治学研究科教授

笠原　武朗　　（かさはら・たけあき）　　九州大学大学院法学研究院教授

加藤　貴仁＊　（かとう・たかひと）　　　東京大学大学院法学政治学研究科教授

久保　大作　　（くぼ・だいさく）　　　　大阪大学大学院高等司法研究科教授

久保田安彦　　（くぼた・やすひこ）　　　慶應義塾大学大学院法務研究科教授

小磯　孝二　　（こいそ・こうじ）　　　　弁護士（奥・片山・佐藤法律事務所）

齊藤　真紀＊　（さいとう・まき）　　　　京都大学大学院法学研究科教授

白井　正和　　（しらい・まさかず）　　　京都大学大学院法学研究科教授

髙橋　陽一　　（たかはし・よういち）　　京都大学大学院法学研究科准教授

田中　　亘＊　（たなか・わたる）　　　　東京大学社会科学研究所教授

田村　　篤　　（たむら・あつし）　　　　みずほ銀行法務部付参事役・弁護士

塚本　英巨　　（つかもと・ひでお）　　　弁護士（アンダーソン・毛利・友常法律事務所外国法共同事業）

津野田一馬　　（つのだ・かずま）　　　　大阪大学大学院法学研究科准教授

豊田　祐子　　（とよだ・ゆうこ）　　　　弁護士（シティユーワ法律事務所）

中込　一洋　　（なかごみ・かずひろ）　　弁護士（司綜合法律事務所）

中野　竹司　　（なかの・たけし）　　　　弁護士・公認会計士（奥・片山・佐藤法律事務所）

野澤　大和　　（のざわ・やまと）　　　　弁護士（西村あさひ法律事務所）

舩津　浩司　　（ふなつ・こうじ）　　　　同志社大学法学部教授

邉　　英基＊　（べん・ひでき）　　　　　弁護士（森・濱田松本法律事務所）

松井　智予　　（まつい・ともよ）　　　　東京大学大学院法学政治学研究科教授

松元　暢子　　（まつもと・のぶこ）　　　学習院大学法学部教授

森　まどか　　（もり・まどか）　　　　　中京大学法学部教授

矢野　　領　　（やの・りょう）　　　　　弁護士（田邊・矢野・八木法律事務所）

山下　徹哉　　（やました・てつや）　　　京都大学大学院法学研究科准教授

渡邉　展行　　（わたなべ・のぶゆき）　　みずほ銀行証券部調査チーム部長代理

# contents

## 第1章　株主総会　　　　　　　　　　　　　　2

### Ⅰ　電子提供制度……………2

### Ⅱ　株主提案権……………30

## 第2章　取締役等　　50

## 第3章 その他　122

### Ⅰ 社債の管理……………122

### Ⅱ 株式交付……………150

## Ⅲ　その他……………184

# 凡　例

1　本書は、令和元年会社法改正（関係省令の改正を含む）による改正前の法を「旧法」、改正後の法を「新法」（または「改正法」）とし、100 の設例（**Case**）について、各設例を見開き 2 頁で、「旧法での処理はどうであったか」（【Before】）、「新法での処理はどうなるか」（【After】）の順序で解説を行っている。ただし、新法においてはじめて導入される規定・制度に関する **Case** の場合は、必ずしもこの形式をとらず、新法の解説のみのものもある。

2　会社法については、「会社法の一部を改正する法律」（令和元年法律第 70 号。令和元年12 月 11 日公布）による改正前の条文は、「旧○条」、改正後の条文は、「新○条」として引用する。改正前後で内容が変わらない条文は、単に「○条」として引用する。ある条文の中で一部の項・号が改正された場合において、その条文全体でなく特定の項（号）を引用する場合は、改正前後で内容が変わった項（号）を引用するときのみ、「旧○条△項（×号）」「新○条△項（×号）」とし、内容が変わらない項（号）を引用するときは、単に「○条△項（×号）」とする（改正により項（号）が追加または削除されたために、その後の項（号）の番号がずれた場合、内容が変わったものとする）。

　　会社法施行規則・会社計算規則については、「会社法施行規則等の一部を改正する省令」（令和 2 年法務省令第 52 号。令和 2 年 11 月 27 日公布）による改正前の条文は、「旧施規○条」「旧計規○条」と、改正後の条文は、「新施規○条」「新計規○条」として引用し、改正前後で内容が変わらない条文は、単に「施規○条」「計規○条」として引用する。ある条文の中で項（号）の一部に改正があった場合の引用方法は、会社法と同様とする。

　　その他の法令についても、令和元年会社法改正に伴い改正のあった条文を引用する場合は、上記と同様の方法で引用する 。

　　新法は、一部を除いて令和 3 年 3 月 1 日に施行されるが、本書で新法について解説する際は、既に施行されているとみなす。令和元年会社法改正に関係しない法令については、令和 2 年 12 月現在施行されている法令による。

3　会社法の条文は、条文番号のみで引用し、その他の法令の表記は、以下の例による。
　　　　施規　　会社法施行規則
　　　　計規　　会社計算規則
　　　　金商法　金融商品取引法
　　　　振替法　社債、株式等の振替に関する法律

4　判例の引用は、大方の慣例に従った。判例集等を略語で引用する場合には、以下の例による。

　　　民集　　最高裁判所（大審院）民事判例集
　　　高民集　高等裁判所民事判例集
　　　新聞　　法律新聞
　　　判時　　判例時報
　　　判タ　　判例タイムズ
　　　金法　　金融法務事情
　　　金判　　金融・商事判例

5　文献等の略語は、以下の例による。

　　　部会　　法制審議会会社法制（企業統治等関係）部会
　　　要綱　　会社法制（企業統治等関係）の見直しに関する要綱（法制審議会（平成 31 年 2 月 14 日））
　　　中間試案　会社法制の見直しに関する中間試案（法制審議会会社法制（企業統治等関係）部会（平成 30 年 2 月 14 日））
　　　補足説明　法務省民事局参事官室「会社法制（企業統治等関係）の見直しに関する中間試案の補足説明」旬刊商事法務 2160 号（2018 年）
　　　神田(1)～(8)　神田秀樹「『会社法制（企業統治等関係）の見直しに関する要綱案』の解説(1)～(8)」旬刊商事法務 2191 号～ 2198 号（2019 年）
　　　竹林ほか・別冊商事　竹林俊憲ほか「令和元年改正会社法の解説」『令和元年改正会社法②—立案担当者・研究者による解説と実務対応』別冊商事法務 454 号（2020 年）
　　　一問一答　竹林俊憲編著『一問一答令和元年改正会社法』（商事法務・2020 年）

　　　ジュリ　ジュリスト
　　　商事　　旬刊商事法務
　　　ひろば　法律のひろば
　　　民商　　民商法雑誌

# Before/After 会社法改正

株主総会

取締役等

その他

## I……電子提供制度❶

# 1
# 新たな電子提供制度の概要

## Case

　A株式会社（取締役会設置会社であるとする。以下、Case 2 ～ 14 まで同じ）は、株主総会資料を、なるべく書面でなく、電磁的な方法で株主に提供したいと考えている。A会社は、どのような方法を用いることができるか。

【Before】

　A会社のような取締役会設置会社は、原則として、株主総会の招集通知を書面により行わなければならない（299条2項2号）。定時株主総会で提供すべき計算書類等（437条・施規133条2項1号・計規133条2項1号）および連結計算書類（444条6項・計規134条1項1号）や、株主に書面投票または電子投票を認める場合（298条1項3号4号）に提供すべき株主総会参考書類および議決権行使書面（301条1項・302条1項）も、書面により提供しなければならないのが原則である。

　法改正前も、株式会社は、株主の個別の承諾を得れば、上記の株主総会資料の全部を、株主に対して電磁的方法により提供すること（電子提供）ができた（299条3項・301条2項・302条2項・437条・施規133条2項2号・計規133条2項2号、444条6項・計規134条1項2号。以下、これを「個別承諾による電子提供制度」という）。なお、「電磁的方法」とは、2条34号・施規222条1項各号に定める方法をいい、具体的には、①電子メールの送信（同項1号イ）、②インターネットのウェブサイト等への掲載（同号ロ）、または③磁気ディスク等の交付（同項2号）である。いずれの方法による場合も、受信者が受信した記録をプリントアウトできることを要する（同条2項）。もっとも、個別承諾をとることが煩瑣であることもあってか、同制度の利用は少数にとどまる（商事法務研究会が上場会社を対象に実施している「株主総会に関するアンケート調査」では、2017年7月～2018年6月の間に開催された定時株主総会において、個別承諾による電子提供制度を利用した会社は、回答会社1727社中65社（3.8％）である。商事法務研究会編・2018年版「株主総会白書」商事2184号（2018年）60頁）。

　また、定款の定めに基づき、株主総会資料をインターネットのウェブサイトに掲載するウェブ開示の制度もあるが、同制度によって電子提供ができるのは、株主総会資料のうちの一部に限られる（旧施規94条・133条3項、計規133条4項・旧134条4項）。なお、

新型コロナウイルス感染症の拡大を受けた特例措置として、ウェブ開示事項の対象範囲が、事業報告に表示すべき事項の一部ならびに貸借対照表および損益計算書に表示すべき事項に拡大された（令和2年法務省令第37号による改正後の施規133条の2・計規133条の2）。当該措置は、令和2年11月16日に失効したが、同年12月4日にパブリック・コメントに付された省令改正（会社法施行規則及び会社計算規則の一部を改正する省令案）により、令和3年9月30日まで延長される見通しである。

## 【After】

今回の会社法改正により、株主総会資料をインターネットのウェブサイトに掲載し（電子提供措置。新325条の2）、株主に対しては、株主総会の日時場所や目的事項のほか、当該ウェブサイトのアドレス等、最低限の情報を記載した書面による招集通知（新325条の4第2項）をすれば足りるものとする、新たな電子提供制度（以下、本問で「本制度」という）が導入されることとなった。

本制度は、個別承諾による電子提供制度とは異なり、定款の定めによって導入することができる（新325条の2。なお、上場会社には導入が義務づけられる→ Case 2）。また、ウェブ開示の制度とも異なり、原則として株主総会資料全部が、電子提供措置の対象になる（→ Case 3）。本制度により、株式会社は、紙資料の印刷・郵送の費用を削減できるほか、株主に対し、従来よりも早期に充実した内容の株主総会資料を提供することができるようになることが期待されている（補足説明第1部第1商事24頁）。もっとも、ウェブサイトにアクセスすることが困難な株主のために、株式会社に対し、書面による株主総会資料の提供を請求する権利（書面交付請求権）を保障するものとされている（→ Case 8）。

なお、法改正前から存した、個別承諾による電子提供制度およびウェブ開示の制度は、本制度の導入により廃止されることはなく、本制度と併存することになる。すなわち、本制度の導入後も、株式会社は、299条3項により株主の個別の承諾を得れば、株主総会資料全部（招集通知を含む）を電子提供することが基本的に可能である（→ Case 9(2)）。また、法改正前にウェブ開示をすることができた事項については、株主から書面交付請求を受けた場合も、書面による提供を要しない旨を定款で定めることが基本的に可能である（一部、書面提供を要する事項もある。詳しくは→ Case 9(1)）。

本制度については、株主の書面交付請求に対応する制度の整備に時間を要することから、改正法の公布の日（令和元年12月11日）から3年6か月を超えない範囲において政令で定める日から施行するものとされている（新附則1条）。　　　　　　［田中　亘］

# 2
# 電子提供制度の導入方法、導入義務を負う会社

## Case

　A株式会社は、会社法改正で新設された新たな電子提供制度（以下、「本制度」という）を導入するかどうか検討している。

　(1)　A会社が上場会社である場合、本制度を導入しないという選択ができるか。

　(2)　A会社が上場会社でない場合、本制度を導入するにはどうすればよいか。

　(3)　A会社が本制度を導入したことは、どのような方法で公示されるか。

**(1)について**

　本制度は、株式会社が、株主総会資料をインターネットのウェブサイトに掲載する措置（「電子提供措置」。新325条の2→Case 3）をとったうえ、株主に対しては、当該ウェブサイトのアドレス等、最低限の情報を記載した書面による招集通知を行う（新325条の4第2項→Case 5）というものである。

　一般に、株式会社が本制度を導入するには、定款で、「電子提供措置をとる旨」を定める必要があり、かつ、それをもって足りる（新325条の2柱書後段）。株式会社が本制度を導入するかどうかは、各会社の判断に任される。ただし、振替法128条1項の振替株式の発行会社は、電子提供措置をとる旨を定款で定めなければならないものとされる（新振替法159条の2第1項）。また、既存の振替株式発行会社については、本制度に関する改正法の施行日を定款変更の効力発生日として、電子提供措置をとる旨の定款変更決議をしたとみなされる（整備法10条2項）。上場株式はすべて振替株式であることから、上場会社については、本制度の導入が義務づけられることになる。これは、株主にとっての分かりやすさや、インターネットを利用した株主への株主総会資料の提供を促進するという観点から、上場会社に対しては、本制度を一律に導入することが望ましいと考えられた結果である（補足説明第1部第1の1(2)商事24頁。部会やパブリック・コメントでの意見につき、神田(1)6頁）。

　したがって、A会社が上場会社である場合は、本制度を導入しないという選択はできないことになる。ただし、A会社は、電子提供措置をとる一方で、各株主に対しては、

従来どおり、書面による株主総会資料の提供を任意に行うことは可能である（→ Case 6）。

## (2)について

　A会社が上場会社でない場合には、本制度を導入するかどうかは、A会社の判断に任される。A会社が本制度を導入するには、株主総会の特別決議によって定款の変更を行い（466条・309条2項11号）、電子提供措置をとる旨を定める必要がある（新325条の2）。定款には、単に「電子提供措置をとる旨」を定めれば足り、措置の詳細について定める必要はない（同条柱書後段）。

　なお、A会社は取締役会設置会社であり（→ Case 1 設問）、招集通知を書面でしなければならない会社であるが（299条2項2号）、そのような会社が、定款で電子提供措置をとる旨を定めた場合には、その会社が開催するすべての株主総会（種類株式発行会社である場合は、種類株主総会も含む→ Case 14）に際して電子提供措置をとらなければならず（新325条の2・325条の3第1項・325条の7参照）、株主総会ごとに、取締役の判断で電子提供措置をとったりとらなかったりするといったことはできない点に、留意が必要である。

## (3)について

　株式会社において電子提供措置をとる旨の定款の定めがあることは、登記事項となる（新911条3項12号の2）。A会社は、電子提供措置をとる旨の定款の定めをしたときから2週間以内に、本店の所在地において変更の登記をしなければならない（915条1項）。これにより、A会社が本制度を導入したことが公示されることになる。　　　　［田中　亘］

# 3
# 電子提供措置の方法①

## Case

A株式会社は、定款により電子提供措置をとる旨を定めた。株主総会時期が近づいたため、株主総会資料について電子提供措置をとろうとしている。

(1) 電子提供措置とは、具体的にはどのような措置か。

(2) 電子提供措置をとるべき株主総会資料とは、どのようなものか。それらの資料を株主に書面により交付する場合にも、電子提供措置はとらなければならないか。

(3) 電子提供措置をとったことについて、調査機関の調査を受ける必要があるか。

**(1)について**　「電子提供措置」とは、電磁的方法により株主（種類株主総会を招集する場合にあっては、ある種類の株主に限る）が情報の提供を受けることができる状態に置く措置であって、法務省令で定めるものをいう（新325条の2柱書括弧書）。「電磁的方法」とは、「電子情報処理組織を使用する方法その他の情報通信の技術を利用する方法であって法務省令で定めるもの」をいい（2条34号）、施規222条に定められているが、電子提供措置として「法務省令に定めるもの」とは、同条1項1号ロに掲げる方法のうち、インターネットに接続された自動公衆送信装置を使用するものによる措置と定められている（新施規95条の2）。要するに、電子提供措置とは、会社が、自社のホームページや契約先のホームページ等のウェブサイト上に株主総会資料の内容である情報に係る電子データをアップロードし、株主が情報の提供を受けることができるようにすることをいう。

電子提供措置は、株主が情報の提供を受けることができる状態に置けば足りる（新325条の2柱書前段）。そのため、電子提供措置においては、電子公告と異なり、パスワードを設定することも可能である（一問一答16頁）。

電子提供措置に係るウェブサイトは、1つでなくともよい。通信障害等による電子提供措置の中断が生ずる場合に備えて、2つ以上のウェブサイトで電子提供措置をとることも可能である（→ Case 13）。

**(2)について**　電子提供措置をとるべき株主総会資料は、以下のとおりである（新325

条の3第1項各号)。
① 298条1項各号に掲げる以下の事項
・株主総会の日時および場所
・株主総会の目的である事項があるときは、当該事項
・株主総会に出席しない株主が書面によって議決権を行使することができることとするときは、その旨
・株主総会に出席しない株主が電磁的方法によって議決権を行使することができることとするときは、その旨
・新施規63条各号に掲げる事項
② 書面による議決権行使を認める場合には、株主総会参考書類および議決権行使書面に記載すべき事項
③ 電磁的方法による議決権行使を認める場合には、株主総会参考書類に記載すべき事項
④ 305条1項の規定による株主の議案要領通知請求があった場合には、当該議案の要領
⑤ 計算書類および事業報告(監査報告または会計監査報告を含む)に記載・記録された事項(会社が取締役会設置会社である場合において、定時株主総会を招集するとき)
⑥ 連結計算書類に記載・記録された事項(会社が会計監査人設置会社(取締役会設置会社に限る)である場合において、定時株主総会を招集するとき)
⑦ 以上の事項を修正したときは、その旨および修正前の事項

　これらの事項を記載した書面を株主に交付する場合であっても、必ず、これらの事項に係る情報について電子提供措置をとらなければならないのが原則である。
　ただし、上記②の議決権行使書面に関しては例外が認められており、取締役が、株主総会の招集通知(299条1項)に際して株主に対し議決権行使書面を交付するときは、議決権行使書面に記載すべき事項に係る情報については、電子提供措置をとることを要しない(新325条の3第2項)。議決権行使書面については、電子提供措置をとらず、書面により株主に提供するのが実務上の対応となると思われる。

**(3)について**　　電子公告について、会社は、電子公告調査機関に対して調査を行うことを求めなければならないとされていること(941条)と異なり、電子提供措置をとったことについて、調査機関の調査を受ける必要はない。
　前述のとおり、電子提供措置は、株主が情報の提供を受けることができる状態に置く措置であり、様々な方法が想定されうる。しかし、その方法のすべてに対応するような調査をするためのシステムを構築することは容易でないこと等を踏まえ、電子提供措置については、調査に関する規律は設けないこととされた(一問一答45頁参照)。

[塚本英巨]

# 4
# 電子提供措置の方法②

　(1)　電子提供措置は、株主総会のどの程度前までに行わなければならないか。

　(2)　Ａ株式会社は、有価証券報告書提出会社である。Ａ株式会社は、EDINETにより、電子提供を行うことができるか。

**(1)について**

　電子提供措置をとる旨の定款の定めがある会社の取締役は、299条2項各号に掲げる場合、すなわち、①株主総会に出席しない株主が書面もしくは電磁的方法によって議決権を行使することができる場合または②会社が取締役会設置会社である場合（これらの場合には、書面により株主総会の招集通知をしなければならない）には、株主総会の開催日の3週間前の日または招集通知を発した日のいずれか早い日（以下、「電子提供措置開始日」という）から株主総会の開催日後3か月を経過する日までの間、株主総会資料に係る情報について継続して電子提供措置をとらなければならない（新325条の3第1項柱書）。

　このように、電子提供措置は、原則として、株主総会の開催日の3週間前の日までに開始しなければならないが、株主総会の招集通知をこれよりも早く発した場合には、当該発出日までに行わなければならない。

　また、法務省法制審議会において「会社法制（企業統治等関係）の見直しに関する要綱」が採択されるにあたり、その附帯決議において、「本要綱に定めるもののほか、金融商品取引所の規則において、上場会社は、株主による議案の十分な検討期間を確保するために電子提供措置を株主総会の日の3週間前よりも早期に開始するよう努める旨の規律を設ける必要がある」とされた。これを踏まえ、東京証券取引所は、2021年3月1日に上場規則を改正する予定であり、上場会社は、上場規則上、株主総会の開催日の3週間前よりも早期に、招集通知等の株主総会資料を電磁的方法により提供するよう、努めることが求められることになる。そのため、あくまでも努力義務ではあるが、上場会社は、電子提供措置の開始のタイミングに留意する必要がある。

## ⑵について

(1)のとおり、電子提供措置をとる旨の定款の定めがある会社の取締役は、株主総会資料に係る情報について電子提供措置を必ずとらなければならないのが原則であるが、この点については、EDINET の特例が認められている。

すなわち、金商法 24 条 1 項の規定によりその発行する株式について有価証券報告書を内閣総理大臣に提出しなければならない会社が、電子提供措置開始日までに、株主総会資料（新 325 条の 3 第 1 項に掲げる事項。定時株主総会に係るものに限り、議決権行使書面に記載すべき事項を除く）を記載した有価証券報告書（添付書類およびこれらの訂正報告書を含む）の提出の手続を、EDINET を使用して行う場合には、電子提供措置をとることを要しない（新 325 条の 3 第 3 項）。

したがって、A 株式会社は、その発行する株式について有価証券報告書を提出しなければならない会社である場合、定時株主総会に係る株主総会資料（議決権行使書面に記載すべき事項を除く）については、電子提供措置開始日までに、有価証券報告書をEDINET に提出することにより、別途、電子提供措置をとることを要しないこととなる。

ただし、当該特例を利用するためには、電子提供措置開始日まで、すなわち、株主総会の開催日の 3 週間前の日または招集通知を発した日のいずれか早い日までに有価証券報告書を提出しなければならない点に留意する必要がある。現在の実務上は、株主総会の開催日前に有価証券報告書を提出する会社は少なく、今後、当該特例を利用するために株主総会の開催日の 3 週間前までに有価証券報告書を提出する会社が多数現れることは想定し難いと思われる。

[塚本英巨]

# 5
# 招集通知

## Case

電子提供措置をとったA株式会社は、株主に対して招集通知を発しようとしている。

(1) 招集通知は、いつまでに発しなければならないか。

(2) 招集通知には、どのような情報を記載しなければならないか。

(3) A株式会社の株主が株主提案をしようとする場合に、議案の要領の記載請求権（305条1項）を行使することはできるか。

### (1)について

株式会社が新325条の3第1項により電子提供措置をとる場合であっても、299条の規定に基づいて招集通知を発しなければならない。新325条の3第1項によれば同項の電子提供措置は299条2項各号に掲げる場合に実施されることになるから、招集通知は書面でなされなければならないことになる（299条2項。ただし、個別の株主の承諾があれば招集通知を電磁的方法で発することもできる（同条3項））。

電子提供措置をとる場合の招集通知は、株主総会の日の2週間前までに発しなければならない（新325条の4第1項）。中間試案の段階では、招集通知の発送期限を電子提供措置開始日と同一にすべきという考え方から、招集通知の発送期限をより早期にする案もあった（補足説明第1部第1の3(1)商事28頁）。しかし、招集の通知のみであっても印刷・郵送に一定の時間を要するため期限の前倒しは過大な事務負担につながりうること、また郵送費用の負担軽減のためには招集通知と書面交付請求に基づき交付する書面をあわせて送付できるようにすることが望ましいことから、招集通知の発送期限については現行の規律と同じ2週間前までとしたものである（竹林ほか・別冊商事16頁）。

なお、299条1項では公開会社でない会社については発送期限を1週間としているが、非公開会社において電子提供措置を利用することはあまり想定されないこと、また公開会社かどうかで区別すると規定が複雑になってしまう懸念があることから、電子提供措置を実施する場合の招集通知の発送期限は2週間に統一している（竹林ほか・別冊商事16頁）。

## (2)について

　新325条の4第2項により、電子提供措置をとる株式会社における招集通知記載事項として、298条1項1号から4号に掲げる事項のほか、次の事項を記載または記録しなければならない（逆に、298条1項5号・施規63条に定める事項は記載を要しない）。

　①　電子提供措置をとっているときはその旨（1号）　本項は電子提供措置をとる場合に適用されるため、とっている旨を記載すべきことになる。

　②　新325条の3第3項に定める有価証券報告書の提出手続を開示用電子情報処理組織を用いて行ったときはその旨（2号）　この場合、当該有価証券報告書に記載された事項については電子提供措置をとることを要しないため（新325条の3第3項→ Case 4(2)）、株主に対して注意を促すものである。

　③　法務省令で定める事項（3号）　具体的には、電子提供措置によって提供される情報を閲覧・保存するために必要な事項、および新325条の3第3項の有価証券報告書によって提供される情報を閲覧するために必要な情報である（新施規95条の3第1項）。電子提供措置を提供するウェブサイトのアドレスなどがこれに該当する。

　なお、電子提供措置をとる旨の定款の定めがある株式会社においては、株主総会参考書類や計算書類など、従来招集通知に添付して交付すべきであるとされていた書類を交付・提供することを要しない（新325条の4第3項）。会社が任意にこれらの書類を株主に交付・提供することは基本的に可能であるが、恣意的・差別的な提供は制限されると解すべきである（→ Case 6・7）。なお、株主が書面交付請求をした場合については、Case 8 ～ 12 を参照。

## (3)について

　招集通知を書面により発すべき株式会社において一定の要件を満たす株主は、305条1項により、株主総会の目的である事項について当該株主が提出しようとする議案の要領を招集通知に記載し、または記録することを請求できるのが原則である。

　これに対して新325条の4第4項は、電子提供措置を実施する会社について一定の修正を加えている。すなわち、電子提供措置を実施する会社においては、株主が請求できるのは招集通知への議案の要領の記載・記録ではなく、議案の要領について電子提供措置をとることである。これは、電子提供措置によって招集通知の記載事項を簡素化し、印刷・発送費用の負担軽減が可能になった趣旨を没却させないためであると考えられる。

　なお、議案の要領の記載請求権を行使する際の持株要件や行使期限（305条1項・2項）、行使できる議案の数の制限（新同条4項）、あるいは権利を行使できない場合（新同条6項）については、電子提供措置をとることによる変更はない。また、305条1項により電子提供措置をとることを請求された議案の要領については、新325条の3第1項4号により電子提供措置をとるべきことになる。　　　　　　　　　　［久保大作］

# 6
# 任意の株主総会資料の書面提供

## Case

(1) A株式会社は、招集通知に際し、電子提供措置をとっている株主総会資料の全部または一部を書面により株主総会に提供することはできるか。

(2) A株式会社は、書面交付請求を行っていない株主のうち、一部の株主にのみ株主総会資料を書面により提供し、他の株主には提供しないことができるか。

## (1)について

　今回の改正では、電子提供措置をとる株式会社が招集通知を発する際、招集通知の必要的記載事項（新325条の4第2項）以外の事項に関する情報について、任意に書面により株主に提供することを制限する規定は設けられていない。米国やカナダにおいては、会社がウェブサイトに掲載した株主総会に関する情報のうち一部のみを恣意的に株主に提供するのは適当でないとの理由で、書面で提供できる情報に制限が設けられているようであるが（商事法務研究会会社法研究会報告書7～8頁）、今回の改正法ではそのような考え方はとられなかった。これは、実務上、定足数確保のために議決権行使書面を書面で提供することや、剰余金の配当の支払手続に必要な書面を提供することなど、招集通知の必要的記載事項以外についても株主への情報伝達が必要または有益と考えられ、書面による情報提供を一律に制限することは相当でないとの考え方によるものである（補足説明第1部第1の7(5)商事33頁）。なお、議決権行使書面については、書面で提供すれば電子提供措置を省略できること（新325条の3第2項）につき、Case 3(2)参照。

　部会における議論において任意に送付する書面として実務家から挙げられていたのは、議決権行使書面や株主総会参考書類、議案、レポート（事業報告の要約のようなものとして位置づけることができよう）である（部会第2回会議議事録44頁〔古本省三委員発言〕、46頁〔小林俊明委員発言〕）。これらを送付することで、株主に対する説明の補足をし、議決権行使を促す狙いがあるようである。これにより株主がより容易に情報を取得し、理解できるのであれば、わざわざ妨げる必要はないと考えられる。

　もっとも情報提供の態様によっては、招集手続の著しい不公正として決議取消事由（831条1項1号）となると解される。たとえば虚偽の内容が含まれている場合（部会第2

回会議議事録45頁〔藤田友敬委員発言〕）、株主を誤導するような事項の記載がある場合などが考えられる。相対立する提案がある場合に提供する情報に格差をつけるような場合については議論がありうるが、これも著しい不公正になりうると解すべきではなかろうか（→ Case 7 ）。

## ⑵について

　改正法では、特定の株主のみに対する書面の提供を制限する規定を置いていない。これも、実務上の必要から制限を設けないものとしたものである（補足説明第1部第1の7⑸商事33～34頁）。具体的には、特定の株主に対する事前説明に際して書面により情報を提供する場合、あらかじめ書面による提供を希望する株主が判明している場合に当該株主に対して株主総会資料等を書面により提供する場合、株主総会の当日に会場において株主総会資料を印刷した書面を交付する場合（以上、部会資料2・12頁）、個人株主に対して参考書類や追加的情報を送付する（部会第2回会議議事録44頁〔古本省三委員発言〕、神田秀樹ほか「【座談会】令和元年改正会社法の考え方」別冊商事454号（2020年）83頁〔古本省三発言、神田秀樹発言〕）、といったことが想定されている。

　株主総会資料を一部の株主のみに提供することについては、株主平等原則や株主権の行使に関する利益供与の禁止の趣旨から問題になりうる（補足説明第1部第1の7⑸商事34頁）。株主平等原則との関連では、同じ個人株主でもある株主には追加書面を送付し、別の株主には送付しないといったように、合理性のない区別による対応をした場合に問題になりうる（神田ほか・前掲83頁〔石井裕介発言〕）。目的の合理性や区別の合理性、取扱いの差異の相当性により是非が判断されることとなろう。

　なお、株主平等原則に反するかどうかは、提供される情報の内容によっても変わりうる。書面交付請求により取得可能な情報であれば、請求すれば書面により情報を得ることができるから、株主平等原則違反とする必要性は小さい。他方、提供する情報が書面交付請求では取得できないものである場合、問題が大きくなりうる。株主総会における質問権行使（314条）による情報収集も可能だとして正当化することも考えられるが、情報量や検討できる時間の格差があまりに大きい場合まで正当化できるか、慎重な検討が必要であろう。

　利益供与の禁止の観点からは、ある株主には無償で提供し、別の株主には費用を請求するといった場合に、株主平等原則とともに問題になりうる（商事法務研究会会社法研究会第5回議事要旨13頁）。　　　　　　　　　　　　　　　　　　　　　　　［久保大作］

# 7

## 任意の株主総会資料の書面提供——具体的事例

**Case**

> A株式会社の株主総会では、取締役の選任が議題となっており、それについて会社（取締役会）提案の他に株主提案もされていた。A株式会社は、（書面交付請求権を行使していない株主に対して発した）招集通知に際し、会社提案の候補者については、氏名、経歴、および提案理由を記載した書面を株主に交付する一方、株主提案の候補者については、それらの情報を記載することなく、ただし取締役会が株主提案に反対する理由を詳細に記載した書面を株主に交付した。このような処理は、株主総会決議の効力に影響を及ぼさないか。なお、電子提供措置は適法に行っていることを前提とする。

　まず、もしA社が電子提供措置をとらない場合に、取締役選任議案に関する情報がどのように伝達されるかを確認しよう。会社提案については、当該会社が書面投票・電子投票のいずれも実施しない場合には、決定した議案の概要（議案が確定していないときはその旨。298条1項5号・新施規63条7号参照）を招集通知に記載しなければならないし（299条4項）、書面投票か電子投票の少なくとも一方を実施する場合には株主総会参考書類に議案や提案理由、候補者に関する情報などを記載しなければならない（301条1項・302条1項、施規73条1項・新施規74条1～4項）。他方、株主提案については、議案通知請求（305条1項）を受けた議案について、書面投票・電子投票のいずれも実施しない場合には議案の要領を招集通知に記載すべきことになるし（同項）、少なくとも一方を実施する場合には当該提案に関する事項を株主総会参考書類に掲載するよう決定すべきことになる（298条1項5号・新施規63条3号イ・93条）。その際、会社側が株主提案に関する記載事項を超える分量の反対意見を記載しても、それが合理的な範囲であるならば問題ないと解されている（中村直人編著『株主総会ハンドブック〔第4版〕』（商事法務・2016年）570頁）。

　A社が電子提供措置を実施する場合、これらの情報はすべて電子提供措置を通じて提供されることになる（新325条の3第1項1～3号）。298条1項5号・299条4項に基づき招集通知に記載することを要していた事項についても、電子提供措置をとる場合には招集通知への記載を要しない（新325条の4第2項柱書前段）。もっとも一般的には、

招集通知の発出に際して電子提供措置によって提供している情報の全部または一部、あるいは電子提供措置により提供される情報以外の事項を任意に提供することは差し支えないと解される（→ Case 6 (1)）。

ただし立案担当者は、書面による情報提供の態様によっては著しい不公正として株主総会決議取消事由（831条1項1号）に該当しうると指摘している（補足説明第1部第1の7 (5)ア商事33頁）。では、本問のように会社提案と株主提案とで株主総会に付随して提供する情報に格差をつけた場合、著しい不公正といえるだろうか。

この点、書面として交付される招集通知の決議事項の記載や議決権行使書面の記載から株主提案の存在が明らかであれば、株主は、ウェブサイトの閲覧により株主提案の内容など必要な情報について取得することができるから、招集通知の発出に際して会社提案に係る情報の要約等のみを株主に対して書面で提供したとしても問題はない、とする見解がある（邉英基「株主総会資料の電子提供制度への実務対応」別冊商事454号（2020年）213頁）。他方で、会社提案と株主提案が対立している場合に、会社提案のみを記載した資料を書面で提供するなど、提供の態様が過度に恣意的と取られる場合には招集手続の著しい不公正として取消事由に該当しうるとの見解もある（岩崎友彦＝西村修一＝濱口耕輔編著『令和元年改正会社法ポイント解説 Q&A』（日本経済新聞出版社・2020年）66頁）。

本問のように、会社提案に関する情報を書面で提供し容易に閲読できるようにする一方、株主提案についてはウェブ上で閲覧する手間をかけさせることになれば、株主が提供された書面のみを読み、ウェブ掲載情報を閲覧しなくなる可能性は高いといわざるをえない（そのような危惧を示すものとして、部会資料2・12頁）。従来、株主提案に対して会社側が提案株主の提出した文面を超える分量の反論を付してもそれが合理的な範囲である限り適法とされるのは、提案株主側と会社側双方の意見が招集通知・株主総会参考書類という同一の媒体に掲載されており、株主がそれぞれの意見に対して同等のアクセス可能性を持ち、両者を容易に引き比べることができるからだとも考えられる（その場合でも、不釣り合いなほどに分量の格差があるのであれば、著しく不公正とされる可能性が生じるだろう）。電子提供措置制度のもとであっても、公平の観点から、相対立する議案それぞれに関する情報について、株主からのアクセス可能性を同程度に保つべきである。オセローの耳に一方的にデズデモーナの悪口を吹き込むイアーゴーのようなやり方は、仮に善意からでたものであったとしても許されるべきではない。

したがって、たとえ電子提供措置による情報提供全体をみれば情報が提供されているとしても、株主に交付する書面における情報量の格差が著しい場合には、会社提案が可決されたとしても、招集手続に著しい不公正があるものとして決議取消しの対象になる可能性が高いと解される。　　　　　　　　　　　　　　　　　　　　　　　［久保大作］

# 8

# 書面交付請求

## Case

　A株式会社の株主Xは、新たな電子提供制度の導入後も、書面による株主総会資料の提供を受けたいと考えている。

　(1)　株主Xは、A株式会社に対し、書面による株主総会資料の提供の請求（書面交付請求）をすることができるか。

　(2)　A株式会社は、株主の書面交付請求権を排除することはできるか。

　(3)　書面交付請求を受けたA株式会社は、株主Xに対し、電子提供措置をとっている株主総会資料の情報とまったく同じ内容の情報を記載した書面を交付しなければならないか。

## ⑴について

　新たな電子提供制度においては、会社が株主に対して株主総会資料（新325条の2では「株主総会参考書類等」と表現され、株主総会参考書類、議決権行使書面、計算書類および事業報告、連結計算書類をいう）を電子提供する場合には、個別の株主の承諾を得ていないときであっても、書面による株主総会資料の提供を要しない（新325条の4第3項）。しかし、新たな電子提供制度を導入した会社においても、書面による株主総会資料の提供を受けたい株主は、会社に対して請求することにより、書面による株主総会資料の提供を受けることができる（新325条の5第1項・2項）。わが国においては、依然、高齢者を中心としてインターネットを利用することが困難である者がおり、そのような株主の利益を保護するために、株主の書面交付請求権を保障することとされている（一問一答32頁）。

　新325条の5第1項は第1括弧書において、299条3項の承諾（株主総会の招集通知を電磁的方法により発することについての承諾）をした株主について書面交付請求権を認めていない（→Case 9⑵）。そのような承諾をした株主は、類型的に、インターネットを利用することができる者であるということができ、書面交付請求権を保障する必要がないとの評価に基づくものである（一問一答35頁）。

　株主Xは、299条3項の承諾をしていない限り（ただし、承諾について撤回は可能である）、新325条の5第1項に基づき、A株式会社に対し、書面交付請求をすることがで

きる。

## (2)について

　書面交付請求権は新 325 条の 5 第 1 項により強行法的に保障されており（神田(1) 10 頁、北村雅史「株主総会資料の電子提供制度の創設」ひろば 73 巻 3 号（2020 年）14 頁、尾崎安央「株主総会資料の電子提供制度」ジュリ 1542 号（2020 年）25 頁、日本弁護士連合会編『実務解説改正会社法〔第 2 版〕』（弘文堂・2021 年）28 頁）、たとえ、定款に書面交付請求権を排除する旨の定めを置いたとしても、当該定めは無効である（神田秀樹『会社法〔第 22 版〕』（弘文堂・2020 年）194 頁）。

　したがって、A 株式会社は、株主の書面交付請求権を排除することはできない。

## (3)について

　書面交付請求を行った株主が、株主総会の招集の際に交付を受けるのは電子提供措置事項を記載した書面である（新 325 条の 5 第 1 項・2 項。電子提供措置事項とは、新 325 条の 3 第 1 項各号に掲げる事項であり（新 325 条の 5 第 1 項）、株主総会招集通知、株主総会参考書類等に記載すべき事項が該当する）。会社が電子提供措置をしたデータを印刷した書面を交付することも可能であるが、電子提供措置事項に係る情報を掲載するウェブサイトの内容と、書面交付請求をした株主に対して交付する書面の内容とは完全に一致していなければならないわけではなく、電子提供措置事項以外の事項について、任意に追加的な情報開示を電子的に行っている場合に、その追加的情報についてまで交付する書面に含めなければならないわけではない（一問一答 36 頁）。

　したがって、書面交付請求を受けた A 株式会社は、株主 X に対し、電子提供措置事項を記載した書面を交付する必要はあるが、電子提供措置をとっている株主総会資料の情報とまったく同じ内容の情報を記載した書面を交付しなければならないわけではない。

　なお、定款の定めにより、電子提供措置事項のうち法務省令で定めるものの全部または一部については書面交付請求により交付する書面に記載しないことができる（新 325 条の 5 第 3 項。同項の趣旨および法務省令により電子提供措置事項記載書面に記載することを要しない事項について→ Case 9 (1)）。

　A 株式会社において、新 325 条の 5 第 3 項の定款の定めがある場合には、記載することを要しないこととされた事項について株主 X に交付する書面に記載する必要はない。

[尾崎悠一]

# 9
# 書面交付請求と既存の電子提供制度との関係

**Case**

　(1)　Ａ株式会社は、新たな電子提供措置の導入前から、定款によるみなし提供制度（ウェブ開示）を導入している。書面交付請求を受けたＡ株式会社は、ウェブ開示事項についても、書面交付請求をした株主Ⅹに書面の提供をしなければならないか。

　(2)　Ａ株式会社には、新たな電子提供措置の導入前から、招集通知および株主総会資料の電子提供を承諾している株主がいる。このような株主から、書面による株主総会資料の交付の請求を受けた場合、Ａ株式会社は応じなければならないか。

(1)について

　書面交付請求の対象となるのは、電子提供措置事項を記載した書面であり（新325条の5第1項・2項。書面交付請求に応じて交付する書面のことを「電子提供措置事項記載書面」という（新施規63条3号ト））、ウェブ開示事項も電子提供措置事項に含まれるが、新325条の5第3項により電子提供措置事項のうち法務省令で定めるものの全部または一部については定款の定めにより電子提供措置事項記載書面に記載しないことができる。インターネットを利用することが困難な株主を保護するという書面交付請求の趣旨からは、ウェブサイトに掲載されたウェブ開示事項も含めて電子提供措置事項のすべてを記載すべきであるとの意見もありうるものの、現行法において保障されている以上の保護を与える必要はないことから、一定の事項について電子提供措置事項記載書面への記載を要しないものとされた（要綱第1部第1の4③、神田(1) 10～11頁）。

　電子提供措置事項記載書面への記載を要しない事項（新施規95条の4第1項）は概ねウェブ開示事項（新施規94条1項（株主総会参考書類）、133条3項（事業報告）、計規133条4項（計算書類（株主資本等変動計算書、個別注記表）））、新計規134条5項（連結計算書類）参照）と合致するものの、若干の差異がある。事業報告記載事項のうち、責任限定契約の概要（取締役・監査役について新施規121条3号、会計参与について新施規125条1号、会計監査人について新施規126条7号）は、ウェブ開示事項である（新施規133条3項1号）が、電子提供措置事項記載書面に記載することを要しない事項とはされていない（新施

規95条の4第1項2号イ）。また、連結計算書類（連結計算書類に係る会計監査報告または監査報告の内容を株主に対して提供するときは、その会計監査報告または監査報告を含む）について、そのすべてがウェブ開示事項である（新計規134条5項）のに対して、電子提供措置事項記載書面に記載することを要しない事項とされるのは、連結株主資本等変動計算書と連結注記表に限られている（新施規95条の4第1項4号括弧書）。新型コロナウイルス感染症対策のための特例措置として拡大されたウェブ開示事項（施規133条の2・計規133条の2 → Case 1）についても、電子提供措置事項記載書面に記載することを要しない事項とされていないため（新施規95条の4第1項2号イ・3号）、当該措置が恒久化されたとしても、書面交付請求をした株主には書面の提供を省略できないことになる。

　定款によるみなし提供制度を導入しているA株式会社においては、ウェブ開示事項のうち新施規95条の4第1項各号の事項については、定款の定めにより電子提供措置事項記載書面に記載しないことができる。なお、定款によるみなし提供制度についての定款の定めと新325条の5第3項の定款の定めは異なるものであり、令和元年改正に伴う経過措置において、新たな電子提供措置の導入前から定款によるみなし提供制度を導入している株式会社について、新325条の5第3項の定款の定めがされたとみなす旨の規定も設けられていない。したがって、たとえ定款によるみなし提供制度を導入していても、新たな電子提供制度の実施にあたり、新325条の5第3項についての定款変更をA株式会社がしていない場合には、書面交付請求を受けたA株式会社は、ウェブ開示事項のうち新325条の5第3項に基づき記載をしないことが許される事項についても、書面交付請求をした株主Xに書面の提供をしなければならない（施行前に、改正法が施行されることを停止期限または条件として、定款変更決議をしておくことは可能と解される）。

## (2)について

　書面交付請求は、インターネットを利用することが困難である株主の利益を保護するためのものであり、299条3項の承諾をした株主は、類型的にインターネットを利用することができる者であるということができ、書面交付請求権を保障する必要がないと考えられるため、書面交付請求権の主体から除外されている（新325条の5第1項第1括弧書）。したがって、招集通知および株主総会資料の電子提供を承諾している株主から、書面による株主総会資料の交付の請求を受けたとしても、A株式会社は応じる必要はない。

　299条3項の承諾をした株主が新325条の5第1項の書面交付請求を行う場合には、書面交付請求に先立って、招集通知の電子提供に対する承諾を撤回する必要がある。なお、新たな電子提供制度を導入していない会社は、従前どおり、301条2項ただし書・302条2項ただし書による書面交付請求に会社は応じなければならないと解される。

［尾崎悠一］

# 10
## 書面交付請求の方法

**Case**

　(1)　A株式会社は、上場会社（振替株式発行会社）であるとする。振替株式の株主Xが書面による株主総会資料の提供を受けたい場合、書面交付請求権を、いつまでに、どのような方法で行使する必要があるか。書面交付請求をするために、個別株主通知は必要か。

　(2)　株主Xは、A株式会社の他にも、複数の上場会社の株式を保有している。これらの投資先会社のうち一部の会社に対してのみ、書面交付請求をし、他の会社に対してはしないということはできるか。

　(3)　A株式会社が非上場会社である場合、株主Xは、書面交付請求権を、いつまでに、どのような方法で行使する必要があるか。

**(1)について**

　株主総会において議決権を行使することができる者を定めるための基準日が設定されている場合は、当該基準日までに書面交付請求を行った株主が株主総会資料の書面交付を受けることができる（新325条の5第2項第2括弧書）。上場会社では、通常は基準日が設定されるため、振替株式の株主Xが書面による株主総会資料の提供を受けたい場合、書面交付請求権を当該基準日までに行使する必要がある。

　書面交付請求は会社（株主名簿管理人）に対して行うものであるが（新325条の5第1項）、振替株式の場合には、直近の上位機関（口座管理機関）を経由して行使することもできる（新振替法159条の2第2項前段）。振替株式を取得し、振替口座簿に記載または記録された株主であっても、総株主通知による株主名簿の名義書換（振替法152条1項）がなされる前に書面交付請求をする場合は、株主の地位を会社に対抗することができないため（130条1項）、直接、会社に対して書面交付請求をすることはできないが、そのような株主も、直近の上位機関を経由する場合は、新振替法159条の2第2項後段が、130条1項の規定にかかわらず、書面交付請求をする権利を会社に対抗できるとしているため、書面交付請求を行うことができる。

　なお、議案提案権（304条）や質問権（314条）など、株主総会の議決権と密接に関連する権利は、少数株主権等（振替法147条4項）に該当せず、個別株主通知（同法154条

3項）を要せずに行使できる（基準日により定める権利と不可分一体の権利について個別株主通知は不要と解すべきことについて、浜口厚子「少数株主権等の行使に関する振替法上の諸問題」商事1897号（2010年）35頁）。書面交付請求権は、議決権と密接に関連する権利として少数株主権等に該当せず、個別株主通知をせずに行使することができる（補足説明第1部第1の4(2)カ商事31頁、一問一答33～34頁（注1）、北村雅史「株主総会資料の電子提供制度の創設」ひろば73巻3号（2020年）15頁）。

## (2)について

　会社に対して書面交付請求を直接行う場合には、当該請求の相手方の会社以外の会社に対して書面交付請求の効力は及ばない。また、振替株式を保有する株主が、口座管理機関を経由して書面交付請求を行う場合も、保有する株式の銘柄ごとに書面交付請求をすることができる（神田(1)10頁。北村・前掲15頁）。したがって、株主Xが投資先会社のうち一部に対してのみ書面交付請求をし、他の会社に対してはしないということも妨げられない。

## (3)について

　A株式会社が非上場会社である場合、新振替法159条の2の規定の適用がないため、株主Xは、A株式会社に直接、書面交付請求をすることになり（新325条の5第1項）、請求に先立って株主名簿の名義書換をしている必要がある（130条1項）。

　株主総会における議決権行使について基準日が定められている場合は、基準日までに書面交付請求を行う必要がある（新325条の5第2項第2括弧書）。基準日が定められていない場合の行使時期について明文の定めはないが、取締役は書面交付請求をした株主に対して招集通知に際して書面を交付することから、書面交付請求は、株主総会の招集の通知が発出されるまでに行わなければならないというのが立案担当者の見解である（一問一答33頁、日本弁護士連合会編『実務解説改正会社法〔第2版〕』（弘文堂・2021年）31頁。ただし、招集通知の発出までではなく「総会の日の2週間前」（299条1項）までに請求を行わなければならないとするものとして補足説明第1部第1の4(2)イ商事30頁）。また、基準日が定められていない場合に、招集通知の発出後、株主総会前に名義書換をする株主は、名義書換に際して書面交付請求をすることができ、会社は速やかに電子提供措置事項記載書面を当該株主に交付しなければならないという解釈が示されている（補足説明第1部第1の4(2)イ商事30頁。この解釈は、基準日が定められていない場合、招集通知を発した後に名義書換をした株主に対し、会社は名義書換に際して招集通知をなさなければならないとの解釈（上柳克郎ほか編『新版注釈会社法(5)』（有斐閣・1986年）41～42頁〔前田重行〕）を前提とするものと解される。日本弁護士連合会編・前掲31～32頁）。　　　　　[尾崎悠一]

# 11
# 書面交付請求権行使の効果・催告による失効制度

## Case

(1) 株主が書面交付請求をした場合、その効力はいつまで続くか。

(2) Ａ株式会社が、株主Ｘに対する書面による株主総会資料の提供を打ち切りたい場合、どのような方法をとることができるか。

## (1)について

新325条の5第1項に基づく書面交付請求は、株主総会ごとに行使されるものではなく、また、特に有効期限も定められていないため、行使後に開催されるすべての株主総会について行使されるものであり、株主は、一度書面交付請求をすれば、別途撤回しない限り、その後のすべての株主総会に係る電子提供措置事項を記載した書面の交付を請求しているものと取り扱われることになる（神田(1) 11頁、邉英基「株主総会資料の電子提供制度への実務対応」商事2230号（2020年）50頁、日本弁護士連合会編『実務解説改正会社法〔第2版〕』（弘文堂・2021年）32頁）。このように、一度なされた書面交付請求がその後のすべての株主総会について効力を有することとされている理由としては、臨時株主総会については、株主は株主総会の招集の通知を受領する前に株主総会の招集の決定がされたことを知ることが困難であることが通常であり、書面交付請求が個々の株主総会についてのみ効力を有することとすると、臨時株主総会の招集の通知が発出される前に書面交付請求をしなければならず、株主に対して不意打ちになるおそれがあることが挙げられている（一問一答38頁）。

## (2)について

前述のように、株主は、一度書面交付請求をすれば、別途撤回しない限り、その後のすべての株主総会に係る電子提供措置事項を記載した書面の交付を請求しているものと扱われるとすると、過去に書面交付請求をした株主が書面交付を必要としなくなった場合（たとえば、インターネットを利用することが困難であった株主について、その困難が解消した場合）であっても書面交付請求が撤回されず、会社が書面交付を続けなければならない株主が累積することにより、株主総会資料の印刷・郵送のための時間や費用等を削減するという新たな電子提供制度の意義が減殺されてしまうことが懸念される。そこで、

書面交付請求の日（新325条の5第5項ただし書の規定により異議を述べた場合は、当該異議を述べた日）から1年を経過したときは、会社は書面交付請求をした株主に対して書面交付を終了する旨を通知し、かつ、これに異議のある場合には1か月以上の一定の催告期間内に異議を述べるべき旨を催告でき（新325条の5第4項）、この通知および催告を受けた株主が催告期間内に異議を述べなかった場合には、当該株主が行った書面交付請求は効力を失う（同条5項）こととされた。

　A株式会社が、株主Xに対する書面による株主総会資料の提供を打ち切りたい場合には、新325条の5第4項に基づき、株主Xによる書面交付請求の日から1年を経過した後に、株主Xに対し、書面の交付を終了する旨を通知し、かつ、これに異議がある場合には催告期間（1か月以上）内に異議を述べるべき旨を催告することが考えられる。株主Xが催告期間内に異議を述べなかった場合には、A株式会社は、株主Xに対する書面による株主総会資料の提供を打ち切ることができる。　　　　　　　［尾崎悠一］

# 12
# 催告による失効制度の具体的適用

## Case

　A株式会社は電子提供制度を導入している。A株式会社の株主Xは、1年以上前に、A株式会社に対して書面交付請求を行っている。

　A株式会社は、○年6月1日に、定時株主総会の招集通知とともに、書面交付請求を行った株主全員に対し、電子提供措置事項を記載した書面（以下、「交付書面」という）を交付した。交付書面には、「今回の書面交付をもって書面交付は終了します。これに異議のある株主は、1か月の期間内に異議を述べてください。」との文言（以下、「催告文言」という）が記載されていた。株主Xは、1か月の期間内である○年7月1日にA株式会社宛に異議を述べた。

　○＋1年6月1日に、A株式会社は、株主総会招集通知とともに、前年と同様に、書面交付請求を行った株主全員に対し、催告文言を記載した交付書面を交付した（以下、「本件異議催告」という）。株主Xは、1か月の期間内である○＋1年7月1日に異議（以下、「本件異議」という）を述べた。

　○＋2年6月1日に、A株式会社は、株主総会招集通知とともに、書面交付請求を行った株主全員に対し、催告文言を含んだ交付書面を交付し、異議を催告した。株主Xは、○＋1年7月1日に異議を述べてから1年を経過していなかったため、異議を述べなかった。

　(1)　本件異議催告は、株主Xに対して効力を生じるか。

　(2)　A株式会社は、○＋3年6月1日の招集通知発送時に株主Xに交付書面を交付すべきか。

　(3)　トラブルを防ぐために、A株式会社はどのような対応をすべきであったか。

**(1)について**　　新325条の5第4項は、書面交付請求権の失効のための通知・催告について、「書面交付請求の日（当該株主が次項ただし書の規定により異議を述べた場合にあっては、当該異議を述べた日）から1年を経過したとき」という要件を設ける。A株式会社が○年6月1日に交付書面に催告文言を記載することにより行った通知・催告はこの要件を満たすものの、○＋1年6月1日に行った本件異議催告は○年7月1日にA株式

会社宛に異議を述べた株主Ｘとの関係でこの要件を満たしていない。したがって、本件異議催告は法定の要件を満たさず、株主Ｘに対して通知・催告としての効力を有しない。

**(2)について**　本件異議催告が無効であるとすると、株主Ｘによる本件異議も新325条の5第5項ただし書にいう「異議」にはあたらないことになる。とすると、○＋2年6月1日のＡ株式会社による株主Ｘに対する通知・催告との関係では、新325条の5第4項第1括弧書にいう「当該株主（＝株主Ｘ）が次項ただし書の規定により異議を述べた場合にあっては、当該異議を述べた日」は○年7月1日であり、新325条の5第4項の要件を満たす適法・有効な通知・催告がなされたものといえ、催告期間内に株主Ｘが異議を述べていないことから新325条の5第5項に基づき株主Ｘの書面交付請求は失効したということになりそうである。このように考えれば、Ａ株式会社は○＋3年6月の招集通知発送時には交付書面を交付しなくてよい。

　もっとも、株主Ｘは本件異議が有効であることを前提に、○＋2年6月1日の通知・催告に対する異議を見送っており、株主Ｘにとって不意打ちともいえる上述の結論は不当であるとも考えられる。そこで、株主Ｘの本件異議は新325条の5第5項の「異議」としての法的効果を有しないとしても、引き続き書面交付を求めるという株主Ｘの意思を汲みとり、本件異議を新たな書面交付請求（同条1項）と構成することが考えられる（書面交付請求は、株式会社に対して直接行うことができ、本問では○＋1年の株主総会の招集通知に先立って総株主通知がなされているはずであり、Ｘは本件異議の時点で株主名簿上の株主であるので130条1項の対抗要件を具備している）。一度なされた書面交付請求は撤回や失効がない限りその効力を有しているので、改めて書面交付請求をすることを認める必要は通常はないものの、本問の状況において、そのような請求を行うことを否定しなければならない理由はないであろう（仮に、書面交付請求が効力を有している間に改めて書面交付請求を行うことができないと考えるのであれば、本件異議は従前の書面交付請求の撤回と新たな書面交付請求と構成することになろうか）。この構成をとれば、○＋2年6月1日の異議催告は期間要件を満たさず、株主Ｘの書面交付請求は失効しないため、Ａ株式会社は○＋3年6月の招集通知発送時に交付書面を交付しなければならない。

**(3)について**　トラブルを防ぐためには、新325条の5第4項の期間要件を満たす株主に対してのみ通知・催告を行うことが考えられる（催告が可能となる時期が株主ごとに異なるため株主ごとに請求または異議の日を管理する必要があることを指摘するものとして、高木弘明「株主総会資料の電子提供制度」商事2230号（2020年）44頁）。書面交付にあわせて通知・催告を行うこと自体には事務処理上の合理性が認められるが、書面交付請求をしているすべての株主に一律に送付するのではなく、通知・催告の要件を満たす株主に対してのみ、交付書面とは別紙で作成した通知・催告の書面を送付することが考えられる。

［尾崎悠一］

# 13
# 電子提供措置の中断

## Case

　(1)　A株式会社は、自社のホームページで電子提供措置をとっていたが、株主総会の日の前に、ハッキング被害にあい、3日間、ホームページを閲覧できない状態になった。このことは、株主総会決議の瑕疵となるか。

　(2)　ハッキング被害が株主総会の日の後に起き、2週間にわたって続いた場合はどうか。

　(3)　電子提供措置をとる株式会社としては、電子提供措置が中断する事態に備え、どのような対応措置をとっておくことが考えられるか。

(1)について　　電子提供措置は、電子提供措置開始日から株主総会の開催日後3か月を経過する日までの間（以下、「電子提供措置期間」という）継続して行わなければならない（新325条の3第1項柱書）が、サーバのダウンやハッキング等によって、これを継続して行うことができないことも考えられる。

　そこで、新325条の6は、救済措置として、電子提供措置期間中に電子提供措置の中断（株主が提供を受けることができる状態に置かれた情報がその状態に置かれないこととなったこと、または当該情報がその状態に置かれた後改変されたこと（新325条の3第1項7号の規定により修正されたことを除く）をいう（新325条の6柱書括弧書））が生じた場合において、以下のいずれにも該当するときは、当該中断は、当該電子提供措置の効力に影響を及ぼさない、すなわち、当該電子提供措置を有効として取り扱うとしている。

①　電子提供措置の中断が生ずることにつき、会社が善意でかつ重大な過失がないことまたは会社に正当な事由があること

②　電子提供措置の中断が生じた時間の合計が電子提供措置期間の10分の1を超えないこと

③　電子提供措置開始日から株主総会の開催日までの期間中に電子提供措置の中断が生じたときは、当該期間中に電子提供措置の中断が生じた時間の合計が当該期間の10分の1を超えないこと

④　会社が電子提供措置の中断が生じたことを知った後速やかにその旨、電子提供措置の中断が生じた時間および電子提供措置の中断の内容について当該電子提供措置

に付して電子提供措置をとったこと

　株主総会の開催日前の3日間、A社が、電子提供措置を行っていたホームページの閲覧ができなくなっており、上記③の要件を充足するかが問題となる。

　電子提供措置開始日とは、株主総会の開催日の3週間前の日または招集通知を発した日のいずれか早い日をいう（新325条の3第1項柱書）。したがって、上記③の要件との関係では、A社が、当該株主総会の招集通知を株主総会の開催日の30日前よりも早く発していなければ、株主総会の開催日までに3日間の電子提供措置の中断が生じていたことは、当該株主総会の招集の手続の法令違反に該当し、当該株主総会の決議の瑕疵となる（831条1項1号）。

　もっとも、この場合であっても、いわゆる裁量棄却（831条2項）により、株主総会の決議の取消しを免れる余地がありうる。たとえば、会社が、電子提供措置事項を記載した書面を全株主に提供していた場合は、裁量棄却が認められうると思われる。

**(2)について**　電子提供措置期間のうち、株主総会の開催日以前の期間については、株主総会の招集の手続として電子提供措置が求められていると解される。

　これに対し、株主総会の開催日後の期間については、電子提供措置事項に係る情報が、株主総会の決議の取消しの訴え等における証拠等として使用されうることから、当該訴えの提訴期間（831条1項）を経過する日までの間、電子提供措置をとることが求められていると解される。

　したがって、A社において、ハッキング被害が株主総会の開催日後に起き、それが2週間にわたって続いた場合のように、株主総会の開催日後に電子提供措置の中断が生じた場合には、株主総会の「招集の手続」の法令違反に該当することはなく、当該中断が当該株主総会の決議の瑕疵となることはないと解される（以上、一問一答42頁）。

**(3)について**　万が一電子提供措置の中断が生じた場合において、新325条の6による救済が認められることを主張・立証することができるようにするため、会社としては、ウェブサイトのログを保存しておくのが適切である。

　また、電子提供措置の中断に備え、2つ以上のウェブサイトで電子提供措置をとることが考えられる。この点に関し、電子提供措置の中断が生じた場合のバックアップとして、補助的な位置づけで東京証券取引所が開設している株主総会資料の公衆縦覧用サイトのURLを参照先として指定することができる予定である。この場合には、株主総会資料を掲載している自社等のホームページにおいて電子提供措置の中断が生じたとしても救済されうると考えられるが、この点は、東京証券取引所から今後示されるであろう取扱い等を踏まえる必要がある（神田秀樹ほか「【座談会】令和元年改正会社法の考え方」別冊商事454号85頁〔竹林俊憲発言〕参照）。

[塚本英巨]

# 14
# 種類株主総会への適用

**Case**

(1)　A株式会社は、種類株式発行会社である。A株式会社が新たな電子提供制度を導入した場合、種類株主総会についても、電子提供措置をとらなければならないか。

(2)　種類株主総会資料の電子提供措置とはどのようなものか。種類株式の株主は、書面交付請求をすることができるか。

## ⑴について

　新325条の2柱書は、「株式会社は、取締役が株主総会（種類株主総会を含む。）の招集の手続を行うときは」、株主総会参考書類等の内容である情報について電子提供措置をとる旨を定款で定めることができるとしている。これは、同条の定款の定めの内容として、株主総会に係る定款の定めと種類株主総会に係る定款の定めを別個に観念していないことによるものであり（竹林ほか・別冊商事20頁）、株主総会について電子提供措置をとるが、種類株主総会については電子提供措置をとらないということを認めない趣旨であると解される。

　したがって、種類株式発行会社であるA株式会社が電子提供措置を導入する場合、株主総会についてだけでなく、種類株主総会についても、電子提供措置をとらなければならない。

　なお、株主総会資料の電子提供制度に関する新325条の3～325条の6の規定（ただし、一部の規定を除く）は、種類株主総会にも準用されている（新325条の7）。

## ⑵について

　電子提供措置については、種類株主総会を招集する場合は、ある種類の株主に限り、当該株主が新施規95条の2の定める電磁的方法により株主総会資料の内容である情報の提供を受けることができる状態に置くことで足りる（新325条の2柱書第3括弧書）。したがって、種類株主総会を招集する場合は、自社のホームページや契約先のホームページ等のウェブサイト上において当該種類株主総会の資料の内容である情報に係る電子データをアップロードするにあたり、全株主ではなく、ある種類の株主のみが、当該

電子データを閲覧することができるようにすることもできる。

　次に、株主の書面交付請求権（→ Case 8 〜 12）については、一度これが行使されれば、撤回されない限り、その後のすべての株主総会および種類株主総会についてその行使の効力を有すると解されている（竹林ほか・別冊商事 18 頁）。すなわち、株主総会に係る書面交付請求と種類株主総会に係る書面交付請求を別個に観念することはできない。そのため、株主の書面交付請求について定める新 325 条の 5 第 1 項および 3 〜 5 項は、種類株主総会についての準用規定から除かれている（新 325 条の 7 前段括弧書）。

　したがって、株主が書面交付請求をした場合は、株主総会に係る電子提供措置事項（新 325 条の 3 第 1 項各号に掲げる事項。新 325 条の 5 第 1 項）を記載した書面の交付を請求したことになるだけでなく、当該株主が種類株主として構成員となっている種類株主総会に係る電子提供措置事項（新 325 条の 7 において準用する新 325 条の 3 第 1 項各号（5 号および 6 号を除く）に掲げる事項。新 325 条の 5 第 1 項第 2 括弧書）を記載した書面の交付を請求したことにもなる。

　そして、取締役は、種類株主総会を招集する場合には、325 条において準用する 299 条 1 項の招集通知に際し、書面交付請求をした当該株主（ある種類の株式の株主）に対し、当該種類株主総会に係る電子提供措置事項を記載した書面を交付しなければならないこととなる（新 325 条の 7 において準用する新 325 条の 5 第 2 項）。　　　　　　　［塚本英巨］

# 15
# 株主が提案可能な議案の数の制限

## Case

　Ａ株式会社（取締役会設置会社）の株主Ｘは、定時株主総会の８週間前までに、合計30個の定款変更議案（それぞれの議案について異なる議決がされたとしても、当該議決の内容が相互に矛盾する可能性はないものとする）を提案し、議案の要領を株主に通知することを請求した。この場合、Ａ株式会社の取締役は、Ｘの提案した30個の議案すべてについて、その要領を株主に通知しなければならないか。

【Before】

　昭和56年の商法改正により導入された株主提案権の制度は、株主が自らの意思を株主総会に訴えることができる権利を保障することにより、経営者と株主または株主相互間のコミュニケーションを促進し、開かれた株主総会を目指そうとするものである。

　しかし、株主提案権については、近年、1人の株主が膨大な数の議案を提出するなど、濫用的な行使の事例がみられるようになり、裁判例の中には株主権の濫用を認めたものもある（東京高判平成27・5・19金判1473-26等）。

　上記東京高判の事例は複雑であるが、簡略化すると、株主がある事業年度の定時株主総会において、114個の議案を提出した。裁判所はこの一部株主提案権の行使が、個人的な目的のため、または会社を困惑させる目的のためになされたものと認められることから、その提案の全体が権利の濫用にあたると判断したが、濫用か否かを判断するにあたっては、事案の経緯をはじめとして詳細な事実認定を行っている。

　本問では、議案が30個提出されたこと以外の事情は不明であり、権利濫用になるかどうかは判断できない。Ａ株式会社としては、Ｘの提案が権利濫用に該当しない限り、30個の議案すべてについて、その要領を株主に通知せざるをえないことになろう（旧305条）。

【After】

　1人の株主から極めて多数の議案が提出されるなど、株主提案権が濫用的に行使された場合、株主総会における審議の時間がさかれ、株主総会の意思決定機関としての機能

が害されたり、株式会社における検討等に要するコストが増加するなどといった弊害がある。しかしながら、実務上、事前に会社の側で株主権の濫用に該当するか否かの判断をするのは非常に困難であった。

そこで、今回の法改正により、株主提案権が本来の目的に資することを確保し、株主提案権の濫用的行使を制限するための措置として、株主が同一の株主総会において提出することができる議案の数を制限することとした。すなわち、取締役会設置会社において、株主が305条1項に基づく議案要領通知請求権を行使する場合において、当該株主が提出しようとする議案の数が10を超えるときは、同条1項から3項までの規定は、10を超える数に相当することとなる議案の数については適用しないものとして、同一の株主総会に提案することができる議案の数を10に制限した（新305条4項・5項）。なお、議案の数が制限されるのはあくまで305条1項に基づく議案要領通知請求権だけであって、303条1項に基づく議題提案権や議場における議案提案権（304条）については数の制限は設けられていない。

本問では、提出された議案の数はそれぞれの議案について異なる議決がされたとしても、当該議決の内容が相互に矛盾する可能性はないため、30個である（新305条4項4号→ Case 19）。30個は個数制限を超過するので、A株式会社はそのすべてについて議案の要領を通知する必要はない（新305条4項）。なお、この規律は、株式会社が10個を超える部分の議案について拒絶することができるという意味であり、逆に拒絶をしないことも認められる。

A株式会社が30個全部の議案について通知する必要がないとすると、どの議案を通知しなければならないかについては、議案要領通知請求権を行使した株主が議案相互間の優先順位を定めているときはそれによるが、そのような優先順位を定めていない場合には、取締役が定めることとなる（新305条5項→ Case 20）。

経過規定であるが、改正法の施行前にされた305条1項の規定による議案要領通知請求については、なお従前の例によるとされている（新附則3条）。

なお、上記の新305条の議案要領通知請求権についての議案数の制限のほか、304条の総会会場における議案提案権および305条の議案要領通知請求権について、目的等による議案提案権の制限を含む法案が提出されたが、目的等による制限を課す旨の規定は、国会の審議の際に削除された（→ Case 22）。　　　　　　　　　　［梅野晴一郎］

# 16
# 株主提案権に関する規定の強行法規性

## Case

　Ａ株式会社（取締役会設置会社）は、かねてより株主総会において、多くの株主提案がなされ、本来審議すべき議案の審議にあてる時間が十分に取れず、また、会社や株主がこれらの株主提案を事前に検討するために時間が割かれることを問題視していた。そこで、Ａ株式会社は、今回の会社法改正を受け、以下のような定款変更議案を提出し、株主との実質的な対話を充実させることを検討している。

　①　株主が305条1項の規定による請求をする場合において、同条4項に「10を超える数」とある規定は、当社においては「3を超える数」と読み替えて適用する。

　②　株主は、株主総会の10週間前までに、株主総会の目的である事項につき当該株主が提出しようとする議案の要領を株主に通知することを請求することができる。

　③　305条1項の「300個以上」という持株要件を削除する。

　このようなＡ株式会社による定款変更は適法か。

### ⑴　議案①について

　株主提案権の制度は、経営者と株主との間、または株主相互間のコミュニケーションを図り、株式会社をより開かれたものとする目的で昭和56年の商法改正により導入されたものであり、経営の透明性・公平性・効率性の向上のために企業が多様な意見を取り入れる手段として重要である。この重要性および新305条4項には定款で異なるルールを定めることを許容する文言がないことから、株主が提案する議案の数を制限できるのは、会社法の規定によって許容されている必要最小限の範囲に限られるものと解される（その意味で強行法規性を有する）。そして、「10を超える数」という基準について法制審議会の会社法制部会では外国の法制等を参考にしてさらに少ない数（たとえば1ないし3）とすべきという意見もあったところ、これが採用されなかった理由は「実務上合理的と考えられる株主提案であっても議案の数がこれを超えることは十分にあり得る」（第200回国会衆議院法務委員会議録9号3頁〔小出邦夫発言〕）と説明された。

議案①において「3を超える数」と読み替えて適用することは、新305条4項の許容する「10を超える数」よりも厳しい制限であるから、このような定款変更は会社法に反するものとして違法となる。

## (2) 議案②について

305条1項は「株主総会の日の8週間（これを下回る期間を定款で定めた場合にあっては、その期間）前までに」と規定しているところ、法制審議会の会社法制部会においては、これを前倒しすべきという意見もあったが、採用されなかった。その理由は、①現行法における期限を前提としても、株式会社の準備期間は必ずしも不足しているとはいえないこと、②株主提案権の行使の期限を前倒しするときは、株主提案権を行使するか否かおよび提出しようとする議案の内容について株主が十分な検討期間を確保することができなくなることである。305条1項が8週間を「下回る期間」を定款で定めることだけを認めていることからも、これを上回る期間を定款で定めることは、株主提案権の重要性に鑑み、認められないと解される。

議案②において株主総会の10週間前までを行使期限とすることは、305条1項の規定する「8週間前」よりも厳しい制限を株主に課すものであるから、このような定款変更は会社法に反して違法となる。

## (3) 議案③について

305条1項ただし書は、取締役会設置会社においては株主提案権を行使できる要件として、「総株主の議決権の100分の1（これを下回る割合を定款で定めた場合にあっては、その割合）以上の議決権」または「300個（これを下回る数を定款で定めた場合にあっては、その個数）以上の議決権」を必要としている。法制審議会の会社法制部会においては、「昭和56年当時と比較して投資単位（一売買単位当たりの価格）が減少していること」（一問一答69頁）などから「300個以上」という（その他の少数株主権には存在しない）持株要件を削除すべきという意見もあったが、採用されなかった。その理由は、①300個以上の議決権という絶対的な基準が設けられた趣旨に反し、個人株主による株主提案権の行使を過度に制限してしまうおそれがあること、②株主が提出することができる議案の数の制限に関する規定の新設によって株主提案権の濫用的な行使は一定程度排除することができると考えられるため、重ねて議決権数の要件を見直す必要性は乏しいことである。305条1項ただし書が300個を「下回る数」を定款で定めることだけを認めていることからも、これを上回る期間を定款で定めることはできないと解される。

議案③において「300個以上」という持株要件を削除することは、305条1項ただし書よりも株主に厳しい制限を課すものであるから、このような定款変更は違法となる。

[中込一洋]

# 17
# 株主が提案可能な議案の数の制限の適用場面

## Case

　株主Xは、Ａ株式会社（取締役会設置会社）の定時株主総会の議場において、発言の機会を求め、会社経営に関する不満を述べたうえ、以下の動議を同一の機会に提出した。

　①　剰余金の配当議案に対する増配の動議。

　②　会社の目的を追加する定款変更議案に対する合計９個の動議（それぞれの議案について異なる議決がされたとしても、当該議決の内容が相互に矛盾する可能性はないものとする）。

　③　取締役５名の選任議案に対して、会社提案と異なる５名の取締役の選任を求める動議。

　④　監査役２名の選任議案に対して、会社提案と異なる２名の監査役の選任を求める動議。

　これらの動議について、会社としてはどのように対応すべきか。

(1)　**動議に関する「数」の制限**　　304条本文は、「株主は、株主総会において、株主総会の目的である事項（当該株主が議決権を行使することができる事項に限る……）につき議案を提出することができる」と規定している。

　今回の改正により、取締役会設置会社の株主が議案要領通知請求権を行使して同一の株主総会に提案することができる議案の数は10個以下とされ、株式会社は「10を超える数」について拒絶することが認められた（新305条4項→ Case 20）。しかし、株主総会の議場における議案提案権（304条）については、このような改正はされていない。その理由は、「取締役会設置会社においては、株主総会は、招集通知に記載された目的事項以外の事項については、決議をすることができないこと（309条5項）や、議案の修正動議の範囲も目的事項から一般的に予見することができる範囲を超えることはできないと解されていること、議場における議案提案権の行使の態様等によっては、その議案や修正動議を取り上げなければならないものではないと解されていることを踏まえると、議場における議案提案権に基づき株主が同一の株主総会において提案することができる議案の数を制限することは相当でない」点にある（補足説明15 ～ 16頁）。

したがって、本問において、仮に株主Xが提出する議案の数が、10個を超えるとしても、A株式会社は、原則として、これを取り上げなければならない。

**(2) 本問における「議案」の数**　ちなみに、本問における議案の数は何個かを検討する。議案の数の数え方については、議案要領通知請求権に関し「10を超える数」と判断するかの観点からではあるが、新305条4項各号が考え方を示している。

　動議①は、剰余金の配当議案に対する増配の動議であり、1つの議案である。

　動議②は、会社の目的を追加する定款変更議案に対して、合計9個の動議であるところ、それぞれの議案について異なる議決がされたとしても、当該議決の内容が相互に矛盾する可能性はない。新305条4項4号が「定款の変更に関する2以上の議案」について「1の議案とみなす」こととしているのは、「当該2以上の議案について異なる議決がされたとすれば当該議決の内容が相互に矛盾する可能性がある場合」であるから、これに該当しない。したがって、9つの議案である（ただし、定款変更議案の数え方について→ Case 19(1)）。

　動議③は会社提案と異なる5名の取締役の選任を求めるものであり、動議④は会社提案と異なる2名の監査役の選任を求めるものである。これらは、新305条4項1号に規定する「取締役、会計参与、監査役又は会計監査人（……）の選任に関する議案」であるから、「当該議案の数にかかわらず、これを1の議案とみなす」こととなる。そのため、1つの議案である（→ Case 18）。

　以上を合計すると11であり（1 + 9 + 1 = 11）、仮に議案要領通知請求権（305条1項）の対象とされたときには、「10を超える数」となり、A株式会社は1個の議案の要領の通知を拒絶することができる。

**(3) 会社の対応**　しかしながら、上記(2)の数の制限は、議案要領通知請求権に関するものである。上記(1)のとおり、株主総会の議場における議案提案権に数の制限はないから、株主Xの動議について、A株式会社としては、原則として株主総会における審議を求めることになる。ただし、②の定款変更議案として、どのような内容の動議が提出されたのか本問からは明らかではないが、上記(1)のとおり、修正動議は無制限に認められるものではなく、招集通知に記載された目的事項から一般的に予見することができる範囲のものに限られる。1つの会社の目的追加の定款変更議案に対して、1つの目的に関する修正動議を超えて、さらに定款変更議案を提出することは、議題を追加することになり認められない。したがって、そのような場合であればA株式会社は当該動議を取り上げないことができる。

　また、株主総会の議長は、適法かつ公正な審議により合理的な時間内に効率的に議事を進めるよう株主総会を運営する職責を果たすために議事整理権（315条1項）、株主総会の議場における議案提案権の行使の態様等によって、その議案や修正動議を取り上げないことができることもある。

[中込一洋]

# 18
# 議案の数の数え方

## Case

　株主Ｘは、Ｙ株式会社（取締役会設置会社）の定時株主総会の８週間前までに、５個の議案とともに、以下の(1)から(6)の議案を提出し、議案の要領を株主に通知することを請求した。Ｘが提出した議案のうち、(1)から(6)は何個の議案として数えるべきか。

- (1)　取締役Ａ、ＢおよびＣの解任
- (2)　取締役Ｄ、ＥおよびＦの選任
- (3)　監査役Ｇ、Ｈ、ＩおよびＪの解任
- (4)　監査役Ｋ、Ｌ、ＭおよびＮの選任
- (5)　会計監査人ＯおよびＰの解任
- (6)　会計監査人ＱおよびＲの選任

## 1　役員等の選任の議案

　本問では新305条4項1号および2号の役員等の選任または解任に関する議案の数え方が問題となる。

　今回の法改正では、株主が議題要領通知請求権を行使して同一の株主総会に提案することができる議案の数の制限に関する規定が設けられたが、株主が自由に数を指定できたのでは改正の趣旨に反する事態も起こりうるため、「原則として、何を内容としているかという実質面に注目して議案の数を数えることとなる」（一問一答54頁）。さらに、恣意的な運用を避けるために一定の基準が設けられた。この点については、国会における審議において、法務大臣から、「数の数え方について混乱や不都合が生じないように、また経営陣が濫用的に数えたりすることがないようにしなければなりません。そこで、改正法案では、議案の数の制限に関する規定を形式的に適用すると不都合が生じ得る〔ママ〕役員等の選任又は解任等に関する議案や定款の変更に関する議案については一定の範囲で2以上の議案を1の議案とみなすこととし、議案の数の数え方を明確化しております」（第200回国会参議院法務委員会会議録9号12頁〔森まさこ発言〕）と説明された。

　新305条4項1号および2号は「取締役、会計参与、監査役又は会計監査人」を「役員等」と規定している。これまでの実務では、役員等の選任や解任に関する議案につい

て「1候補1議案」であると解されてきた。しかし、法改正によって議案の数が制限されることになると、この理解を徹底するときには不都合が生ずる。たとえば、株式会社のすべての役員を解任し、新たに選任する議案を提出しようとするときには、取締役や監査役を併せて、解任および選任の対象となる役員等が10人よりも多くなる場合も想定されるが、このときには提出することができる議案の数の上限（10個）との関係で、すべての候補者の議案を提出することができなくなってしまう。これでは、株主提案権の行使が過度に制限されることとなり、妥当でない。そこで、新305条4項1号2号は、2以上の候補者が対象となる議案についても1の議案とみなすこととしている。

　議案(2)・(4)・(6)は、新305条4項1号に規定する「役員等……の選任に関する議案」であるから、「当該議案の数にかかわらず、これを1の議案とみなす」こととなる。ここに「当該議案の数にかかわらず」とあるのは、「役員等の種類にかかわらず、役員等の選任又は解任等に関する議案をそれぞれ1の議案として取り扱う」という意味である（一問一答55頁注3）。したがって、取締役3名、監査役4名および会計監査人2名の種類や候補者の数は考慮されず、「選任」に関する議案すべてまとめて、1つの議案である。

　この点については、取締役、監査役および会計監査人それぞれについての選任議案を1と数えることも検討されたが、採用されなかった。その理由は、①役員の種類ごとに1の議案として取り扱うとすると、取締役、会計参与、監査役および会計監査人それぞれの選任に関する議案で4、それぞれの解任に関する議案で4となり、これらの議案のみで合計8の議案として取り扱われることとなり、株主提案権の行使が過度に制限されることとなる懸念があること、②これらの議案がすべて提出される場合を想定して株主が提出することができる議案の数の上限を10より多く設定したのでは、株主提案権の濫用的な行使を制限するために議案の数を制限することの実効性が損なわれるおそれがあるという点にある。

## 2　役員等の解任の議案

　議案(1)・(3)・(5)は、新305条4項2号に規定する「役員等の解任に関する議案」であるから、「当該議案の数にかかわらず、これを1の議案とみなす」こととなる。これも「1候補1議案」と解することによって不都合が生じることを避けるための規律であり、「当該議案の数にかかわらず」とあるのは解任しようとする役員等の種類や候補者の数にかかわらずという意味であるから、取締役3名、監査役4名および会計監査人2名を対象とすることは考慮されない。「解任」に関する議案すべてまとめて、1つの議案である。

**3**　以上のとおりであるから、Xが提出した議案のうち(1)から(6)は、2個の議案として数えることとなる。　　　　　　　　　　　　　　　　　　　　　　　　　　　　　［中込一洋］

# 19
# 定款の変更に関する2以上の議案の数え方

## Case

　株主Ｘは、Ａ株式会社（取締役会設置会社）の定時株主総会の8週間前までに、以下の議案を含む十数個の議案を提出し、議案の要領を株主に通知することを請求した。これらは何個の議案として数えるべきか。

　(1)　①監査等委員会の設置とそれに伴う規定の整備を行う旨の提案と、②監査役および監査役会の廃止とそれらに伴う規定の整備を行う旨の提案。

　(2)　会社の事業目的に、①貸金業を追加する旨の提案と、②不動産管理業を追加する旨の提案。株主Ｘは、その提案理由として、「会社としては、貸金業及び不動産管理業を行う乙社を吸収合併すべきであり、その場合、会社が乙社の権利義務を包括的に承継することとなるため、乙社の事業を一括して会社の定款の事業目的に追加する必要がある」と説明した。

　(3)　①取締役の員数の枠を拡大する旨の提案と、②社外取締役と責任限定契約を締結することができるという定めを設ける旨の提案。株主Ｘは、その提案理由として、「現在、会社の取締役の員数の枠に余裕がない。取締役の人数を増やしつつ、将来的に新たに有能な社外取締役候補を外部から招聘することができるように環境を整備するため」と説明した。

　本問は、定款変更の議案に関する新305条4項4号の適用の仕方を問うものである。

**(1)について**　　もしも①が可決され、②が否決されると、監査役会設置会社が監査等委員会を設置することとなり、327条4項に違反する。したがって、①と②は、異なる議決がされたとすれば当該議決の内容が相互に矛盾する可能性があるから、1つの議案とみなされる（新305条4項4号）。

　また、①は、複数の条文の改正提案であるから、その数え方も問題となる（②も同様）（新305条4項4号の「定款の変更に関する2以上の議案」に該当するか自体についても解釈論が必要なことにつき、飯田秀総「株主提案権に関する規律の見直し」ひろば73巻3号（2020年）18頁、21〜23頁参照）。たとえば、定款中のある条文で、取締役の選任について、監査等委員である取締役とそれ以外の取締役とを区別して選任する旨、また別の条

文で監査等委員会に関する事項は監査等委員会規程によって定める旨を定める提案があったとする。前者は329条2項の規律を確認的に記載する提案であり、後者は任意的記載事項である。そのため、前者が可決され、後者が否決されても、矛盾しないようにも思える。しかし、この場合に2つの議案があると数えることは、不当である。監査等委員会設置会社となるために定款の11以上の条文を同時に変更する必要がある場合に、条文ごとに1つの議案として数えたのでは、その一部の条文は提案できなくなってしまう。これは明らかにおかしい。そこで、条文の読み方としては、社会通念上、同一の事項については1つの議案と数えることが暗黙の前提になっていると解して（神田秀樹ほか「【座談会】『会社法制（企業統治等関係）の見直しに関する要綱』の検討」ソフトロー研究29号（2019年）21頁、48〜51頁参照）、①は全体として同一の事項なので1つの議案と数えるべきである。そして、②も同様であり、結論として、①と②の全体として1つの議案と数えるべきこととなる。

**(2)について**　　貸金業と不動産管理業を同時に行わないと事業が行えないわけではないので、①と②は、相互に矛盾する可能性があるとはいえないようにも思われる。しかし、Xの提案理由を考慮すれば、これは相互に矛盾する可能性がある。提案の内容のみならず提案理由の内容も踏まえて矛盾するかどうかを判断するのかという問題は、条文上明確ではなく、解釈にゆだねられている。ただし、提案の理由を考慮するとしても相当程度限定的なものとなるという見解もある（神田(2) 7頁）。

　会社の事業目的は、通常、包括的に「一切の業務」という条項も含めて規定されることも考えると、1つ1つの具体的な事業目的ごとに1つの事項があるというより、事業目的の全体で1つの事項であると考えるのが社会通念上、妥当である。このことを提案理由と併せ考慮して、①と②は合わせて1個の議案と数えるべきである。

**(3)について**　　たしかに、提案理由をみると、Xは1つの目的で①と②の提案をしている。しかし、取締役の員数と責任限定契約の定めは、社会通念上、別の事項であり、また、論理的な関係がないので、異なる議決がされても相互に矛盾する可能性はなく、①と②は2つの議案と数えるべきである。

　もしも、本問のような包括的な提案理由を、新305条4項4号の適用において考慮しなければならないとすると、たとえば、コーポレートガバナンス強化のため、といった抽象度の高い理由で、様々な事項を含む定款変更の提案までもが1つの議案として数えられることとなりかねず、株主提案の個数制限を導入する改正の趣旨にも反するように思われる。

[飯田秀総]

# 20
# 議案の数が10個を超えた場合の取扱い

## Case

株主Ⅹは、Ａ株式会社（取締役会設置会社）の定時株主総会の8週間前までに、合計15個の定款変更議案（それぞれの議案について異なる議決がされたとしても、当該議決の内容が相互に矛盾する可能性はないものとする）を提案し、議案の要領を株主に通知することを請求した。

(1) Ａ株式会社は、15個の提案すべてを違法なものとして議案の要領を株主に通知しないことができるか。

(2) Ａ株式会社は、15個の提案すべての議案の要領を株主に通知することができるか。

(3) Ａ株式会社は、10個の議案の要領を株主に通知しなければならない場合、任意に通知すべき議案を選択することができるか。株主Ⅹがあらかじめ優先順位を定めてきた場合はどうか。

(1)について

新305条4項柱書前段によれば、株主は、10を超える数の議案の要領の通知を請求しようとしても、10を超える数に相当することとなる数の議案については305条1～3項の適用がないので、議案要領通知請求をすることができない。つまり、10を超える数の議案についてのみ、議案要領通知請求権が否定されるだけであって、15個の提案すべてについて議案要領通知請求権が否定されるわけではない。

(2)について

新305条4項の規律を会社側からみると、10を超える数の議案の要領の通知を拒絶することができる。これは、拒絶できるという意味であって、会社が拒絶せずに株主の希望どおりに10を超える数の議案の要領の通知をすることも可能である（神田(2)5頁）。従来から存在するいわゆる泡沫提案に関する規定（新305条6項）も、会社が拒絶できる趣旨の規定であると解されていたことからも（江頭憲治郎『株式会社法〔第7版〕』（有斐閣・2017年）333頁）、この結論は条文の構造上、当然である（飯田秀総「株主提案権に関する規律の見直し」ひろば73巻3号（2020年）18頁、20頁）。ただし、特定の株主につ

いてのみ 10 個を超える提案を認め、他の株主には 10 個の提案しか認めないといった、株主間で不公平な取扱いをすることは許されない（齊藤真紀「株主提案権の規制」ジュリ 1542 号（2020 年）31 頁）。

### (3)について

拒絶する議案をどれにするか、すなわち、10 を超える数に相当することとなる数の議案をどれにするかは、原則として、取締役が定める（新 305 条 5 項本文）。取締役が選択する場合、取締役は、その選択の基準として、あらかじめ合理的な方法を定めておくことが想定されている（神田(2) 9 頁）ので、恣意的に判断してよいわけではない（齊藤・前掲 31 頁）。

ただし、提案株主が、議案要領通知請求と併せて、2 以上の議案の全部または一部につき議案相互間の優先順位を定めている場合には、取締役は、その優先順位に従い、これを定めなければならない（新 305 条 5 項ただし書）。

なお、条文上明らかではない問題がある。株主が優先順位を定めている場合、上位 10 の議案の中に権利濫用の提案や泡沫提案が 1 つずつ含まれているときに、取締役はどう対応すべきだろうか。論理的には 2 つの対応が考えられる。第 1 は、優先順位に従って 10 を超える数の議案を定め、その後に、残った 10 個の議案のうち権利濫用の提案と泡沫提案を除外して、8 個の議案の要領の通知を行うことである。第 2 は、第 1 の作業の後に、残った枠 2 個につき、次順位の提案を含めて 10 個の議案についてその要領の通知を行うことである（神田秀樹ほか「【座談会】『会社法制（企業統治等関係）の見直しに関する要綱』の検討」ソフトロー研究 29 号（2019 年）21 頁、57 ～ 60 頁）。

条文上、決め手になる文言はないものの、形式的に 10 個の議案の制限をしてから、その 10 個に違法な提案が含まれていれば除外してよいとするのが立案担当者の趣旨のようである（部会第 17 回会議議事録 15 頁〔竹林俊憲発言〕）。つまり、第 1 の解釈である。議案要領通知請求権の議案の数の制限に関する規定の導入の趣旨が、提案の内容に着目せずに議案の数のみに着目して形式的に適用できるようにすることにあること、および、審議の時間等を特定の株主に不当に独占させないという改正の趣旨からすれば、形式的に 10 個の議案を確定し、それから実質的な内容をみて違法なものがあれば排除するという対応は、論理一貫はする（ただし、立案担当者も、議案の数を減らすためにあえて法令または定款に違反する議案や泡沫提案を恣意的に選択することはできないとする。一問一答 66 頁）。

しかし、10 個までは提案を認めるのが制度の趣旨であるようにも思われるため、第 1 の解釈の結論には疑問の余地がある（飯田・前掲 20 頁参照）。　　　　　　　［飯田秀総］

# 21
## 複数の株主による共同行使の取扱い

### Case

　A株式会社（取締役会設置会社）の株式150株を有するX、同じく100株を有するYおよび同じく50株を有するZは、A株式会社の定時株主総会において、共同して9個の定款変更議案（それぞれの議案について異なる議決がされたとしても、当該議決の内容が相互に矛盾する可能性はないものとする）を提案し、議案の要領を株主に通知することを請求した。さらに、Xは、150の株式を保有するWとともに、取締役の選任議案および監査役の選任議案の2議案を提案し、議案の要領を株主に通知することを請求した（W、X、Y、Zのいずれも6か月以上の期間株式を保有している）。この場合、A株式会社としては、これらの株主提案についていかに取り扱うべきか。なお、Xは、YおよびZとの共同提案に係る9議案、ならびにWとの共同提案に係る2議案のうち、どの議案を優先して取り扱うべきかの順位はつけていない。

## 1　数の制限

　議案要領通知請求権は、1人の株主が行使する場合に限られず、複数の株主が共同して行使することもできる。株主提案権を行使するには、一定の議決権数（305条1項ただし書）を満たす必要があるから、1人では要件を満たさない場合には、意見を同じくする数人の株主が共同して株主提案権を行使することになる。このような共同行使の場合、議決権300個要件が問題となる。近年増加しているアクティビスト株主による株主提案においてはこれをクリアしている場合がほとんどであるが、個人株主による社会運動的な側面を有する株主提案においては、同要件の充足が問題となりうる。

　複数の株主が共同して行使する場合には、各株主が提出する議案の数がそれぞれ10個の上限（新305条4項）の範囲内であることを要することになる。つまり、このような場合でも、各株主が提案することができる議案の数の合計は上限（10個）を超えることができないと考えられる。

　すなわち、株主が提出することができる議案の数の制限に関する規定は、株主単位で適用されることになる。Xは、YおよびZと共同して議案要領通知請求権を行使し、9の議案を提案した。これは、X、YおよびZの各株主がそれぞれ9の議案を提案したと

捉えることになる。そして、Xは、Wと共同して議案要領通知請求権を行使し、2議案を提案した。これは、XおよびWの各株主がそれぞれ2の議案を提案したと捉えることになる。したがって、Xは、11個の議案を提案したことになり、上限（10個）を超えている。

## 2　10を超える場合の規律

　本問では、Xは、YおよびZとともに9個、ならびにWとともに2個の議案要領通知請求権を行使しており、A株式会社はこのうち1議案の通知を拒絶することができる。新305条5項は、本文で「前項前段の10を超える数に相当することとなる数の議案は、取締役がこれを定める」として取締役の裁量的判断を原則としつつ、ただし書において「第1項の規定による請求をした株主が当該請求と併せて当該株主が提出しようとする2以上の議案の全部又は一部につき議案相互間の優先順位を定めている場合には、取締役は、当該優先順位に従い、これを定めるものとする」として例外を認めている。

　本問において、どの議案に関する通知を拒絶するかについては、Xは優先順位をつけていないため新305条5項ただし書に該当せず、A株式会社の取締役が定めることができる（新305条5項本文→ Case 20）。

　この点については、①「取締役がどの議案が10を超える部分の議案となるかを決定する際は合理的な方法で決定する必要があり、提案株主ごとに合理的な理由なく異なる取扱いをすることは株主平等原則に反し、許されないと考えられます。他方で、株主は、株式会社による議案の数の数え方に不服がある場合には、議案の要領を株主総会の招集の通知に記載することなどを求める仮処分の申立てや損害賠償請求をすることが考えられます。このように、改正法案では、議案の数の数え方を明確化するとともに、最終的には裁判所が議案の数の数え方が適切であったかを判断する機会を保障するということで、経営陣による濫用を防止しております」（第200回国会参議院法務委員会会議録9号12頁〔森まさこ法務大臣発言〕）、②「取締役による議案の決定方法につきましては、何らかのルールをあらかじめ定めておかないと、実務上の混乱が生ずるおそれがございます。そこで、法務省令において、取締役による議案の決定方法についてあらかじめ株主取扱規程等で定めておくことができる旨を定めるということを予定しております。定められた決定方法が恣意的な判断を許さない合理的な内容であれば、取締役は議案をその決定方法に従って決定することができると考えられます。たとえば、合理的な決定方法といたしましては、議案を原則として提案株主が記載している順序に従って、横書きの場合は上からとか、縦書きの場合は右から数えて決定する、そういった秩序立って記載されていないとき、その順序を判断することができないような場合には取締役が任意に選択することができる、そういった定め方が考えられる」（第200回国会衆議院法務委員会会議録11号4頁〔小出邦夫民事局長発言〕）と説明された。　　　　　　　[中込一洋]

# 22
# 目的による議案の提案の制限

## Case

（1）　株主Xは、かねてよりA株式会社のY取締役に対して私怨を含んでいた。Xは定時株主総会において、Yに恥をかかせようと、Yの再任を含む取締役5名選任の議案について、Yに代わり自分が取締役となるべきとの動議を議場で提出し、その理由として、「Yは、配偶者以外の異性と多数交際している。また、Yは年100日以上ゴルフに行っており、会社経営に時間を使っていない。さらにYは当社製品に関する知識が皆無であり、経営能力が全く欠如している」などと、口からでまかせを並べて面罵した。

A株式会社としては、この動議をいかに処理すべきか。

（2）　株主Xは、A株式会社の創業家一族であり、発行済株式総数の10％を保有する大株主である。Xは、会社の業績不良が続いていることから、経営陣の入替えを図ることとした。Xによる株主総会招集請求を受け、A株式会社は臨時株主総会を開催することとなった。Xは、Y代表取締役社長について、取締役解任議案を提出し、その議案の要領として、「Yは、配偶者以外の多数の異性と交際するなどして、会社経営に専念していない。また、Yは、他業種の出身で当社の製品の特徴すら理解していないなど当社の事業に対する知識が極めて浅薄である。このような不適任なYによる経営により、当社のROE（自己資本利益率）は3年間連続して3％にも満たず、これはYに経営能力が全く欠如していることの結果にほかならない。よって、Yを取締役から解任することを提案する」との提案理由をそのまま通知するよう請求した。

A株式会社としては、この提案をいかに処理すべきか。

要綱においては、目的等による議案の提案の制限として、次の2つの場合には、株主提案権（議場での議案提出（動議。304条）および議案要領通知請求権（305条1項））を認めないとされていた。すなわち、①株主が、専ら人の名誉を侵害し、人を侮辱し、若しくは困惑させ、または自己もしくは第三者の不正な利益を図る目的で、株主提案権を行使する場合、および、②株主提案権の行使により株主総会の適切な運営が著しく妨げられ、

株主の共同の利益が害されるおそれがあると認められる場合である。

　しかし、国会の審議において、「株主提案の内容により、これを拒絶することができる場合についての規定を設けるか否かを検討するに当たっては、裁判例や株主総会の実務の集積等を踏まえ、権利の濫用に該当する株主提案権の類型について更に精緻に分析を深めながら、引き続き検討していくべきもの」（第200回国会衆議院法務委員会会議録11号議事録〔山尾志桜里発言〕）といった理由で、目的等による議案の提案の制限に関する条項の改正はされなかった。

　この経緯は、結局のところ、株主提案権の行使に際して権利濫用の法理の適用があることは当然の前提としたうえで、それを条文化する際に適切な要件を引き続き検討するというものと理解される。したがって、株主提案権について、権利濫用の法理が適用される場合があるという解釈に影響はない。【Before】【After】の枠組みでいえば、【Before】のまま何も変わっていない。

## (1)について

　Xは、専ら、私怨を晴らすというXの不正な利益を図る目的で、また、Yの名誉を侵害し、侮辱し、または、困惑させる目的で、議場での議案を提出したといえる。過去の裁判例（東京高決平成24・5・31資料版商事340-30、東京高判平成27・5・19金判1473-26参照）に照らして、この動議は、権利濫用であるから、会社としてはこれを却下すべきである。

## (2)について

　Xの提案理由のうち、ROE（自己資本利益率）が3％未満で経営能力が欠如しているから解任するという提案は、合理性のある提案理由であり、この部分だけをみれば権利濫用とはいえない。したがって、(1)と異なり、「専ら」名誉侵害・侮辱をする目的があるとはいえない。

　しかし、提案理由のうち、異性との交際や他業種の出身であるなどは、事案によっては、「明らかに虚偽である場合」（施規93条1項3号括弧書）に該当することもあるだろう。その場合には、A社としては、株主に議案の要領を通知する際に、その虚偽の部分を削除するべきである。

　これに対して、これらの点が明らかに虚偽であるとはいえない場合には、A社は、Xの提案理由をそのまま通知するべきである。

　なお、本問の提案理由の字数であれば、字数制限（施規93条柱書括弧書）にはあたらないと思われる。

[飯田秀総]

# 23
# 株主総会の適切な運営が著しく妨げられる場合

## Case

　A株式会社は、化粧品の製造事業を営み、某所に大規模な倉庫を有している。Xは当該倉庫の近隣住民であるが、たまたま目にした SNS 上の投稿を読み、当該倉庫は化学製品の製造工場であり、A株式会社は当該製造工場において、漏洩事故が起こった場合に周辺住民に多大な損害を及ぼす有害な製品を製造しているものと誤解した。Xは、そのような事故が起こることを憂慮し、A株式会社の株式を 300 株取得したうえ、原材料の保管・運送に関する安全管理、有毒製品の製造過程における安全確保、テロ対策、事故が起こった場合のクライシス・マネジメントの方法等について詳細かつ具体的に記載した、A4 用紙で 100 頁にもわたる文書を作成し、これを 1 つの「有害化学物質の製造における安全性の確保について」という定款変更議案として、A株式会社の定時株主総会の 8 週間前までに、議案の要領を株主に通知することを請求した（この時点でXは 6 か月以上前からA株式会社の 300 個の議決権を引き続き有していた）。同議案の内容は詳細にわたり、かつそれぞれの内容が相互に密接に関連して一体となっていることから、株主がこれを真摯に検討するには相当程度の時間を要し、また、議案の内容を株主に理解できるように総会議場で説明するだけで 30 分以上は要するものであった。

　A株式会社としては、同議案をどのように取り扱うべきか。

　Xの提案は、業務執行事項に関するものである。理論的には、経営上の裁量を制約する業務執行事項の定款変更の株主提案は、定款記載事項の限界（29 条参照）を超えて違法だとの議論もあり得る（松井秀征「株主提案権の動向」ジュリ 1452 号（2013 年）41 頁、45 〜 46 頁参照）。しかし、令和元年改正においては、業務執行事項の定款変更の株主提案は会社法上許容されているとの前提で行われたと思われる（神田(2) 4 頁、9 頁参照）。そこで、以下では、Xの提案が権利濫用に当たるかについてのみ検討する。なお、もともと、本問の出題の趣旨は、Case 22 で紹介したような理由で削除された改正法案のうちの、②（議案要領通知請求により株主総会の適切な運営が著しく妨げられ、株主の共同の利益が害されるおそれがあると認められる場合）に該当するか否かにあった。「株主総会の

適切な運営」には、総会当日の運営のみならず、株主総会の準備も含まれ、株主総会の準備には株主による議案の検討等も含まれると解され（神田(2)9頁）、具体的には、有限の時間を無理に使わせることがその意味であるといった解釈（神田秀樹ほか「【座談会】『会社法制（企業統治等関係）の見直しに関する要綱』の検討」ソフトロー研究29号（2019年）21頁、54～56頁）が有力だった。しかし、この条項を追加する改正は行われなかった。

　それでは、Xの提案は権利濫用か。Xの提案の動機は、誤解に基づく。しかし、化粧品の製造事業において、有毒製品を使用する可能性は否定できないし、荒唐無稽な提案ともいえない。そのため、誤解に基づく提案だとしても、内容自体には合理性がある提案であれば、権利濫用には当然には該当しない。

　次に、A4用紙で100頁であることをどう評価すべきか。本問の状況が、①定款変更の条文自体が100頁なのか、それとも、②提案の理由が100頁なのかは必ずしも明らかではない。もしも②であれば、施規93条1項柱書の括弧書・同項3号に基づき、A社は、その概要を記載すればよい。他方、もしも①であれば、定款変更議案について字数制限を定める規定はないので、A社は、原則として、そのまま掲載する必要がある。しかし、100頁の提案は、形式的には条文の体裁をとっていても、実質的には提案理由に過ぎない場合もあるだろう。その場合には、②と同様に取り扱うべきである。

　最後に、株主が提案を検討するのに相当程度の時間を要すること、および、議場で説明するならば30分以上は要することは、株主総会の適切な運営を著しく害するなどとして、権利濫用と評価すべきか。長時間の検討時間を要する提案であるというだけでは権利濫用には該当しないと考えるべきである。なぜならば、検討時間を要する提案は、本問のように100頁の提案という物理的に長いから長時間の検討が必要だというものばかりではなく、取締役の選任議案であっても、真摯に検討するならば、会社の経営状況の多面的な分析が必要で、それには長時間の検討を要するものもあるので、検討時間がかかるというだけで権利濫用に該当するとしてしまうのは不適切だからである。また、議案の要領を株主にあらかじめ通知してあるのだから、その内容の詳細のすべてを当日の総会の場で説明する必要はなく、要点を絞って短時間で説明すればよい。株主提案をした株主が30分かけて説明をしたいと申し出たとしても、議長による合理的な議事運営の一環として（315条参照）、要点を絞って説明するように求めることも可能である。

　したがって、Xの提案は権利濫用に該当するとはいえないので、A社は、同議案を審議するべきである。その際、A社は、同議案について30分かけて説明してもよいし、合理的な範囲内で短時間のうちに要点に絞って説明してもよい。　　　　［飯田秀総］

# 24
# 業務執行事項に関する定款変更議案の制約の可否

## Case

A株式会社は鉄道事業を営む会社であるが、株主Xは、定時株主総会の8週間前までに、以下のようないずれもA株式会社の業務執行に係る定款変更議案を提案し、議案の要領を株主に通知することを請求した。この場合、A株式会社としてはどのように対応すべきか。

(1) 鉄道事故の発生を防止するため、当期利益の10%以上を安全性向上のための研究開発費に充てなければならない。

(2) 鉄道のダイヤグラムの作成にあたっては安全を第一義とする。

(3) 朝夕の通学通勤時においては、踏切による道路の閉鎖時間を最長2分以下とする。

A株式会社としては、このような定款変更議案をいかに取り扱うべきか。

## 1 業務執行事項に関する提案の制限

株主提案権の実例には、業務執行事項に関する定款変更議案が多い。法制審議会の会社法制部会においては、そのような議案は、定款変更をすることにより代表取締役に特定の行為を義務づける形のものであり、不適切であるという指摘がなされた。これは、「株主提案の大半が定款の変更に関する議案の提出という形でされており、かつ、そのほとんどが業務執行事項に関する議案であって、これらの議案については賛成比率が極めて低いこと、株主総会は、業務執行事項に関する決定を行うには適さない機関であって、日常的な業務執行事項が定款に定められた場合には、機動的で柔軟な経営判断等を行うことに支障が出ることなど」(一問一答68頁)を理由としていた。

この指摘に基づく改正も検討されたが、採用されなかった。その理由は、①このような制約をすることは現在の会社法の機関相互の権限分配のあり方に大きくかかわる問題であって、影響する範囲を判断することが難しいこと、②業務執行には様々なレベルのものが含まれるため、何が制約にはならない業務執行に該当するかの判断が難しいことなどにある。

したがって、A株式会社は、業務執行事項に関する提案であるというだけでは、議案要領通知請求を拒否することはできない。また、株主Xが議案要領通知請求してい

る議案は3つであり、数の制限にも違反していない。

## 2 実際の対応

株主Xの定款変更に関する議案は、いずれもA株式会社の業務執行に係るものであり、議案(1)は「鉄道事故の発生を防止するため、当期利益の10％以上を安全性向上のための研究開発費に充てなければならない」、議案(2)は「鉄道をダイヤグラムの作成にあたっては安全を第一義とする」、議案(3)は「朝夕の通学通勤時においては、踏切による道路の閉鎖時間を最長2分以下とする」という内容である。これらは、日常的な業務執行事項について具体的内容を定款に定めることを求めるものであり、仮にこれが可決されたときは、機動的で柔軟な経営判断等を行うことに支障が出ることが予想される。

そこで、これを濫用として拒否することの可否が問題となる。改正法案では、不当な目的等による議案の提案を制限する規定の新設も提案されていたが、国会審議において修正案により削除された経緯がある。この修正案提出の理由については、「裁判例や株主総会の実務の集積等を踏まえ、権利の濫用に該当する株主提案権の類型について更に精緻に分析を深めながら、引き続き検討していくべき」（第200回国会衆議院法務委員会会議録11号1頁〔山尾志桜里委員〕）と説明された。そのため、改正後の実務においても、民法の権利濫用に関する一般条項によることは否定されない（→ Case 22・23）。

しかし、権利の濫用と評価されるのは極めて例外的場合である。株主Xの定款変更に関する議案がA株式会社の日常的な業務執行事項について具体的内容を定款に定めることを求めるものであるというだけでは足りないから、他の事情と総合して権利の濫用と認められる場合でない限り、審議の対象とするべきであろう。　　　　　　　　［中込一洋］

I……適切なインセンティブ付与❶

# 25
# 報酬等の決定方針の決定

**Case**

　P社は、公開会社である監査役会設置会社であり、その株式は上場されている。同社において、取締役に毎月給付される確定額の報酬の決定は、次のような手続で行うことを予定している。この手続につき、会社法上の問題はないか。

　定時株主総会の決議により、取締役の報酬限度額を年額5億円と決定する。同総会の直後に開催される取締役会において、個人別の報酬額の決定は、代表取締役社長に委任することを決議する。以降、各取締役の報酬額は、毎事業年度、代表取締役社長の職にある者が上記の限度額の範囲内で決定する。

**【Before】**

　取締役報酬に関する従来の判例・通説は、旧361条をお手盛り防止のための規定と解し、お手盛り防止の趣旨から同条の解釈論を演繹的に導出しようとする。日本においては取締役の個人別報酬の額を明らかにしたくないという心情があるため、お手盛り防止に必要最低限の範囲の規制のみが課されてきた。具体的には、株主総会では、取締役全員の報酬総額の限度額を決議すれば足り、個人別の報酬額を決議する必要はない。その場合、取締役の個人別報酬は限度額の範囲で取締役会が定めることとなるが、取締役会が代表取締役に対して個人別報酬の決定を再一任することも可能である。

　したがって、本問の手続は原則として適法である。なお、代表取締役は個人別報酬の決定にあたり善管注意義務・忠実義務を負うが、実際に代表取締役が同義務の違反に問われることは極めてまれであろう（東京地判平成30・4・12金判1556-47参照）。

**【After】**

　法制審議会では、代表取締役への再一任に対して制約を設ける旨の提案がなされたが（補足説明第2部第1の1(3)商事43頁）、立法には至らなかった。改正法下でも、再一任はなお可能である。

　改正法では、上場会社等の大規模会社（厳密には、監査役会設置会社のうち、公開会社かつ大会社であり、発行株式につき有価証券報告書提出義務を負う会社。新361条7項1号）

においては、取締役会が、取締役の個人別の報酬等の内容についての決定に関する方針として法務省令で定める事項を決定しなければならないこととされた（新361条7項柱書本文）。省令では、報酬総額またはその算定方法に関する方針や、業績連動報酬において用いる業績指標の内容など、多様な事項が定められている（新施規98条の5）。再一任を行う場合には、再一任に関する事項も定める必要がある（同条6号）。

この規定は、株主総会から個人別報酬等の決定の委任を受けた取締役会が、善管注意義務・忠実義務に基づき適切に個人別報酬等を決定することを求めるものである。したがって、そもそも取締役会が株主総会から個人別報酬等の決定の委任を受けない場合（具体的には、個人別報酬等の内容が定款または株主総会決議によって定められている場合）には適用されない（新361条7項柱書ただし書。上場会社の実務ではほとんどないであろう）。また、後述するように、この義務を取締役に委任することはできない。しかし、任意の報酬諮問委員会などに方針原案を作成させることは可能である。

取締役会が適法な報酬決定方針の決定をしないまま報酬を支給した場合には、当該支給には無効原因があると解せざるをえないだろう（竹林ほか・別冊商事29頁）。代表取締役が報酬決定方針に反する個人別報酬を決定した場合、報酬支給は無効であり、代表取締役は任務懈怠責任を負う（法制審議会では、再一任の規制を設けない理由として、報酬決定方針が存在するので再一任は白紙委任にはあたらないという点が挙げられていた。部会第17回議事録〔古本省三発言〕など）。

報酬議案を提出した取締役は議案の相当性を説明しなければならないため、実務上は、株主総会において報酬決定方針の説明が求められる（法制執務上の理由から不明瞭な書きぶりとなっているが、新361条4項は実質的に報酬決定方針の説明義務を定める規定である。神田(3)6頁。開示については→ Case 32・33）。

監査等委員会設置会社に関しては、すべての会社で、報酬決定方針の決定が必要となる（新361条7項2号）。ただし、監査等委員会設置会社において、監査等委員である取締役の報酬に関する規定は、監査役報酬の規定と同様に定められている（361条3項。387条参照）。今回の法改正では監査役報酬に関する改正はなされておらず、監査等委員である取締役の報酬の決定方法にも変更はない。義務づけられた報酬決定方針の対象からも、監査等委員である取締役は除外されている（新361条7項柱書括弧書）。報酬決定方針の決定を取締役に委任することはできない（新399条の13第5項7号。この規定が存在するため、明文のない監査役会設置会社においても取締役への委任はできないと解される。神田(3)7頁）。

指名委員会等設置会社においては、従来から、報酬委員会が報酬決定方針と個人別報酬等の内容の双方を定めることとされており、今回の法改正による変更はない（404条3項・409条。ただし、報酬決定方針の内容は監査役会設置会社・監査等委員会設置会社とは異なりうる）。

[津野田一馬]

# 26
# 新株予約権型ストックオプション①相殺方式

## Case

　P社は公開会社である監査役会設置会社である。同社においては、取締役に対するインセンティブ報酬として、新株予約権を用いたストックオプションを付与することを計画している。以下のような計画を実現するために必要な会社法上の手続はどのようなものか。株主総会で何を決議したらよいか。

　1個の新株予約権の行使で100株（1単元）取得できるものとし、権利行使期間は、発行した翌月から10年間とする。権利行使価額は、発行日の市場価格に1.05を乗じた額とする。新株予約権の払込金額は、発行時の新株予約権の公正な価格に対応させる。ストックオプションが付与される各取締役には、払込みに必要な金額（払込金額×付与される新株予約権の個数）に相当する報酬を支払うこととし、当該報酬債権と会社が取締役に対して有する払込みに係る債権を相殺する。

【Before】

　取締役にストックオプションを発行するための法的構成には、無償交付方式（現物方式）と相殺方式の2種類がある。無償交付方式とは、新株予約権そのものを非金銭報酬として取締役に支給する方法である。この場合、額に関する事項（361条1項1号（確定額報酬として決議する場合）または同項2号（不確定額報酬として決議する場合））に加え、ストックオプションの具体的な内容（旧361条1項3号）を決議する必要がある。具体的にどのような事項を定めればよいかについては明文がない（→ Case 27）。

　相殺方式とは、本問のように、取締役に対して募集新株予約権を発行し、その払込債権を、あらかじめ取締役に付与しておいた金銭報酬請求権と相殺するものである。報酬として取締役に支給されるのはあくまで金銭であるため、株主総会においては、通常の金銭報酬と同様に、報酬額に関する事項のみを決議すればよいとするのが、一般的な理解である。この場合、株主総会における報酬決議の内容からは、ストックオプションの内容が明らかにならない。

　ただし、上場会社の実務においては、相殺方式をとる場合にも、ストックオプションの内容が議案の内容とされ、または、参考情報として示されることが多い。

なお、いずれの構成による場合も、取締役の個人別の付与数や額を決議する必要はなく、取締役全員に対する付与数・額を決議することで足りる。

## 【After】

　以上の現行法の規律には、①無償交付方式を採用する場合に法律上要求される株主総会決議事項が条文上不明確である、②無償交付方式と相殺方式とは経済的に同一であるにもかかわらず、理論上、株主総会で必要とされる決議事項が両者で異なり、相殺方式を採用する場合には株主総会の権限が縮減される、という2つの問題点がある（補足説明第2部第1の1(2)ア・イ商事42頁）。

　今回の法改正により、①無償交付方式でストックオプションを発行する場合の株主総会決議事項が明確化されるとともに（→ Case 27）、②相殺方式による場合にも無償交付方式と同様の決議事項を定めなければならないこととなった。

　すなわち、取締役に対して、「当該株式会社の募集新株予約権」「と引換えにする払込みに充てるための金銭」を報酬として支給する場合には、ストックオプションの内容に関する決議として、取締役が引き受ける当該募集新株予約権の数の上限その他法務省令で定める事項を、株主総会決議により定めなければならない（新361条1項5号ロ。法務省令の内容については→ Case 27）。

　なお、上記の内容に関する決議事項に加え、額に関する決議事項（361条1項1号または同項2号）を決議しなければならないことには、改正の前後で変わりがない（補足説明第2部第1の1(2)ウ商事43頁）。いずれの決議事項についても、改正前と同様、取締役全員に対する付与数・額を決議すればよい。

　したがって、本問においては、株主総会において、報酬額に関する決議事項に加え、取締役が引き受ける新株予約権の数の上限等を定めなければならない。

　株主総会決議の後は新株予約権の発行手続が行われることとなるが、これについては改正の前後で変更はない。具体的には、取締役会において、取締役に対する募集新株予約権の発行を決議し（238条・240条）、相殺の意思表示をすることとなる。取締役会決議で足りるのは、本問では募集新株予約権の払込金額が発行時の新株予約権の公正な価格に設定されており、有利発行に該当しないからである。

　なお、本問のP社は監査役会設置会社であるが、監査等委員会設置会社でも、同様の手続が必要とされる（ただし、監査等委員である取締役とそれ以外の取締役を区別して定める必要がある。361条2項）。指名委員会等設置会社においては、監査役会設置会社の株主総会が取締役報酬に関して決議すべき事項を、報酬委員会が執行役等の個人別報酬について決議することとなる（新409条3項3号以下）。　　　　　　　　　　［津野田一馬］

# 27
## 新株予約権型ストックオプション②無償交付方式

　P社は、公開会社である監査役会設置会社である。同社においては、取締役に対するインセンティブ報酬として、新株予約権を用いたストックオプションを付与することを計画している。以下の①または②の計画を実行することができるか。その場合の必要な会社法上の手続は何か。株主総会で何を決議すればよいか。なお、株主総会で、有利発行の決議をする必要がある場合には、募集事項の決定を取締役会に委任することとする（239条参照）。

　P社は、種類株式発行会社ではなく、P社株式は、上場されているものとする。

　①　1個の新株予約権の行使で100株（1単元）取得できるものとし、権利行使期間は、発行した翌月から10年間とする。権利行使価額は、発行日の市場価格に1.05を乗じた額とする。新株予約権の発行に際して、金銭の払込みを要しないものとする。

　②　①の新株予約権の内容として、権利行使に際して、払込みを要しないものとする。

【Before】

　無償交付方式でストックオプションを発行する場合、その上限額の定め方によって確定額報酬と不確定額報酬のいずれかに該当すると同時に、非金銭報酬にも該当することとなる。したがって、ストックオプションの発行時には、株主総会で、その上限額（確定額報酬として決議する場合。361条1項1号）またはその上限額の具体的な算定方法（不確定額報酬として決議する場合。同項2号）のいずれかを定める必要がある。それに加えて、ストックオプションの「具体的な内容」（同項旧3号）も定めなければならない。

　しかし、ストックオプションの「具体的な内容」として、どのような事項を定めなければならないかについて、明文の規定は存在しない。実務においては、旧361条の趣旨がお手盛り防止にあることから、新株予約権の個数の上限、新株予約権が行使された場合に発行される株式数の上限、行使条件等、お手盛りを防ぐために必要な範囲の決議が必要と考えられている。①でも、これらの決議が必要である。

募集新株予約権そのものを取締役報酬として発行する場合、発行価額は通常0円に設定される。これは会社法の明文で認められた取扱いである（238条1項2号）。発行価額を0円とする取扱いが取締役に特に有利な条件にあたる場合には有利発行の手続を要するが（240条1項・238条3項1号）、付与される新株予約権の経済的価値が361条1項1号または2号の株主総会決議によって定められた取締役報酬の上限枠の範囲内である限り、有利発行にはあたらない。

　ストックオプションの権利行使価額は、原則として会社が自由に定めることができる。しかし、236条1項2号の「財産の価額又はその算定方法」という文言を根拠に、権利行使価額を0円に設定できるかについては、会社法上疑義があるものとされている。このため、実務において②のようなストックオプションは用いられておらず、代わりに権利行使価額を名目的価額（1円）とする1円ストックオプションが用いられている。

## 【After】

　改正法では、株主総会決議によって定めるべきストックオプションの「具体的な内容」が明確化された（補足説明第2部第1の1(2)ア商事42頁）。すなわち、取締役に対して、「当該株式会社の募集新株予約権」を報酬として支給する場合には、ストックオプションの内容に関する決議として、取締役が引き受ける当該募集新株予約権の数の上限その他法務省令で定める事項を、株主総会決議により定めなければならない（新361条1項4号）。省令では、取締役に新株予約権を割り当てる条件や、新株予約権の行使条件などが定められている（新施規98条の3。ほかに、通常の新株予約権発行の際と同様の事項も、新株予約権の募集事項を決定する取締役会決議において定める必要がある）。相殺方式を採用する場合（→ Case 26）も、ほぼ同様の決議事項となる（新施規98条の4第2項）。

　なお、有利発行規制との関係では改正はなされなかった。従来どおり、取締役報酬の上限枠内でストックオプションを発行すればよい。

　改正法において、上場会社がストックオプションとして新株予約権を利用する場合には、権利行使価額を0円とすることが認められることとなった（当然ながら、従来どおり権利行使価額を1円以上の価額とすることも可能である）。具体的には、上場会社が無償交付方式または相殺方式でストックオプションを発行する場合には、「財産の価額又はその算定方法」（236条1項2号）を定める必要がなく、代わりに、取締役の報酬等として発行するものであり、権利行使に際してする金銭の払込み・財産の給付を要しない旨と、報酬等を受ける取締役以外の者は新株予約権を行使できない旨（事実上の譲渡制限である）を定めればよい（新236条3項各号。「財産の価額又はその算定方法」が登記事項であることと平仄を合わせ、これらは登記事項とされる。新911条3項12号ハ）。したがって、②のストックオプションも、会社法上の疑義なく発行できることとなる。　　［津野田一馬］

# 28
## 株式報酬①交付のための手続

### Case

　P社は、公開会社である監査役会設置会社である。同社においては、取締役に対するインセンティブ報酬として、株式報酬を付与することを計画している。以下の①または②の計画を実現するために必要な株主総会の決議はどのようなものか。株主総会で、有利発行の決議をする必要がある場合には、募集事項の決定を取締役会に委任することとする（200条参照）。ただし、P社は、種類株式発行会社ではなく、P社株式は上場されているものとする。

　①　付与対象者には新株を発行し、払込金額は、募集事項の決定をする取締役会の会日前日の終値と同一の額とすることを予定している。払込みについては、付与対象者に払込金額相当額の報酬を支給することとしたうえで、当該報酬債権を現物出資させるものとする。契約により10年の譲渡制限を付ける（いわゆる譲渡制限付株式）。

　②　付与対象者には新株を発行し、①とは異なり、発行に際して、金銭の払込みを要しないものとする。

【Before】

　①　金銭報酬債権を付与することから、361条1項1号（または2号）の株主総会決議が必要とされ、多くの場合は、同1号の確定額（上限）により金銭報酬額を定めていた。また、実際には金銭ではなく株式を交付することから、旧361条1項3号に基づき「報酬等のうち金銭でないもの」の「具体的な内容」として、交付する株式の種類や数、その他の交付の条件等を決議することが多かった。しかし、どこまで内容を特定する必要があるかは、解釈上必ずしも明らかではなかった（神田(3) 8頁）。

　有利発行については、募集事項を決定する取締役会の開催日の直前取引日の終値と払込金額を同額とすることで、有利発行には該当せず、募集株式の発行等の募集事項については、取締役会で決議することができる（201条1項）。

　②　新株予約権とは異なり（238条1項2号）、募集株式の発行等については、199条1項において、常に募集株式の払込金額またはその算定方法を定めなければならない（同項2号）ことから、金銭の払込みを要しないこと（いわゆる無償発行）は明文上認め

られておらず、有利発行にも該当するものと考えられていた。

## 【After】

①　株式報酬の払込みに充てるために取締役に金銭報酬債権を付与する場合には、金銭報酬として、改正前と同様に、361条1項1号（または2号）の株主総会決議が必要となるが、改正により、このような場合に決議すべき具体的な内容が条文上明らかにされた。すなわち、上記の事項に加えて、新361条1項5号イに基づき、取締役が引き受ける当該募集株式の数（種類株式発行会社にあっては、募集株式の種類および種類ごとの数）の上限その他法務省令で定める事項、具体的には、以下の事項を決議する必要がある（新施規98条の4第1項各号）。

(1)　一定の事由が生ずるまで当該募集株式を他人に譲り渡さないことを取締役に約させることとするときは、その旨および当該一定の事由の概要

(2)　一定の事由が生じたことを条件として当該募集株式を当該株式会社に無償で譲り渡すことを取締役に約させることとするときは、その旨および当該一定の事由の概要

(3)　上記(1)(2)に掲げる事項のほか、取締役に対して当該募集株式と引換えにする払込みに充てるための金銭を交付する条件または取締役に対して当該募集株式を割り当てる条件を定めるときは、その条件の概要

有利発行については、①では改正前後に変更はなく、募集事項を決定する取締役会の開催日の直前取引日の終値と払込金額を同額とすることで、有利発行には該当しないとの整理は可能である。

②　改正法においては、より円滑に株式を報酬等として取締役に交付することができるように、上場会社は、取締役の報酬等として株式の発行または自己株式の処分をするときは、募集株式と引換えにする金銭の払込みまたは199条1項3号の財産の給付を要しないとすることも可能となる（新202条の2第1項1号）。具体的には、新361条1項3号に基づき、株主総会での報酬決議の内容として、募集株式の数（種類株式発行会社にあっては、募集株式の種類および種類ごとの数）の上限その他法務省令で定める事項（新施規98条の2。上記の新施規98条の4第1項と同様の内容）を定める必要がある。これにより、上場会社は、当該決議の定めに従って新株発行または自己株式処分をする場合には、199条1項2号（払込金額またはその算定方法）および4号（払込期日等）に掲げる事項を定めることを要しない。代わりに、取締役会決議において、(1)取締役の報酬等として株式の発行または自己株式の処分をするものであり、募集株式と引換えにする金銭の払込みまたは199条1項3号の財産の給付を要しない旨、および(2)割当日、を決定する必要があり（新202条の2第1項）、「募集事項」として通知・公告の内容にもなる（同条2項・199条2項・201条3項・4項）。また、この場合には有利発行規制は適用されないこととなる（一問一答94頁）。

［新木伸一］

# 29
# 株式報酬②会計処理

## Case

Case 28 の①および②の事前交付型の株式報酬の会計処理はどのように
なるか。

【Before】

　①については、日本公認会計士協会（会計制度委員会研究報告 15 号）「インセンティブ
報酬の会計処理に関する研究報告」によれば、当初に取締役に対して金銭債権等が付与
され、これを現物出資して株式の割当てが行われたとする会計処理が行われる。ここで
付与される金銭債権等は将来の勤務に係る報酬であるため、前払費用等として資産計上
され、その後の役務提供に従って、前払費用の取崩しによる費用計上が行われる。ここ
で、当該前払費用等の費用認識における考え方については、ア．対象となる役員の任期、
イ．譲渡制限期間、ウ．付与された金銭債権等に対応する見込勤務期間、エ．譲渡制限
解除条件の達成が見込まれる期間、オ．即時全額費用処理など、複数の方法が考えられ
る。

　譲渡制限解除条件が未達となった場合は、条件未達部分に対応する前払費用等を取り
崩し、損失（費用）処理することなどが考えられる。ここで、譲渡制限解除条件が未達
となることが見込まれる場合にどの時点で前払費用等の取崩しを行うかについて、ア．
株主総会（退任確定）時点、イ．退任が合理的に確実となった時点等の考え方がある。

　②については、Case 28 にて解説したとおり、改正前は許容されていなかった。

【After】

　①については、【Before】の説明からの変更はないと考えられるが、下記②にて示さ
れた無償交付の会計上の取扱いにより、①の取扱いも一定の影響を受ける可能性がある。

　②については、新株発行の場合、取締役が会社に対し、当該募集株式に係る割当日後
にその職務の執行として、当該募集株式を対価とする役務を提供するときは、株式の発
行により各事業年度の末日において増加する資本金（または資本準備金）の額は、取締
役等がその職務の執行として当該株式会社に提供した役務（当該募集株式を対価とするも
のに限る）の公正な評価額とされた（新計規 42 条の 2 第 1 項）。

この点、「当該株式会社に提供した役務の公正な評価額」とは何かが問題となるが、一般に公正妥当と認められる企業会計の基準その他の企業会計の慣行（計規3条）として、令和2年9月11日に企業会計基準委員会より実務対応報告公開草案60号「取締役の報酬等として株式を無償交付する取引に関する取扱い（案）」が公表されており、以下に述べる会計処理により年度通算で費用が計上される場合は、それに対応する金額を資本金または資本準備金に計上し、年度通算で過年度に計上した費用を戻し入れる場合は対応する金額をその他資本剰余金から減額することとされており（会計期間末においてその他資本剰余金の残高が負の値となった場合には、企業会計基準1号「自己株式及び準備金の額の減少等に関する会計基準」12項により会計処理を行う）、基本的には、以下の費用計上額と一致することが想定され、終局的には、株式の公正な評価額に基づくことになる。

　取締役に対して新株を発行し、これに応じて企業が取締役等から取得するサービスは、その取得に応じて費用として計上するが、各会計期間における費用計上額は、株式の公正な評価額のうち、対象勤務期間を基礎とする方法その他の合理的な方法に基づき当期に発生したと認められる額である。

　株式の公正な評価額は、公正な評価単価に株式数を乗じて算定し、この公正な評価単価は、付与日において算定し、原則として、その後は見直さない。また、失効等の見込みについては株式数に反映させるため、公正な評価単価の算定上は考慮しない。

　上記の株式数の算定およびその見直しによる会計処理は、次のように行うとされる。

　(1)　株式数は、付与された株式数（失効等を見込まない場合の株式数）から、権利確定条件（勤務条件や業績条件）の不達成による失効等の見積数を控除して算定する。

　(2)　付与日から権利確定日の直前までの間に、権利確定条件（勤務条件や業績条件）の不達成による失効等の見積数に重要な変動が生じた場合には、原則として、これに応じて株式数を見直す。株式数を見直した場合には、見直し後の株式数に基づく株式の公正な評価額に基づき、その期までに費用として計上すべき額と、これまでに計上した額との差額を見直した期の損益として計上する。

　(3)　権利確定日には、株式数を権利の確定した株式数と一致させる。

　これにより株式数を修正した場合には、修正後の株式数に基づく株式の公正な評価額に基づき、権利確定日までに費用として計上すべき額と、これまでに計上した額との差額を権利確定日の属する期の損益として計上する。

　また、没収によって無償で株式を取得した場合は、企業会計基準適用指針2号「自己株式及び準備金の額の減少等に関する会計基準の適用指針」14項により会計処理を行う。

［新木伸一］

# 30
# 支配権争いの場面における取締役への株式等の交付

## Case

上場会社で監査役会設置会社であるＰ社の発行済株式総数は、5000万株である。α年12月、Ｐ社の取締役らは、Ｑ社がＰ社の株式を買い占め、他の株主と協調して、次の株主総会において株主提案を通じて、自己が推薦する者を取締役に選任させるよう働きかけていることを知った。Ｐ社の取締役らは、事前の票読みから、悲観的なシナリオでは、株主提案に賛成する株主は発行済株式総数の49％、反対する株主は48％となると見積もった。そこで、基準日前に株式を発行することを計画した。以下の①②それぞれの方法による場合につき、取締役が株主総会の決議の帰趨に影響を与えることを予防するための制度として、会社法上、どのようなものがあるか。

①　権利行使に際して払込みをせずに株式を10株取得することができ、発行後直ちに権利行使が可能な新株予約権を、発行に際して払込みを要しないものとして、取締役らに15万個発行する方法

②　払込みを要しない募集株式の発行等により、取締役らに報酬として、株式を150万株発行する方法

## 【Before】

①のような、権利行使に際して金銭の払込みを要しない新株予約権の発行が可能であるかについて、争いがあった（旧236条1項2号参照）。仮に、権利行使価格1円として同様のスキームが実行され、通常の新株予約権の発行手続により行われた場合、このような発行は、判例の主要目的ルールによれば不公正発行（247条2号）に該当しえた（資金調達目的との関係については、【After】の記述を参照）。また、有利発行手続を経ないで発行するためには、付与される新株予約権の公正価値の総計が、このスキームを通じて取締役に支給されるべき報酬額（旧361条1項1号）に収まっている必要があった（久保田安彦「令和元年会社法改正と取締役の報酬等規制」商事2232号（2020年）20頁参照）。①がそうでない場合には、有利発行決議（240条1項・238条2項・309条2項6号）を欠く発行に該当する。なお、旧361条1項3号の「具体的な内容」は、解釈に委ねられているため、不公正な発行に対する制約としての効果は限定的である。

②のような、金銭の払込みを要しない募集株式の発行等は明文上は認められていなかった（199条1項2号参照）。仮に、払込金額を1円として発行した場合、①と同様、不公正発行（210条2号）に該当する余地があった。①と同様、有利発行手続を経ないで発行するためには（201条1項・199条2項・309条2項5号）、付与される募集株式の経済的価値の総計が報酬決議の報酬限度額内に収まっている必要がある（旧361条1項3号の位置づけについても、①と同様）。

## 【After】

　①については、改正前の枠組みに加え、報酬決議において、報酬等として付与される新株予約権の数の上限等を定めることになるため（新361条1項4号、新施規98条の3。236条3項参照）、これが1つの歯止めとなる。上限を超える場合については、②参照。

　②についても、改正前の枠組みに加え、報酬決議において、報酬等として付与される株式の数の上限等を定めることになる（新361条1項3号、新施規98条の2）。

　上限内で発行される場合にも、不公正発行に該当する余地はある。報酬付与してなされる新株予約権・株式の発行においては、主要目的ルールの運用において、資金調達目的に代えて、業務の対価の付与という目的を逸脱するものではないかにつき、審査されるべきことになろう。従前の株主総会による授権（枠決議）に基づいて行われるものであれば、報酬決議の内容の相当性についての理由（361条4項）、報酬等の方針（新同条7項・施規98条の5第5号）に合致しているかなどが手がかりになると考えられる。本発行のみを目的とする報酬決議が可決された場合、会社の支配権の所在につき株主が関与する機会があるため、不公正発行に該当することはないと考えられる。

　上限を超える場合、202条の2は適用されなくなる結果、決定された募集事項に199条1項2号および4号の内容が欠けていれば、法令違反に該当し、差止事由が存在することになる（210条1号）。総会決議を欠いて支給された金銭報酬の効力との均衡、株式報酬に譲渡制限が付されている実務に照らして、無効と解してよいという見解（伊藤靖史「取締役の報酬等に関する規律の見直し」ひろば73巻3号（2020年）29頁）、適法な発行決議が欠けるうえ、その（違法な）決議事項を開示しても、適法な公示にはならないため、原則として無効原因があると解する見解（北村雅史「令和元年会社法改正(3)―取締役の報酬等」日本取引所グループ金融商品取引法研究会報告（未公表）参照、解釈の可能性として指摘）などがある。202条の2第1項各号の事項および募集株式数（199条1項1号）が公示され、報酬決議の開示状況から、募集株式数が上限を超えていることを知りうる機会が株主に確保されている場合には、不公正発行や総会決議を欠く有利発行の場合と同様、無効事由に該当しないと解する余地があるように思われる。

　改正の対象外とされた上場会社以外の会社においても、募集株式の払込金額や新株予約権の権利行使価格を低くすることはできるので、類似の問題は生じうる。

［齊藤真紀］

# 31
# 退職慰労金実務への改正の影響

## Case

　P社は、監査役会設置会社である。

　P社の取締役会は、α年6月の定時株主総会直後の取締役会において、次のような内規を決定した（以下、「P社退職慰労金内規」という）。「退職慰労金として、取締役在任期間1か月につき、固定報酬月額相当額を支給する。ただし、当該取締役の功労、非行、会社の経営状況その他の事情により、その2割を限度として増減することができる。」

　α+10年6月の定時株主総会において、同総会をもって任期が満了する取締役Aにつき、「P社退職慰労金内規に従い、退職慰労金を贈呈することとし、その支払時期、方法等については、取締役会に一任する」の決議が可決された。総会後、最初に招集された取締役会において、当該決議に基づき退職慰労金の決定を代表取締役社長に一任する旨を決議し、当該取締役会決議に基づき、代表取締役社長Bは、Aに支払う退職慰労金を1億2000万円と決定した。なお、P社退職慰労金内規は、P社本店に備え置かれ、株主がいつでも閲覧できるようになっている。

　このような支給の手続は、適法か。

【Before】

　従来、判例は、取締役の退職慰労金につき、株主総会決議において、その決定を無条件に取締役会に一任することは許されないが、明示的または黙示的に、その支給に関する基準を示して、具体的な金額、支払時期、支払方法などはその基準により定めるべきものとして任せることはできるとしていた（最判昭和39・12・11民集18-10-2143、最判昭和48・11・26判時722-94参照）。また、内規および慣行によって一定の支給基準が確立しており、そのような基準が株主にも推知されうる状況にあれば、当該基準に従って一任する株主総会決議を適法とした裁判例もあった（前掲最判昭和48・11・26）。株主総会参考書類を作成する会社においては、退職慰労金の一任決議については、取締役に対する退職慰労金議案が一定の基準に従い退職慰労金の額の決定を取締役会等に一任するものであるときは、株主総会参考書類に当該一定の基準の内容を記載するか、各株主がその基準

を知ることができるようにするための適切な措置を講じなければならないとされている（施規82条2項。なお、令和元年改正前における事業報告における開示については、落合誠一編『会社法コンメンタール(8)』（商事法務・2009年）188頁〔田中亘〕等を参照）。

## 【After】

　従来の退職慰労金実務で用いられていた内規に相当するものは、新361条7項における方針に該当するであろうか。該当するのであれば、事業報告における開示が必要となる（施規121条6号。なお、仮に、従前の内規が上記の方針に相当する内容を備えていた場合、改正後に改めて決定手続をし直すことは必要ない。神田秀樹ほか「【座談会】令和元年改正会社法の考え方」商事2230号（2020年）21頁〔竹林俊憲発言〕）。

　従来の判例における「内規」（判例によれば、退職慰労金の一任決議時に存在しているべきもの）と退職慰労金の一任決議との関係は、新361条7項が予定する株主総会による報酬決議と、それに基づいて取締役会が決定するべき方針との関係に対応していないように思われる。従来の退職慰労金に係る内規が上記の方針であるとすれば、施規82条2項も改正されるべきであったであろう。

　株主がその内容を「推知しうる」内規の存在を前提とする従来の退職慰労金の一任決議は、具体的な報酬額の決定を取締役会に委任（さらに、代表取締役に再一任）するものではなく、そのような内規を不確定報酬の具体的な算定方法（361条1項2号）として決議しているのでもなく、内規の存在を前提として株主総会の決議により直接個人別の報酬額を定めていたということになりそうである（新361条7項ただし書）。

　このような理解を前提とすると、今回の改正後も、従来の実務は、引き続き適法であるといえそうである。しかし、取締役に対する適切なインセンティブ付与を実現するという今回の改正の趣旨に照らすと、従来の判例法理を今後も妥当させてもよいかにつき疑問が残る。少なくとも、新361条7項が適用される会社に関する限り、退職慰労金を通じて、同条項が潜脱されることがないよう、内規の内容も、同条項にいう方針と整合的であることが必要であろうし、施規82条2項における「適切な措置」も厳格に解されるべきであろう。もっとも、上場会社においては、平成17年頃から、株式報酬型ストックオプションの普及とともに従前の退職慰労金実務が廃止される例が増え（齋藤宏一＝小西真木子「グローバル株式報酬の実務」商事2241号（2020年）26頁）、近時は支給額が不明な退職慰労金支給議案に反対する方針を定めた機関投資家が増えてきており、伝統的な退職慰労金実務は相当に減っているようである（松中学「変わるものと変わらないもの―『2019年版株主総会白書』を読んで」商事2218号（2020年）14頁参照）。

　なお、支給された退職慰労金の具体的な額は、事業報告における開示の対象とはされなかった。

〔齊藤真紀〕

# 32
## 報酬等の開示①

**Case**

　P社は、公開会社である監査役会設置会社であり、また、有価証券報告書提出義務を負う会社である。本問の期間を通じ、P社の取締役は、代表取締役社長A、代表取締役副社長B、その他の業務執行取締役C、D、E、社外取締役F、Gの7人である。

　P社は、α年6月の定時株主総会決議により、取締役の報酬等の総額の上限を年額5億円と定めた。また、当該株主総会後の取締役会決議により、各取締役に月極の固定報酬を支給すること、およびその個人別の金額の決定は代表取締役社長に委ねることとした。ただし、その決定の方針として、各取締役の報酬の基本月額を500万円としたうえで、社長は基本月額の100%以内、副社長は80%以内、その他の業務執行取締役は70%以内、社外取締役は20%以内で、各取締役の職責や会社の財務状態等を勘案し決定すること、および、決定に際して代表取締役社長と社外取締役2名から構成される報酬諮問委員会の意見を聴くべきことが決議された。この決議に従い、以後毎事業年度、Aが取締役の個人別の報酬額を決定している。β年度の各取締役の固定報酬額は、Aが6000万円、Bが4000万円、C、D、Eが各3500万円、F、Gが各1200万円であった。なお、P社においては、業績連動報酬等および非金銭報酬等は支給されていないものとする。

　P社のβ年度の事業報告では、取締役の報酬等に関し何を開示すべきか。

【Before】

　株主総会決議により定められた取締役の金銭報酬の限度額（361条1項1号）は、事業報告による開示対象ではなく、長年にわたり変更がない場合には、会社が自主的に開示しない限り、株主にとっては（株主総会の議事録等で確認しうる場合はあるが）金額がわかりづらいこともあった。

　取締役の個人別の報酬について、各取締役の報酬等の額またはその算定方法に係る決定に関する方針を定めているときは、当該方針の決定の方法およびその方針の内容の概要を記載すべきこととされていた（旧施規121条6号）。本問のように取締役の個人別の

報酬について決定方針を定めている会社では、従前より開示を行っていた。他方、取締役会より代表取締役等への授権（いわゆる再一任）については、開示は義務づけられていなかった。個人別の報酬額についても、開示は義務づけられていない（ただし、金融商品取引法上の有価証券報告書においては個人の報酬額が年間1億円以上となる場合には、個人の報酬額の開示が義務づけられる）。

## 【After】

総会決議で定められた取締役の金銭報酬の限度額（361条1項1号）を含む決議内容については、①当該株主総会の決議の日、②当該定めの内容の概要、③当該定めに係る取締役・監査役の員数を事業報告に記載する必要がある（新施規121条1項5号の4）。

新361条7項および新施規98条の5により求められる取締役の個人別の報酬等の内容についての決定に関する方針につき、①当該方針の決定の方法、②当該方針の内容の概要、③当該事業年度に係る取締役の個人別の報酬等の内容が当該方針に沿うものであると取締役会が判断した理由を開示する必要がある（新施規121条6号・6号の2）。本問のような役位ごとの上限金額や職責・財務状態などの考慮要素といった算定方法の決定方針についても開示の対象となる。

加えて、再一任については、改正前とは異なり、取締役会から委任を受けた取締役その他の第三者が当該事業年度に係る取締役の個人別の報酬等の内容の全部または一部を決定したときは、①その旨、②当該委任を受けた者の氏名ならびに当該内容を決定した日における当該株式会社における地位および担当、③当該委任された権限の内容、④当該権限を委任した理由、⑤当該権限が適切に行使されるようにするための措置を講じた場合にあっては、その内容を開示する必要がある（新施規121条6号の3）。とりわけ、④および⑤への対応に実務上留意が必要であるが、パブリック・コメント回答「会社法の改正に伴う法務省関係政令及び会社法施行規則等の改正に関する意見募集の結果について」40頁では、「当該委任が必要であったかどうかや委任の内容が適切であったかどうか等を株主が検討するに際して有益な情報である」と説明されており、また、任意の報酬諮問委員会等を設置し、委任を受けた代表取締役等が当該報酬諮問委員会等の見解を踏まえて当該決定をすることとする場合には、上記⑤の「権限が適切に行使されるようにするための措置」に該当することとなると考えられる旨回答されている（同回答25頁）。なお、個人別の報酬額について開示が義務づけられないことは、改正前より変更はない。

なお、事業報告では、改正前後を通じて、社外役員の報酬等に関する開示についても要求されている（新施規124条5号）。今回の改正により、社外役員についても業績連動報酬等、非金銭報酬等およびその他の報酬等に分けてその総額または額を記載しなければならない（→ Case 33）。

[新木伸一]

# 33
# 報酬等の開示②

## Case

　P社は、公開会社である監査役会設置会社であり、その株式は上場されている。

　同社においては、α年6月の定時株主総会において、次のようなストックオプションの導入に係る報酬決議がなされた。付与されるべきストックオプション用の報酬限度額は、5000万円、新株予約権の数の上限は、1000個とされた。上記の報酬決議に従い、α年度以降、毎年ストックオプション用の新株予約権が発行され、そのうちの一部は行使されている。

　加えて、短期的な業績連動型の報酬として、前記の定時株主総会決議により、賞与の金額は、前年度の当期利益が、100億円以上である場合に限り、その3％の範囲で、各取締役の貢献度に応じて、取締役会が定めることとすると決められた。（α年度よりも後の事業年度である）β年度の当期利益が、150億円であったことから、取締役会において、同年度に支給されるべき賞与の額は、代表取締役社長Aにつき5000万円、代表取締役副社長Bおよび業務執行取締役Cにつき5000万円、C以外の業務執行取締役につき3000万円と決定された。

　β年度の事業報告では、取締役の報酬等に関し何を開示すべきか。

【Before】

　事業報告では、新株予約権による報酬についても、当該事業年度に係る取締役の報酬として、報酬等の総額に含めて開示する必要があるが（旧施規121条4号、施規121条5号）、新株予約権による報酬のみの内訳金額も開示することが多い。また「株式会社の新株予約権等に関する事項」として、当該事業年度の末日において当該株式会社の会社役員（当該事業年度の末日において在任している者に限る）が当該株式会社の新株予約権等（職務執行の対価として当該株式会社が交付したものに限る）を有しているときは、取締役・監査役といった区分ごとの当該新株予約権等の内容の概要および新株予約権等を有する者の人数を開示する必要がある（施規119条4号、旧施規123条1号）。また、当該新株予約権等に関する重要な事項も開示する必要がある（同条3号）。新株予約権の内

容の「概要」としてどこまで記載すべきか、「重要な事項」として記載すべき範囲については、解釈の余地があるところであるが、割当日・割当数・目的となる株式の種類と数・払込金額・行使価額・権利行使期間等を記載するのが一般的である。

　他方、業績連動型報酬に関する規定はなく、報酬等の総額に含めて開示すれば足りた。なお、開示の対象となる報酬は、金銭か新株予約権・株式等の現物かを問わず、事業報告の対象年度の職務の対価に該当するものであり、本問のような賞与の設計の場合には、$\beta + 1$年度に支給される$\beta$年度の当期純利益により算出された賞与の額が、$\beta$年度の事業報告に記載されることになる。一般に会計上の費用計上のタイミングと一致することが想定される。

## 【After】

　新株予約権による報酬については、新236条3項に基づき、新361条1項4号の事項を定款または株主総会の決議で定めることを前提として、新株予約権の発行手続の特例を設け、払込みを要しない新株予約権の行使が認められた（→ Case 27）が、事業報告での開示事項に実質的な変更点はない。事業報告において開示する必要のある新株予約権の範囲について、新361条1項5号に対応する形で、当該株式会社が会社役員に対して職務執行の対価として募集新株予約権と引換えにする払込みに充てるための金銭を交付した場合の新株予約権を含むことが明確化された（新施規123条1号）。

　報酬等の全部または一部が業績連動報酬等または非金銭報酬等である場合には、取締役の報酬等の総額として、業績連動報酬等の総額、非金銭報酬等の総額およびそれら以外の報酬等の総額を開示する必要がある（新施規121条1項4号イ）。なお、「業績連動報酬等」とは、利益の状況を示す指標、株式の市場価格の状況を示す指標その他の当該株式会社またはその関係会社の業績を示す指標（業績指標）を基礎としてその額または数が算定される報酬等を指す（新施規98条の5第2号）。

　また、報酬等の全部または一部が業績連動報酬等である場合には、①当該業績連動報酬等の額または数の算定の基礎として選定した業績指標の内容および当該業績指標を選定した理由、②その額または数の算定方法、および③その額または数の算定に用いた業績指標に関する実績を開示する必要があり（新施規121条1項5号の2）、報酬等の全部または一部が非金銭報酬等である場合には、当該非金銭報酬等の内容を開示する必要がある（同項5号の3）。

　取締役の個人別の報酬等の内容についての決定方針として取締役会が決定しなければならない事項の中には、業績連動報酬等に係る業績指標の内容および業績連動報酬等の額または数の算定方法の決定に関する方針が含まれており（新361条7項、新施規98条の5第2号）、事業報告では当該方針の決定の方法や内容の概要などを開示する必要がある（→ Case 32）。 　　　　　　　　　　　　　　　　　　　　　　　　　［新木伸一］

# 34
# 補償契約の締結の手続

## Case

　P社においては、各取締役との間で、会社補償に関する契約を締結することとした。(1)(2)それぞれの契約の締結に必要な会社法上の手続について説明しなさい。

　(1)　取締役が、その職務の執行に関し、法令の規定に違反したことが疑われ、または責任の追及に係る請求を受けたことに対処するために要する費用（以下、「費用」という）、および取締役がその職務の執行に関し、第三者に生じた損害を賠償する責任を負う場合において、損害賠償金またはその損害賠償責任に関する和解金の支払により生じる損失（以下、「損失」という。また、「費用」と「損失」を合わせて「費用等」という）を、取締役ごとに設けられる上限まで会社が負担することを約する契約。補償は、費用等に該当する出捐を取締役がした場合、当該取締役の請求に応じて、会社が出捐した金額を取締役に事後的に支払うことによっても、「費用等」に該当する内容につき、第三者が取締役に請求しうる金額が確定した場合、取締役に代わって、会社が第三者に支払うことによっても実行できるものとする。

　(2)　「費用等」に該当する出捐を取締役がした場合に、取締役会が必要と認める場合には、それを会社が負担することができるとする契約。

## 【Before】

　法改正前は、役員等に対する会社補償に関する明文の規定はなく、その法的位置づけは明らかではなかった。この点、第三者または株主による責任追及訴訟で取締役が勝訴した場合の費用については、会社と取締役は委任関係にあることから（330条）、受任者が委任事務を処理するため自己に過失なくして受けた損害（民法650条3項）に該当して会社が補償できるとする見解が有力であったが、会社が取締役との間で民法650条の特約として会社補償に関する契約を締結している場合であっても、取締役が敗訴した場合の費用等について会社が補償できるか否か、仮に補償できるとした場合の当該契約の締結や補償の実行にはどのような手続が必要となるかについて解釈は確立していなかった（落合誠一編『会社法コンメンタール(8)』（商事法務・2009年）153 ～ 155頁〔田中亘〕）。

## 【After】

　役員等に対する会社補償をするための手続やその範囲等を明確にし、会社補償により生ずることが懸念される弊害に対処するとともに、会社補償が適切に運用されるようにするために、会社法改正により、会社補償に関する規定が整備された。株式会社が役員等に対して費用等の全部または一部を補償することを約する契約は「補償契約」と定義され、「補償契約」の内容を決定するには、株主総会（取締役会設置会社にあっては、取締役会）の決議が必要となる（新430条の2第1項柱書）。

　補償契約は費用等の全部または一部を株式会社が補償することを約する契約と定義されるため、補償額に上限を設ける（すなわち、費用等の一部を補償する）(1)の契約も補償契約に該当する。したがって、取締役会設置会社であるP社においては、取締役との間の(1)の契約の締結には取締役会決議が必要となる。なお、(1)の契約は、費用等が現実に発生した時点で取締役に代わって会社が費用等を前払いし、立替払いできることを内容とするものであるが、そのような内容であっても補償契約に該当すると解される（補足説明第2部第1の2(1)商事48頁、一問一答114頁）。

　(2)の契約は、取締役が出捐した費用等について取締役会が必要と認める場合に株式会社が補償することができることを内容とする。費用等を補償するかどうかについて、株式会社がその都度判断することを内容とする場合も補償契約に該当すると解される（補足説明第2部第1の2(1)商事48頁）。したがって、(1)の契約と同様に、取締役会設置会社であるP社においては、取締役との間の(2)の契約の締結には取締役会決議が必要となる。なお、監査等委員会設置会社または指名委員会等設置会社である場合であっても、P社の取締役会は、補償契約の内容の決定について取締役または執行役に委任することができず（新399条の13第5項12号・新416条4項14号）、監査役設置会社においても、取締役会は、この決定を取締役に委任することができない（一問一答104頁注2）。

　これらの補償契約に関する規定は、改正法の施行後に締結された補償契約について適用するものとされていることから（新附則6条）、改正法の下で補償契約に該当する契約であっても施行前に締結されたものや、施行後に締結される契約であっても補償契約に該当しないものについては利益相反取引に該当しない限り取締役会決議は不要である。

　P社が公開会社である場合、役員等との間で締結している補償契約について、事業報告において、当該役員等の氏名、補償契約の内容の概要（役員等の職務の適正性が損なわれないようにするための措置の内容を含む）、費用を補償した株式会社が当職務執行に関し役員等が法令違反にしたことまたは責任を負うことを知ったこと、ならびに当該事業年度において株式会社が役員等に対して損失を補償したことおよび補償した金額の開示が求められることとなる（新施規121条3号の2〜3号の4）。また、役員等の選任議案に係る株主総会参考書類において、補償契約の内容の概要の記載が求められる（新施規74条1項5号等）。

［野澤大和］

# 35
## 補償契約に基づく補償①法令違反の嫌疑への対処費用

**Case**

　P社の取締役Aは、同社との間で、Case 34 (1)の契約を締結しており、締結に必要な会社法上の手続は履践されている。

　P社がある外国の政府により受注した工事につき、連邦腐敗行為防止法違反の疑いで、Aが米国の捜査当局から接触を受けた。P社の代表取締役Bは、Aが法律事務所Qから本件につき支援を受けるために必要となる経費をAに支給するとともに、場合によっては、直接Qに支払いたいと考えている。

　(1)　このような行為に必要となる会社法上の手続は何か。

　(2)　Qは、法曹業界では巨額の報酬を請求することで有名な法律事務所であり、実際に提示された報酬額も、Qによる支援の実態に照らして法外に高い金額であった。BがQに支払うべき金額を決定するにあたり、考慮すべき要素は何か。

　(3)　本文とは異なり、会社補償契約の締結につき、有効な取締役会決議を経ていなかった場合はどうか。

**(1)について**　　株式会社は、補償契約を締結している場合、取締役がその職務の執行に関し、法令の規定に違反したことが疑われたことに対処するために支出する費用（いわゆる防御費用）の全部または一部を補償することができる（新430条の2第1項1号）。また、費用の立替払いも可能である（→ Case 34）。

　補償の実行に関する手続については、補償契約の内容の決定とは異なり、株主総会（取締役会設置会社にあっては、取締役会）の決議による必要はない。もっとも、補償の実行が、その裁量や補償金額等に鑑みて「重要な業務執行の決定」（362条4項柱書）に該当することがあり得ると解されている（一問一答109頁）。

　取締役は会社を名宛人とする法令を遵守する職務上の義務を負っており（355条、最判平成12·7·7民集54-6-1767、大阪地判平成12·9·20判時1721-3）、新430条の2第1項1号の「法令」には外国法も含まれると解される。

　したがって、連邦腐敗行為防止法違反の疑いで米国の捜査当局から接触を受けたことに対処するために必要な経費は、「法令の規定に違反したことが疑われ……たことに対

処するために支出する費用」（新430条の2第1項1号）に該当するため、P社がAとの間の補償契約に基づき当該経費の補償を実行することは、別途「重要な業務執行の決定」に該当しない限り、取締役会決議は不要である。

なお、補償を実行した場合、取締役会設置会社においては、補償契約に基づく補償を実行した取締役および当該補償を受けた取締役は、遅滞なく、当該補償についての重要な事実を取締役会に報告する義務がある（新430条の2第4項）。

**(2)について**　株式会社が補償契約に基づき補償することができる費用は、「通常要する費用の額」を超えることはできない（新430条の2第2項1号）。要綱では、「相当と認められる額」（要綱第2部第1の2②ア）とされていたが、「通常要する費用の額」に変更されている。その趣旨は、文言の客観性を高めることにあり、補償の範囲を実質的に変更することは意図されていない（竹林ほか・別冊101頁〔竹林俊憲発言〕）。「通常要する費用の額」とは、防御費用として必要かつ十分な程度として社会通念上相当と認められる額をいい、その具体的な額は、責任追及の訴えに係る事案の内容その他諸般の事情を総合的に勘案して、客観的に通常必要とされる金額をいうと解される（一問一答111頁）。

この点、代表訴訟の勝訴株主の費用等の支払請求に係る「相当と認められる額」（852条1項）に関する裁判例（大阪地判平成22・7・14判時2093-138）が参考になり（一問一答111頁注）、Bが補償契約に基づきAに代わってQに支払う弁護士報酬が「通常要する費用の額」に該当するかは、当該弁護士報酬が米国の捜査当局対応のために行った活動の対価として必要かつ十分な程度として社会通念上相当であるかによって判断される。その考慮要素としては、①事案の難易、②Qの弁護士が要した労力および時間、③AまたはP社が免れることができた損害、④補償契約の仕組み（取締役自身が費用を負担しないために過大な弁護士報酬を約束する可能性の大小）等が考えられる。なお、防御費用について「通常要する費用の額」を超える金額の補償がされた場合、その超える部分は無効であり、株式会社は不当利得返還請求ができる（一問一答110頁）。

**(3)について**　株式会社が、補償契約の内容の決定について取締役会決議を経ていない場合は、利益相反取引の解釈と同様に、当該補償契約は無効であると解される（相対的無効）。

しかし、改正法の下でも、330条および民法650条に基づく補償が認められるという解釈は否定されていない（一問一答107頁注2）。したがって、補償契約が無効であったとしても、当該解釈に基づき、P社はAに対しその職務執行につき無過失である場合には、米国の捜査当局から接触を受けたことに対処するために必要な経費の補償をできる余地がある。ただし、補償契約に関する規律が整備された改正法の趣旨（→ Case 34）に鑑みれば、その趣旨を没却するような補償（たとえば、「通常要する費用の額」を超えるような費用の補償）は認められないと解される。　　　　　　　　　　［野澤大和］

# 36
# 補償契約に基づく補償②不当な目的による請求

## Case

　P社の取締役Aは、同社との間で、Case 34⑴の契約を締結しており、締結に必要な会社法上の手続は履践されている。

　P社がある外国の政府により受注した工事につき、連邦腐敗行為防止法違反の疑いで、Aが米国の捜査当局から接触を受けた。P社の代表取締役Bは、P社を代表して、Aが法律事務所Qから本件につき支援を受けるために必要となる経費として、Qに1000万円を支払っていた。後日、実は、Aは、同政府の関係者と謀り、P社本社が提示した見積もりよりも多めの金額で入札し、その差額を同政府の高官と分け合っていたことが判明した。

　⑴　この補償につき、AおよびBは、P社に対してどのような責任を負うか。

　⑵　Aの不正が事前に判明していた場合に、Bは、P社を代表して補償を実行することができるか。

⑴について　　補償契約に基づきいわゆる防御費用を役員等に補償した株式会社が、当該役員等が自己もしくは第三者の不正な利益を図り、または当該株式会社に損害を加える目的（以下、「図利加害目的」という）で職務執行したことを知ったときは、当該役員等に対し、補償した金額に相当する金銭の返還請求ができる（新430条の2第3項）。Aは外国政府の関係者と謀り、多めの金額で入札し、その差額を同政府の高官と分け合っていたことから、Aに図利加害目的があったことは明らかである。したがって、P社がすでに補償した連邦腐敗行為防止法違反の疑いで米国の捜査当局から接触を受けたことに対処するための防御費用1000万円の返還請求をした場合、Aは当該費用相当額の返還義務を負うこととなる。

　新430条の2第3項が株式会社による事後的な返還請求という形式とされている趣旨は、防御費用の補償が必要となる時点では、事案の全容が明らかでないことも多く、株式会社において役員等が図利加害目的で職務執行を行っているかどうかを判断することが難しいためである（一問一答120～121頁）。その趣旨に鑑みれば、Bについては、Case 34⑴の補償契約は会社に補償の実行について裁量がない形になっており、上記

防御費用 1000 万円を A に補償した時点で、A の図利加害目的を認識しておらず、認識していなかったことについて過失もなければ、防御費用 1000 万円が「通常要する費用の額」（同条 2 項 1 号）の範囲内である限り、善管注意義務違反はないと考えられる。他方で、B が事後的に A の図利加害目的を認識した場合、新 430 条の 2 第 3 項に基づき防御費用の返還請求をすることができるが、仮に当該返還請求をしない場合は、①返還請求訴訟になった場合の勝訴の蓋然性、② A からの債権回収の確実性、③訴訟追行により回収が期待できる利益とその費用との比較等の要素を考慮して、取締役に認められる一定の裁量の範囲を逸脱する場合は善管注意義務違反になりうる（東京地判平成 16・7・28 判タ 1228-269）。

なお、補償契約に基づき防御費用を補償した場合において、当該株式会社が、当該事業年度において、当該役員等が職務の執行に関し法令の規定に違反したことまたは責任を負うことを知ったときは、その旨を公開会社の事業報告において開示することとされている（新施規 121 条 3 号の 3）。

**(2)について**　　新 430 条の 2 第 3 項に基づく防御費用の返還請求の趣旨は、役員等に図利加害目的があるような場合であっても、株式会社の費用で防御費用が賄われることとすると、当該役員等の職務執行の適正性が損なわれるおそれがあること（一問一答 120 頁）や、(1)のとおり、株式会社による事後的な返還請求という形式とされている趣旨は、株式会社において事前に役員等の図利加害目的の有無を判断することが難しいとされていることにある。これらの趣旨に鑑みれば、事前に A の不正が発覚している場合は、P 社を代表する B が A に図利加害目的があることを事前に判断することが可能であり、図利加害目的を有している A に対しあえて補償を行うことは A の職務執行の適正性を損なうことが明らかである。したがって、A との Case 34 (1)の補償契約が P 社に補償の実行について裁量がない形になっており、あらかじめ補償を拒否することができる旨の規定が存在しないときであっても、P 社を代表する B は A からの補償請求を拒絶すべきであると解される。

なお、補償契約にあらかじめ補償を拒否することができるという規定がある場合に当該規定に基づいて株式会社は補償を拒否できるという見解（岩崎友彦＝西村修一＝濱口耕輔編著『令和元年改正会社法ポイント解説 Q&A』（日本経済新聞出版社・2020 年）149 頁）もある。しかしながら、補償契約において当該規定がない場合であっても、事前に役員等の不正が発覚しているにもかかわらず、株式会社側で補償を拒否することができないとすれば、役員等の職務執行の適正性を害するおそれの懸念への対処という新 430 条の 2 第 3 項の返還請求の趣旨が没却され、また、一旦補償した後に同項に基づく返還請求を行う結果となり、経済合理性も欠くことに鑑みれば、当該補償を実行した取締役の善管注意義務違反が別途問題になりうると考えられる。　　　　　　　　　　［野澤大和］

# 37

# 補償契約に基づく補償③民事責任追及への対処費用

## Case

P社の取締役Aは、同社との間で、Case 34(1)の契約を締結しており、締結に必要な会社法上の手続は履践されている。

P社が製造販売した食品を購入した顧客Cが食中毒に罹患した。Cは、Aに対して、429条1項に基づく責任または不法行為責任を追及する訴えを提起した。P社の代表取締役Bは、Aが法律事務所Qから本件につき支援を受けるために必要となる経費をAに支給するとともに、場合によっては、直接Qに支払いたいと考えている。

これは適法に行いうるか、行いうる場合に会社法上必要となる手続は何か。

株式会社は、補償契約を締結している場合、取締役がその職務の執行に関し、責任の追及に係る請求を受けたことに対処するために支出する費用の全部または一部を補償することができる（新430条の2第1項1号）。また、費用の立替払いも可能である（→ Case 34）。

「責任の追及に係る請求を受けたことに対処するために支出する費用」には、第三者に対する責任の追及を受けた場合の防御費用と、会社に対する責任の追及を受けた場合（株主代表訴訟による責任追及を含む）の防御費用が含まれる（塚本英巨「会社補償・D&O保険の実務対応」商事2233号（2020年）32頁）。

補償の実行に関する手続については、補償契約の内容の決定とは異なり、株主総会（取締役会設置会社にあっては、取締役会）の決議による必要はない。もっとも、補償の実行が、その裁量や補償金額等に鑑みて「重要な業務執行の決定」（362条4項柱書）に該当することがありうると解されている（→ Case 35）。

したがって、P社が製造販売した食品により食中毒に罹患した顧客Cからの429条1項に基づく責任または不法行為責任を追及する訴えは、第三者に対する責任の追及を受けた場合に該当し、当該訴えを受けたことに対処するために必要な経費は、「責任の追及に係る請求を受けたことに対処するために支出する費用」（新430条の2第1項1号）に該当する。そのため、P社がAとの間の補償契約に基づき当該経費の補償を実行することは、別途「重要な業務執行の決定」に該当しない限り、取締役会決議は不要であ

り、代表取締役Bによる通常の業務執行の決定により行うことができる。なお、429条1項に基づく第三者に対する責任は、役員等の職務執行についての悪意または重過失の存在がその成立要件とされているため、賠償金等の損失の補償（新430条の2第1項2号）との関係では、429条1項の責任の要件としての重過失と損失の補償の限界を画する基準としての重過失（新430条の2第2項3号）の意義を異なるものと解すべきか否かによって補償の可否が決まるが、かかる解釈論にかかわらず、防御費用については、役員等に職務執行についての悪意または重過失があった場合であっても補償することができると解されているため（一問一答113頁）、Aに429条1項に基づく第三者に対する責任が認められ、その職務執行についての悪意または重過失があったとしても防御費用を補償することができる。

　株式会社が補償契約に基づき補償することができる費用は、「通常要する費用の額」を超えることはできない（新430条の2第2項1号）。「通常要する費用の額」とは、防御費用として必要かつ十分な程度として社会通念上相当と認められる額をいい、その具体的な額は、責任追及の訴えに係る事案の内容その他諸般の事情を総合的に勘案して、客観的に通常必要とされる金額をいうと解される。Bが補償契約に基づきAに代わってQに支払う経費が「通常要する費用の額」に該当するかは、当該経費がAへの責任追及対応のために行った活動の対価として必要かつ十分な程度として社会通念上相当であるかによって判断される。その考慮要素としては、①事案の難易、②Qの弁護士が要した労力および時間、③AまたはP社が免れることができた損害、④補償契約の仕組み（取締役自身が費用を負担しないために過大な弁護士報酬を約束する可能性の大小）等が考えられる。なお、防御費用について「通常要する費用の額」を超える金額の補償がされた場合、その超える部分は無効であり、株式会社は不当利得返還請求ができる（→ Case 35）。

　補償契約には、利益相反取引に関する規定（356条1項・365条2項）は適用されない（新430条の2第6項）が、取締役会設置会社においては、補償契約に基づく補償を実行した取締役および当該補償を受けた取締役は、遅滞なく、当該補償についての重要な事実を取締役会に報告する義務がある（同条4項）。

　なお、補償契約に基づき防御費用を補償した場合において、当該株式会社が、当該事業年度において、当該役員等が職務の執行に関し法令の規定に違反したことまたは責任を負うことを知ったときは、その旨を公開会社の事業報告において開示することとされている（新施規121条3号の3）。 ［野澤大和］

# 38
## 補償契約に基づく補償④損害賠償金

### Case

　P社の取締役Aは、同社との間で、Case 34(1)の契約を締結しており、締結に必要な会社法上の手続は履践されている。

　以下の場合に、Aに、補償契約に基づきP社は1000万円を補償することができるか。

　(1)　P社が製造販売した食品を購入した顧客Cが食中毒に罹患した。Cは、この責任はAにこそあると思い、Aに対し、429条1項または不法行為に基づく責任を追及する訴えを提起した。AがCに対して合計で1000万円を支払うべき旨の判決が確定し、AはCに1000万円を支払った。

　(2)　株式を上場させているP社の有価証券報告書において、虚偽記載により売上等が実際よりも多く計上されていた。Eは、そうとは知らずに、P社の株式を取得した。粉飾の事実が明るみに出た後、P社株式は値下がりした。そこで、Eは、粉飾の責任はAにこそあると思い、Aに対し、金融商品取引法24条の4に基づき損害賠償1000万円を請求したところ、裁判所はこれを認容する判決を下し、当該判決が確定した。Aは、Eに1000万円を支払った。

**(1)について**　P社が補償契約に基づきAに1000万円を補償するにあたっては、新430条の2第2項2号・3号に該当するか否かが問題となる。Aが補償契約に基づきP社に対して補償を請求する訴えを提起した場合、同各号の該当性に係る証明責任は（契約の定め方にもよろうが）P社側にあると考えられる。

　まず、新430条の2第2項2号によれば、会社が第三者に対して損害を賠償するとすれば当該役員等が会社に対して任務懈怠に基づく損害賠償責任（423条1項）を負う場合には、当該責任に係る部分については、補償することができない。これは、当該責任の減免制度（424条以下）との整合性に基づく制約である。

　本問において、Aの責任が429条1項に基づいて認容されている場合、判例（最大判昭和44・11・26民集23-11-2150）・通説によれば、会社に対する任務懈怠が裁判所によって認定されたことになる。他方、Aの責任が不法行為に基づいて認容されている場合、

不法行為上の故意・過失要件と 423 条 1 項の任務懈怠要件は理論的には独立しているため、直ちに会社に対する任務懈怠が認められるわけではない（加藤貴仁ほか「【座談会】会社法研究会報告書の検討」ソフトロー研究 27 号（2017 年）172 〜 173 頁〔田中亘発言〕）。しかし、従来 429 条 1 項の場面で任務懈怠が緩やかに認められてきたことに照らすと、不法行為が成立する場合にも広く任務懈怠が認められる可能性がある。A に任務懈怠が認められるならば、責任限定契約が締結されている場合等でない限り（→ Case 41）、会社は、原則として C に対して支払った損害賠償金の全額を A に請求することができる（例外として、損益相殺、過失相殺および寄与度減責（割合的因果関係）による責任の軽減が考えられるが、裁判上あまり認められておらず、明確な金額を定めることも困難である）。よって、A に任務懈怠が認められる場合、補償は困難となる。

つぎに、新 430 条の 2 第 2 項 3 号によれば、役員等に悪意・重過失がある場合には、会社は補償することができない。その趣旨は、悪意・重過失がある場合も補償の対象としてしまうと、職務の適正性を害するおそれが高く、他方で、補償の対象としない場合でも、役員等の職務の執行が萎縮することはないと考えられることにある。そして、当該趣旨に鑑みれば、同号にいう重過失の内容は、425 条から 427 条までにおける重過失の内容と同様に解すべきであるとされている（補足説明第 2 部第 1 の 2 (1) イ商事 49 頁）。

本問において、429 条 1 項に基づく損害賠償責任が認容された場合、同項の悪意・重過失が裁判所によって認められたことになる。同項の悪意・重過失の内容は明確でなく、425 条から 427 条における悪意・重過失と異なる可能性もあるが（髙橋陽一「会社補償および役員等賠償責任保険（D&O 保険）」商事 2233 号（2020 年）21 頁参照）、実際上は重なることも多いと思われる。したがって、429 条 1 項に基づき損害賠償責任が認容された場合には、補償を行うことは困難となる。他方、不法行為に基づき損害賠償責任が認容された場合、裁判所によって悪意・重過失の判断は下されないことが少なくなく、P 社が自ら悪意・重過失の有無を判断することになろう（→ Case 40）。

⑵について　　金商法 24 条の 4 に基づいて損害賠償責任が認容された場合、過失の立証責任が転換されていることから（同法 22 条 2 項・21 条 2 項 1 号）、過失の有無について裁判所の判断が示されていない可能性がある（この点は 429 条 2 項においても同様である）。この場合、P 社が自ら新 430 条の 2 第 2 項 2 号・3 号への該当性（任務懈怠や悪意・重過失の有無）を判断することになる（→ Case 40）。その結果、A が補償契約に基づき P 社に対して補償を請求する訴えを提起した場合、同各号の該当性に係る証明責任が P 社側に課されるのであれば、請求が認容される余地は⑴の場合よりも大きくなろう。

なお、⑴⑵いずれにおいても、補償を実行した場合、P 社は、その旨および補償した金額を事業報告において開示しなければならない（新施規 121 条 3 号の 4 → Case 39）。

[髙橋陽一]

# 39
# 補償契約に基づく補償⑤和解金の補償

**Case**

　P社の取締役Aは、同社との間で、Case 34⑴の契約を締結しており、締結に必要な会社法上の手続は履践されている。

　株式を上場させているP社の有価証券報告書において、虚偽記載により売上等が実際よりも多く計上されていた。Eは、そうとは知らずに、P社の株式を取得した。粉飾の事実が明るみに出た後、P社株式は値下がりした。そこで、Eは、P社とAに対して、金融商品取引法21条の2、24条の4に基づき損害賠償1000万円を請求したところ、E、P社およびAの間で和解が成立し、AのみがEに600万円を支払うこととされ、Aは支払った。

　Aは、補償契約に基づき、P社に600万円の支払を請求できるか。また、できる場合、必要となる会社法上の手続は何か。

　役員等が第三者に対して支払った和解金も、損害賠償の場合と同様に、補償の対象となるところ（新430条の2第1項2号ロ）、和解金に対する補償についても、損害賠償に対する補償の場合（→ Case 38）と同様に、新430条の2第2項2号・3号の制約を受ける。なお、和解金には様々な性格のものがありうるが、一律に損害賠償金と同様に取り扱うこととされている（補足説明第2部第1の2⑴イ商事49頁参照）。

　和解の場合には、過失、任務懈怠、悪意・重過失といった各種要件について、裁判所による判断が全く示されないため、会社が自ら新430条の2第2項2号・3号への該当性（任務懈怠や悪意・重過失の有無）を判断しなければならない（→ Case 40）。AがP社に対して補償を請求する訴訟を提起した場合においては、P社が同各号の該当性について証明責任を負うと考えられる。なお、上級審において和解がなされた場合には、下級審の判断が存在しうるため、同各号の該当性に係る判断において下級審の判断が参考となろう。

　補償の実行に係る決定手続について、会社法は規定を設けていない。法改正に係る審議においては取締役会決議等を要求すべきかが問題となったが、審議の結果、①利益相反取引一般の場合に実行段階での承認を要求していないこととの平仄、②実行段階での承認を要求すると迅速性を害すること、③取締役会決議で否決されたときの法律関係

（債務不履行責任が生じるか等）が不明確であることなどから、実行段階において取締役会決議等は要求しないこととされた。ただし、事案によっては、補償契約に基づく補償の実行が「重要な業務執行の決定」（362条4項柱書）に該当することはありうる（神田(4) 9頁、一問一答109頁）。たとえば、任意的補償契約において実行段階の裁量が大きい場合には、「重要な業務執行の決定」に該当する可能性も高まると思われ（部会第8回会議議事録44頁〔前田雅弘発言〕参照）、裁量権行使の適正性確保の観点からも、取締役会決議等を経ることが望ましいと考えられる。また、代表取締役が自己への補償の実行を決定する場合などは利益相反性が大きく、補償の実行の決定に423条3項（任務懈怠の推定）が適用されない（新430条の2第6項）としても、当該決定に係る任務懈怠の有無についての裁判所の審査は（利益相反性のない通常の経営判断に係る審査と比べて）厳しくなる可能性がある。そうした場合において、取締役会決議等によって補償の実行を決定するなどして利益相反に対処することにより、任務懈怠が認定される可能性を小さくすることができよう。さらに、補償の有効性が裁判において問題となった場合も、実行時に取締役会決議等を経ていれば、新430条の2第2項2号・3号の充足性に係る判断について取締役会等による判断が斟酌・尊重される可能性があろう。

　補償を実行した場合、補償をした取締役および当該補償を受けた取締役（A）は、遅滞なく、当該補償についての重要な事実を取締役会へ報告しなければならない（新430条の2第4項。同項については、利益相反取引に係る365条2項の解釈が参考となろう）。

　さらに、P社は、補償を実行した場合、その旨および補償した金額を事業報告において開示しなければならない（新施規121条3号の4）。開示の意義としては、（ア）補償の適否、金額の相当性、および補償金の返還の要否等を株主が事後的に検証することを可能にすること、ならびに（イ）補償の適正性等を担保すること（過度な補償がされることへの歯止め）がある。もっとも、補償を受けた役員等の氏名については開示が要求されないため、株主が事業報告のみを見て補償の適正性を評価することや株主代表訴訟を提起するかどうかの判断を下すことは困難である。ただし、補償の実行後になされる取締役会への報告（新430条の2第4項）の要領が取締役会議事録に記載されるため（施規101条3項4号、落合誠一編『会社法コンメンタール(8)』（商事法務・2009年）305頁〔森本滋〕参照）、会社が適切に記載している限り、株主はその閲覧等を請求することで補償に係る一定の情報を取得することができよう（371条）。

　なお、本問と異なり、P社のみが和解金を支払う旨の和解がなされたときの取扱いも問題となる（→ Case 43）。　　　　　　　　　　　　　　　　　　　　　　　　［髙橋陽一］

# 40
# 補償契約に基づく補償⑥補償実行後の拒絶事由判明

## Case

　P社の取締役Aは、同社との間で、Case 34⑴の契約を締結しており、締結に必要な会社法上の手続は履践されている。

　株式を上場させているP社の有価証券報告書において、虚偽記載により売上等が実際よりも多く計上されていた。Eは、そうとは知らずに、P社の株式を取得した。粉飾の事実が明るみに出た後、P社株式は値下がりした。そこで、Eは、P社の経理担当の取締役であるAに対して、金融商品取引法24条の4に基づき損害賠償1000万円を請求したところ、裁判所はこれを認容する判決を下し、当該判決は確定した。Aは、Eに1000万円を支払った。

　P社の代表取締役Bは、社内で調査を行い、粉飾を主導したのは営業部の担当者であり、Aはその事実を知りえず、内部統制システム構築義務も含めてAには任務懈怠はないと判断し、Aに1000万円を支払った。しかし、後日、内部者の通報があり、粉飾の事実は事前にAに知らされ、Aもそれを推奨していたが、この事実が巧妙に隠蔽されていたことが判明した。

　AおよびBは、実行された補償につき、会社に対していかなる責任を負うか。

### ⑴　Aについて

　会社が第三者に対して損害を賠償するとすれば当該役員等が会社に対して任務懈怠に基づく損害賠償責任（423条1項）を負う場合には、当該責任に係る部分については、補償することができないところ（新430条の2第2項2号→Case 38）、本問において、P社がEに対して損害を賠償したとすれば、粉飾を推奨していたAはP社に対して任務懈怠責任を負うと考えられる。また、役員等がその職務を行うにつき悪意または重過失があったことにより生じた損害賠償責任については、会社は補償することができないところ（同項3号→Case 38）、本問において、粉飾の事実を知り、かつ、粉飾を推奨していたAにはその職務を行うにつき悪意があったといえる。したがって、本来であればP社はAに補償を行うことができず、Aは受領した1000万円を不当利得としてP社に返還しなければならない（一問一答110頁・119頁参照）。本件においてAは悪意の

受益者としての返還義務を負うと考えられる。

不当利得返還請求権が株主代表訴訟の対象となるかは、解釈に委ねられている。判例（最判平成 21・3・10 民集 63-3-361）は、株主代表訴訟の対象となる取締役の責任には、「取締役の地位に基づく責任のほか、取締役の会社に対する取引債務についての責任も含まれる」としている。判例を前提とする限り、本問における不当利得返還債務は、「取締役の会社に対する取引債務」、すなわち「会社との取引によって負担することになった債務」についての責任に該当すると考えられ、株主代表訴訟の対象となろう（福島洋尚「判批」ジュリ 1398 号（2010 年）123 頁、北村雅史「判批」民商 142 巻 2 号（2010 年）199 ～ 200 頁参照）。

## (2) Bについて

上記のとおり、Aに対する補償は無効であり、Bはこれを実行したことについて任務懈怠に基づく損害賠償責任（423 条 1 項）を負うかが問題となる。本問における A に対する補償は、会社法が禁止している補償を実行したものであり、具体的な法令違反（新 430 条の 2 第 2 項 2 号および 3 号違反）にあたる。したがって、B については具体的な法令違反に係る任務懈怠責任の有無が問題となる。なお、利益相反取引に関する 423 条 3 項および 428 条 1 項の規定は、補償契約には適用されない（新 430 条の 2 第 6 項）。

通説（いわゆる二元説）によれば、具体的法令違反をもって B には任務懈怠が認められるが、B は具体的法令違反についての無過失を主張・立証することで責任を免れることができる（最判平成 12・7・7 民集 54-6-1767）。本問では、B は A に対する補償が適法であることを過失なく信じたことを主張・立証することができれば、P 社に対して任務懈怠責任を負わないと考えられる（部会資料 20・11 頁、神田(4) 8 頁参照）。本問では、新 430 条の 2 第 2 項 2 号および 3 号違反が問題となっていることから、B としては、A の善意無重過失および A に任務懈怠がないことについて過失なく信じていなければならない。なお、本問では、金商法 24 条の 4 に基づく損害賠償責任が裁判所によって認容されているところ、当該責任については過失の立証責任が転換されていることから（同法 22 条 2 項・21 条 2 項 1 号）、過失の有無について裁判所の判断が示されているとは限らない。そのため、社内調査も行っている B は、A の善意無重過失および A に任務懈怠がないことを過失なく信じたといえる可能性がある。仮に、裁判所が A の過失を認定している場合、それを覆すような特段の事情のない限り、A に任務懈怠がないことを B が過失なく信じたとはいえないであろう（有価証券報告書の虚偽記載を防止するための注意義務の違反（過失）は、会社法上の取締役の善管注意義務違反（任務懈怠）にもなると考えられる）。

[髙橋陽一]

# 41
## 補償契約に基づく補償⑦責任限定契約

**Case**

　　P社の取締役Aは、同社との間で、Case 34⑴の契約を締結しており、締結に必要な会社法上の手続は履践されている。

　　株式を上場させているP社の有価証券報告書において、虚偽記載により売上等が実際よりも多く計上されていた。Eは、そうとは知らずに、P社の株式を取得した。粉飾の事実が明るみに出た後、P社株式は値下がりした。Eは、P社に社外取締役Aがいたのに、粉飾がなされたことに立腹し、Aに対して、金融商品取引法24条の4に基づき損害賠償1000万円を請求したところ、裁判所はこれを認容する判決を下し、当該判決は確定した。Aは、Eに1000万円を支払った。Aは、P社に1000万円の補償を請求した。

　　実際に粉飾を主導したのは営業部の担当者であり、Aには、内部統制システム構築義務違反につき過失は認められるものの、重過失まではなかった。

　　なお、Aは、P社との間で責任限定契約を締結しており、会社がAに対して請求しうる金額は400万円に限定されることになっていた。

　　P社は、Aにいくらの補償を支払うことができるか。

　会社が第三者に対して損害を賠償するとすれば当該役員等が会社に対して任務懈怠に基づく損害賠償責任（423条1項）を負う場合には、当該責任に係る部分については、補償することができない（新430条の2第2項2号）。これは、当該責任の減免制度（424条以下）との整合性に基づく制約である。本問において、社外取締役Aには内部統制システム構築義務違反についての過失が認められるため、仮にP社がEに対して1000万円の損害を賠償した場合に、AはP社に対して423条1項に基づき損害賠償責任を負うと考えられる。

　423条1項に基づくAの責任を事後に免除あるいは一部免除する方法として、会社法は424条から426条の規定を用意しているが、株式の保有が分散している会社では、これらの規定はほとんど使われていない（岩原紳作編『会社法コンメンタール⑼』（商事法務・2014年）291頁〔黒沼悦郎〕）。実務上、用いられることが多いのは427条の責任限定契約であり、本問においてもAはP社との間で責任限定契約を締結している。責任

限定契約とは、会社が業務執行取締役等（2条15号イ参照）以外の取締役、会計参与、監査役または会計監査人（非業務執行取締役等）との間で締結する契約であり、非業務執行取締役等の任務懈怠責任について、定款で定められた額の範囲内であらかじめ会社が定めた額と最低責任限度額（報酬の2年分。425条1項1号ハ）とのいずれか高い額を限度とする旨を定める契約である（427条1項）。もっとも、悪意または重過失による任務懈怠責任については、責任限定契約による責任限定の効果は生じない（同項）。

　本問においては、Aに悪意または重過失はなく、責任限定契約によってP社がAに対して請求しうる損害賠償の金額は400万円に限定されていることから、P社はAに対して1000万円から当該400万円を控除した600万円の補償を支払うことができる（新430条の2第2項2号）。なお、事実関係次第では、Aは過失相殺により任務懈怠責任の額が400万円未満に減額され、その結果P社が支払うべき補償の金額が600万円を超える旨を主張することも考えうるが、任務懈怠責任について過失相殺を認めることは任務懈怠責任を連帯責任と規定する430条に抵触しうることもあって、実際の裁判において、過失相殺が認められるかは定かではない（岩原編・前掲282～284頁〔森本滋〕参照）。

　ところで、責任限定契約は、現行法上、非業務執行取締役等（業務執行取締役等（2条15号イ参照）以外の取締役、会計参与、監査役または会計監査人）のみが会社と締結することができるものとされている（427条1項）。そのため、仮にAが業務執行取締役（2条15号イ参照）であった場合には、責任限定契約を締結できないことになる（仮に締結したとしても427条1項に違反した契約であるため無効である）。その結果、Aの任務懈怠の内容が自らの業務執行に関するものではない場合（監視義務違反や内部統制システム構築義務違反が任務懈怠の内容となっている場合）であっても、業務執行取締役であるAは責任限定契約による責任限定の効果を受けることはできない。この点は立法論的には異論のありうるところであり、今回の会社法改正に係る審議においても、非業務執行取締役等以外の役員にも責任限定契約の締結を認めるべきではないかとの意見が出されたが、今回の会社法改正ではこの点に関する規律の見直しは見送られることとなった（部会第8回会議議事録46～47頁〔邉英基発言〕参照）。責任限定契約制度のあり方は、今後に残された立法論上の課題といえる（髙橋陽一「会社補償および役員等賠償責任保険（D&O保険）」商事2233号（2020年）20頁および24～25頁注23参照）。　　　　　　　[**髙橋陽一**]

# 42
# 補償契約に基づかない補償

## Case

　P社においては、取締役は会社との間で補償契約を締結していなかった。

　P社がある外国の政府により受注した工事につき、連邦腐敗行為防止法違反の疑いで、同社の取締役Aが米国の捜査当局から接触を受けた。P社の代表取締役Bは、Aが法律事務所Qから本件につき支援を受けるために必要となる経費をAに支給するとともに、場合によっては、直接Qに支払いたいと考えている。

　Bはこのような支出をすることができるか。またできるとして、どのような会社法上の手続が必要か。

　法改正前は、第三者または株主による責任追及訴訟で取締役が勝訴した場合の費用については、会社と取締役は委任関係にあることから（330条）、受任者が委任事務を処理するため自己に過失なくして受けた損害（民法650条3項）に該当して会社が補償できるとする見解が有力であった（→ Case 34）。

　改正法の下では、新430条の2の適用を受ける補償契約を締結する前の特定の行為についての費用等を事後的に当該補償契約を締結して補償することは可能であると解されているが、補償する側の取締役の善管注意義務の観点から実務上ハードルが高いと考えられる（竹林ほか・別冊101頁〔神田秀樹発言〕）。他方で、改正法は、330条および民法650条に基づく補償を認めるという従来の解釈を否定するものではないと解されているため（一問一答107頁注2）、改正法の下でも、新430条の2の適用を受ける補償契約に基づかない補償を行うことは可能であるが、補償の範囲や補償のための契約の締結、補償の実行に必要な手続等については、改正前と同様に解釈に委ねられている。しかし、330条および民法650条3項に基づく補償の解釈上の疑義を払拭するために補償契約に関する規律が整備された改正法の趣旨・経緯に鑑みれば、改正法の下で、330条および民法650条3項に基づく補償が否定されないとしても、民法の規定の適用に際して、どこまでの範囲で任意規定なのか、会社法上の手続はどうなのか等不明な点が生じる可能性があり（神田(4)15頁注1）、改正前と同様の処理であれば当然に適法と解されるわけではないと考えられる（中東正文「会社補償・D&O保険」ジュリ1542号（2020年）50頁）。

連邦腐敗行為防止法違反の疑いに関してＡがその職務執行につき無過失である場合には、Ｐ社は330条および民法650条3項に基づいて米国の捜査当局から接触を受けたことに対処するために必要となる経費を補償することができる。この場合、Ａから補償請求を受けたＰ社は、Ａとの間の委任関係に基づき補償しなければならないため(330条)、利益相反取引に係る取締役会の承認は不要であり、代表取締役Ｂによる通常の業務執行の決定として行うことができると考えられる。ただし、改正法の趣旨に鑑みて、新430条の2の補償契約に関する規律の趣旨を没却するような補償（たとえば、「通常要する費用の額」（新430条の2第2項1号）を超えるような費用の補償）は認められないと解される。

　他方で、連邦腐敗行為防止法違反の疑いに関してＡがその職務執行につき悪意がある場合はもちろん、過失がある場合には、Ｐ社は330条および民法650条3項に基づく防御費用の補償を行うことはできない。この場合において、新430条の2の補償契約または民法650条3項に基づかずに、別途Ａとの間の契約等の合意に基づいて上記経費を補償しようとするときは、まさに、会社の費用により取締役の損害が填補される関係にあることから、当該契約等に基づく補償は利益相反取引に該当すると考えられる。したがって、Ｐ社がＡに対して上記経費の補償をしようする場合には、Ｐ社において事前に利益相反取引に係る取締役会の承認が必要であり（356条1項2号・365条1項）、実際に補償の実行をしたときには遅滞なく当該補償についての重要な事実を事後的に取締役会に報告しなければならない（365条2項）。この場合も、改正法の趣旨に鑑みて、新430条の2の補償契約に関する規律の趣旨を没却するような補償（たとえば、「通常要する費用の額」（新430条の2第2項1号）を超えるような費用の補償）は認められないと解される。

　なお、Ｐ社が別途Ａとの間の契約等の合意に基づいて上記経費を補償しようとする場合に、利益相反取引に係る取締役会の承認に加えて、社外取締役の関与（社外取締役が過半数の構成員である任意の委員会の同意を得ること、または社外取締役全員の同意を得ること）を求める見解（コーポレート・ガバナンス・システムの在り方に関する研究会「法的論点に関する解釈指針」(2015年7月24日公表、2016年3月18日差替え) 10頁）もあるが、ベスト・プラクティスとしては別として、会社法上の手続として、社外取締役の関与を求める理論的な根拠は明らかではないため、社外取締役の関与は不要である。

　新430条の2の補償契約によらないで補償する場合は、公開会社の事業報告における補償契約に関する記載事項（新施規121条3号の2～3号の4）に該当しないが（新施規2条2項66号）、改正法の趣旨を踏まえると、個別具体的な事情によっては「株式会社の会社役員に関する重要な事項」（施規121条11号）に含まれる場合があり（竹林ほか・別冊100～101頁〔竹林俊憲発言〕）、事業報告での開示が必要となりうることに留意が必要である。

[**野澤大和**]

# 43
# 取締役と連帯責任を負う会社による支払

## Case

　P社の取締役Aは、同社との間で、Case 34⑴の契約を締結しており、締結に必要な会社法上の手続は履践されている。

　株式を上場させているP社の有価証券報告書において、虚偽記載により売上等が実際よりも多く計上されていた。Eは、そうとは知らずに、P社の株式を取得した。粉飾の事実が明るみに出た後、P社株式は値下がりした。そこで、Eは、P社とAに対して、金融商品取引法21条の2、24条の4に基づき損害賠償1000万円を請求した。その後、P社およびAに対し、Eに1000万円支払うことを命じる判決が確定し、P社がEに1000万円支払った。

　この支払につき、事業報告で開示すべき事項はあるか。

　なお、実際には、粉飾はAが主導したものであるが、P社からAに対し、本件の1000万円に係る責任の追及は今のところなされていない。

　仮に、AがEに1000万円を支払い、P社が補償としてAに1000万円を支払った場合であれば、P社はその旨および補償した金額を事業報告において開示しなければならない（新施規121条3号の4→Case 39）。当該開示規制の意義は、(ア)補償の適否、金額の相当性、および補償金の返還の要否等を株主が事後的に検証することを可能にすること、ならびに(イ)補償の適正性等を担保すること（過度な補償がされることへの歯止め）にある。

　他方、本問においては、P社は判決に基づいて直接Eに1000万円を支払っているところ（実務上もこのような場合は少なくないであろう）、これは法形式上Aに対する補償に該当しないので（新430条の2第1項参照）、新施規121条3号の4の文言によれば、P社は事業報告においてその旨およびEに支払った金額を開示する必要はないことになる。しかし、本問における粉飾はAが主導したものであり、最終的にはAがその責任を負うべきであることから、P社がEに対して1000万円を支払ったことは、Aに対して1000万円の補償を行ったことと実質的に同じであると評価することができる。このように考えると、P社がAに補償する場合とP社がEに対して賠償する場合とで事業

報告における開示の要否が異なることは、整合性に欠ける疑いがある。

　本問において、P社は判決に基づきEに損害賠償金を支払っていることから、当該支払の当否やその金額の適正性は問題とならないが、Aに対して損害賠償責任（423条1項）を追及するかどうかは重要な問題となる。株主には、P社がEに1000万円を支払ったことは開示されないため（補償の場合と異なり取締役会への報告も常になされるわけではなかろう→ Case 39）、P社株主はAに対する責任追及の契機を知りえないことが多いと思われる。なお、会社の資産規模等からみて多額の賠償金の支払を命ずる判決が出された場合は、「当該株式会社の現況に関する重要な事項」（施規120条1項9号）等として、事業報告において開示されうるが、本件のような1000万円の支払を命じる判決は会社にとって重要でないこともありうる。

　P社がAに補償する場合とEに対して賠償する場合とで生じる開示の不均衡を解消するための解釈論としては、新施規121条3号の4の趣旨を踏まえ、いわゆるバスケット条項である同条11号の「株式会社の会社役員に関する重要な事項」に該当することを根拠として、役員等がその職務の執行に関して第三者に生じた損害を賠償する責任を負う場合に、会社が当該第三者に損害賠償金を支払ったときは、その旨および支払った金額を事業報告において開示することを会社に義務づけることが考えられる。少なくとも、ベスト・プラクティスとして、P社はそのような開示を行うべきである。

　なお、同様の問題は、和解の場合にも生じうる。すなわち、役員等がその職務の執行に関して第三者に生じた損害を賠償する責任を負う場合に、会社と役員等が第三者から損害賠償を請求され、会社のみが和解金を支払う旨の和解が成立することが実務上も少なくないところ、このような会社による和解金の支払が事業報告における開示の対象になるか否かが問題となる。新施規121条3号の4の文言によれば、このような場合における会社による和解金の支払は事業報告による開示の対象とはならないが（松本絢子「会社補償・役員等賠償責任保険をめぐる規律の整備」ビジネス法務19巻6号（2019年）38頁も参照）、実質的に考えれば、この場合と役員等が和解金を支払って会社が補償をした場合とは同様に取り扱うべきであるといえ、開示の対象とするのが適切であると思われる（裁判所の判決に基づくものではないため、支払の当否や和解金額の適正性も問題となる）。このような和解金の支払についても、上記賠償金の場合と同様の解釈論やベスト・プラクティスが妥当しよう。

　立法論的には、役員等がその職務の執行に関して第三者に生じた損害を賠償する責任を負う場合において、会社が当該第三者に対して損害賠償金や和解金を支払ったとき、その旨および支払った金額を開示しなければならないことを施規121条に明記することも検討に値する。　　　　　　　　　　　　　　　　　　　　　　　[髙橋陽一]

# 44
# D&O保険契約の内容の決定

## Case

　A株式会社は、役員を被保険者としてD&O保険を付保することを検討している
が、次の場合に、どのような手続を必要とするか。
(1)　株主代表訴訟担保特約部分の保険料を役員から徴収する場合
(2)　保険料全額を会社が負担する場合

【Before】

(1)　D&O保険（会社役員賠償責任保険）は、株式会社（保険契約者）が保険者との間で、役員を被保険者とし、その業務の遂行に起因して保険期間中に賠償請求されたことによって被る損害等（損害賠償金、争訟費用）を支払限度額の範囲内で支払うことを約する保険契約（一種の賠償責任保険）であり、株主代表訴訟等に備える必要の高い上場企業を中心に広く普及している。D&O保険のうち、役員の株式会社に対する責任を填補するための保険料を株式会社が負担することの適法性や利益相反性には見解の対立があった。このため、D&O保険の約款（損害保険会社で異なる自由約款）の多くは、普通保険約款（株主代表訴訟と会社による訴訟を免責とする）に、株主代表訴訟担保特約を自動付帯する構成をとり、同特約部分の保険料を区別して、株式会社が役員から徴収することを可能としていた。

　旧法では、D&O保険の締結に関する規定はなく、その内容が「重要な業務執行」（362条4項）に該当しない限り、取締役への決定の委任が可能であった。そして、D&O保険の保険料が経営全体の費用の中で占める割合が僅少であるため、重要性が意識されないことから、株式会社が株主代表訴訟担保特約部分の保険料を役員から徴収する場合には、取締役会の関与なく締結されていた。間接取引（356条1項3号）の該当性についても、取締役全員が被保険者となる場合には、適用除外との解釈があった。

(2)　D&O保険は、取締役の就任条件の1つとして、損害賠償責任を過度におそれることにより職務執行が萎縮しないように適切なインセンティブを付与する意義があることが評価され、安全策として役員に負担させていた株主代表訴訟担保特約部分の保険料を会社が負担する方法が検討された。経済産業省のコーポレート・ガバナンス・システムの在り方に関する研究会「法的論点に関する解釈指針」（2015年7月24日公表、2016年

3月18日差替え）（以下、「経済省・解釈指針」という）は、株式会社が適法に負担するための手続（①（利益相反の観点から）取締役会の承認、②社外取締役が過半数の構成員である任意の委員会、または、社外取締役全員の同意）を例示し、国税庁も、この要件の下に損金算入を認めた。これを受けて、D&O保険の約款構成の変更も予想されていた。

## 【After】

(1) 新法は、「役員のために締結される保険契約」に関する規定を新設し、役員等（取締役、会計参与、監査役、執行役または会計監査人）が、①その職務の執行に関し責任を負うこと（損害賠償金）、または、②当該責任の追及に係る請求を受けることによって生ずることのある損害（争訟費用）を保険者が填補することを約するもので、役員等を被保険者とする保険契約（施規115条の2が定めるものを除く。「役員等賠償責任保険」と定義される）の内容を決定するには、株主総会（取締役会設置会社では取締役会）の決議によらなければならないとした（新430条の3第1項）。これは、役員等賠償責任保険は、その内容によっては、役員等の職務の適法性が損なわれるおそれがあり、間接取引（356条1項3号）に該当するものもあるため、利益相反取引規制を適用しないものとした（新430条の3第2項）うえで、これに代わる手続（同条1項）を設けることにより、解釈上の疑義を払拭し、法的安定性を高めたものである（補足説明第2部第1の3(3)商事37頁）。

D&O保険は役員等賠償責任保険に該当するため、その内容を決定するには、株主総会（取締役会設置会社では取締役会）の決議によらなければならない。したがって、株主代表訴訟担保特約部分の保険料を役員から徴収する場合にも、それらの決議が必要である。

(2) D&O保険は役員等賠償責任保険契約に該当するから、その内容を決定するには、株主総会（取締役会設置会社では取締役会）の決議によらなければならない（新430条の3第1項）。この規律は、利益相反取引規制を適用除外し、その代わりとして、契約内容の決定は株主総会（取締役会設置会社では取締役会）の決議を必要として、契約内容の適正さの判断を株主総会（取締役会設置会社では取締役会）に委ねたものである。したがって、株主総会（取締役会設置会社では取締役会）が内容を決定したD&O保険は、保険契約者である株式会社が保険料全額を負担して締結することが可能であり、ほかに経産省・解釈指針が示したような手続も必要としない。　　　　　［沖　隆一］

# 45
# 役員等賠償責任保険の定義から除外される保険契約

---

**Case**

B株式会社（取締役会設置会社）が、B株式会社と役員を被保険者として次の保険を付保する場合に、会社法上の規律は、どのように適用されるのか。
　⑴　生産物賠償責任保険（PL保険）、企業総合賠償責任保険（GCL保険）、使用者賠償責任保険、個人情報漏洩保険
　⑵　自動車賠償責任保険、自動車保険（任意保険）、海外旅行保険

---

【Before】

　⑴　これらの保険は、会社の事業活動により損害を受けた賠償請求（製造物責任、使用者責任等）や争訟費用を填補対象としており、B株式会社が保険契約者となるが、被保険者には、B株式会社のほか、その役員も追加することができる。D&O保険の普通保険約款では、身体障害や精神的苦痛、財物滅失等による損害賠償請求が免責事由となっていることが多いため、役員は、これらの保険の被保険者に追加されることによって、製造物責任等による損害賠償請求のリスクに対応している。B株式会社がこれらの保険契約を締結することは、「重要な業務執行」（362条4項柱書）に該当する場合がある。また、B株式会社がその役員を被保険者に追加することは利益相反性があり間接取引（356条1項3号）に該当するおそれがある。これらに該当する場合には取締役会の決議が必要となる。

　⑵　これらの保険は、役員が会社の事業活動に従事する場合、B株式会社が保険契約者となり、その役員を被保険者として締結することがある（法人契約）。B株式会社がこれらの保険契約を締結することは、会社の事業活動に付随する行為として「重要な業務執行」（362条4項柱書）に該当する場合がある。また、B株式会社がその役員を被保険者に追加することは利益相反性があり間接取引（356条1項3号）に該当するおそれがある。これらに該当する場合には取締役会の決議が必要となる。

【After】

　⑴　役員等のために締結される保険契約（株式会社が保険者との間で締結する保険契約のうち、役員等がその職務の執行に関し責任を負うことまたは当該責任の追及に係る請求を受

けることによって生ずる損害を保険者が塡補することを約するものであって、役員等を被保険者とするもの)に関する規律(新430条の3)が設けられた。この規律は、第1に、役員等のために締結される保険契約から当該保険契約を締結することにより被保険者である役員等の職務の執行の適正性が著しく損なわれるおそれがないものとして法務省令で定めるものを除外して役員等賠償責任保険と定義し、その内容について、(a)取締役会の決議によって決定しなければならず(同条1項)、(b)公開会社についての事業報告の記載事項とした(新施規119条2号の2・121条の2)。第2に、役員等のために締結される保険契約について、(a)利益相反規制(356条1項等)と(b)双方代理規制(民法108条)を適用除外とした(新430条の3第2項3項、(b)は第1(a)の決議がある場合に限る)。法務省令が役員等賠償責任保険から除外したものには2つの類型がある。その①は、被保険者に保険契約者である株式会社を含む保険契約であって、当該株式会社がその業務に関連し第三者に生じた損害を賠償する責任を負うことまたは当該責任の追及に係る請求を受けることによって当該株式会社に生じる損害を保険者が塡補することを主たる目的として締結されるもの(新施規115条の2第1号)である。この類型の保険では、役員は株式会社とともに被告とされることが多いため付随的に被保険者に追加されているという関係にあり、役員自身の責任に起因する損害を塡補することを主目的とするD&O保険とは性質が異なり、利益相反性が類型的に低く、また販売されている保険の種類や数が膨大であり、実務上、甚大な影響が生じることから、新430条の3の第1の規律の例外とされた。(1)の保険は、この類型の契約に該当する。また、これらの保険も、役員等のために締結される保険契約であるから、第2の規律により、利益相反規制は適用除外となる。したがって、一般的には、その内容の決定に取締役会の決議は必要なく、事業報告の記載事項ともならない。

(2) 法務省令が役員等賠償責任保険から除外した2つの類型のうち、②として、役員自身に生ずることのある損害を塡補することを目的とし、役員等自身を被保険者とする保険契約がある(施規115条の2第2号)。この保険によって被保険者である役員等の職務執行の適正性が損なわれるおそれは大きくなく、また、販売されている保険の種類や数が膨大であり、実務上、甚大な影響が生じる可能性があることから、新430条の3の第1の規律の例外とされたのである。(2)の保険は、この類型の契約に該当する。また、これらの保険も、役員等のために締結される保険契約であるから、第2の規律により、利益相反規制は適用除外となる。したがって、一般的には、その内容の決定に取締役会の決議は必要なく、事業報告の記載事項ともならない。　　　　　　　　[中野竹司]

# 46
# D&O保険契約の塡補内容と会社法の規律

## Case

　C株式会社（取締役会設置会社）が、D&O保険契約を締結するにあたり、保険金の支払により次の塡補を受けるための留意点は何か。
　(1)　会社が損害賠償請求した場合の損害
　(2)　争訟費用の前払い
　(3)　退任役員の損害・争訟費用
　(4)　会社法または金融商品取引法による開示書類の虚偽記載による損害賠償請求により被る損害

【Before】

　(1)　D&O保険の普通保険約款では、会社の役員に対する損害賠償請求訴訟（会社訴訟）は、免責事由（会社請求免責事由）とされている。会社訴訟は、会社と役員による馴れ合い訴訟等の危険が類型的に高いためである。しかし、株主による提訴請求を受けて、会社が役員に対して損害賠償請求訴訟を提起する場合には、特約（会社訴訟一部担保特約）を付帯することによって塡補対象とすることができる。D&O保険の契約締結についての会社法の規律はなかったが、会社訴訟一部担保特約の保険料を役員から徴収せずに会社が負担することについては、株主代表訴訟担保特約分の保険料の負担と同様の問題があった（→ Case 44）。

　(2)　D&O保険の普通保険約款では、損害賠償と争訟費用が塡補対象となるが、これらの金額が確定した時に保険金が支払われるのが原則であり、例外的に、保険会社が必要と認めた場合には損害賠償請求の解決に先立って、あらかじめ争訟費用を支払うことができるとされているのが一般的である。しかし、その約款の条項は保険会社によって異なるから、十分な防御活動をするためには、訴訟代理人を弁護士に委任するための着手金等を争訟費用の前払いとして保険金の支払を受けることができるように、約款条項等の契約条件を検討する必要がある。D&O保険の契約締結についての会社法の規律はなかったから、その条件の決定にも取締役会の決議は必ずしも必要なかった（→ Case 44）。

　(3)　D&O保険の普通保険約款では、被保険者は会社の全役員であり、退任した役員

も被保険者に含まれるとする約款が一般的である（無記名方式）。しかし、保険契約が更新されない場合（異なる保険会社に保険契約の切替がされた場合）には、一定期間は退任後の損害賠償請求を保険保護の対象とする特約がない限り、保護されない。D&O保険の契約締結についての会社法の規律はなかったから、その条件の決定にも取締役会の決議は必ずしも必要なかった（→ Case 44）。

(4)　会社法または金融商品取引法による開示書類の虚偽記載による役員に対する損害賠償請求は、D&O保険の普通保険約款の塡補対象である。しかし、株式会社に対する損害賠償請求は特約（情報開示危険担保約款）を付帯しない限り、塡補対象でない。この特約を付帯することによって、役員と会社は、責任負担部分に応じた柔軟な解決が可能となる。

## 【After】

(1)　D&O保険契約に会社訴訟一部担保特約を付帯することは、役員等賠償保険契約の内容の決定であるから、C株式会社は、その内容を取締役会で決定しなければならない。そして、そのような手続をとる以上、会社訴訟一部担保特約の保険料を役員から徴収せずに会社が負担することについても他に手続を必要としない（→ Case 44）。

(2)　役員等賠償保険契約の定義中には、役員等がその職務の執行に関し責任の追及に係る請求を受けることによって生ずる損害を保険者が塡補することを約するものが含まれており、争訟費用を塡補するものが含まれているから、その内容（約款条項）の決定は、取締役会の決議によらなければならない（新430条の3第1項）。

(3)　D&O保険契約に一定期間は退任後の損害賠償請求を保険保護の対象とする特約を付帯することは、役員等賠償保険契約の内容の決定であるから、C株式会社は、その内容を取締役会で決定しなければならない。

(4)　情報開示危険担保約款は、通常、会社を被保険者とするものであり、役員等賠償保険契約に該当しないから、この場合、C株式会社は、その内容の決定に新430条の3第1項の取締役会の決議は必要としない。　　　　　　　　　　　　　　　　［中野竹司］

# 47
# 子会社役員を被保険者とするD&O保険契約の締結

## Case

　D株式会社（取締役会設置会社）には、多数の子会社（海外子会社を含む）があり、D社とグループ子会社の役員全員について、D&O保険に加入することを考えている。次の場合の会社法上の手続の留意点は何か。
- (1)　会社ごとに保険契約を締結する場合
- (2)　D社の１つの保険契約で締結する場合
- (3)　子会社役員の特定責任追及（多重代表訴訟）のリスクを付保する場合

【Before】

　(1)　改正前は、D&O保険契約を締結する際の会社法上の手続を定める明文規定はなかった。学説では、取締役を被保険者とする損害保険契約の締結は、利益相反取引（間接取引。356条1項3号）に該当するから、当該取引につき重要な事実を開示し、取締役会の承認を受けることを要する（356条1項・365条1項）という見解が有力だった（落合誠一編『会社法コンメンタール(8)』（商事法務・2009年）82頁〔北村雅史〕）。しかし、解釈として確立していたわけではなく、実務上は、取締役会の承認を経ないことが多かったようである。ただし、従来は、株主代表訴訟担保特約（代表訴訟で役員等が敗訴した場合における損害賠償金と争訟費用を担保する特約）の保険料は、役員等が負担していた。近年、この保険料を会社が負担するには、取締役会の承認および社外取締役のチェック（社外取締役が過半数の構成員である任意の委員会の同意または社外取締役全員の同意の取得）を経ればよいという解釈が示され（コーポレート・ガバナンス・システムの在り方に関する研究会「法的論点に関する解釈指針」（2015年7月24日公表、2016年3月18日差替え）11〜12頁参照）、実務はこれに従っている。

　D株式会社とその子会社が会社ごとにD&O保険契約を締結する場合には、契約締結に伴う前述の手続を、それぞれの会社ごとに行うことになる。

　(2)　D&O保険の一般的な約款は、保険契約者である会社（「記名法人」）と保険証券に明記された子会社（「記名子会社」）のすべての役員を被保険者とする。そのため、D社が締結するD&O保険契約の記名子会社としてD社の子会社を記載すれば、グループ各社の役員全員を被保険者とすることができる。

このとき、D社において要求される手続は、(1)と同様である。

保険料をすべてD社が負担する場合には、子会社では特段の手続を要しないと考えられる。これに対し、D社が、子会社役員に係る保険料を、子会社の同意の下で子会社に按分負担させる場合には、子会社役員に係る株主代表訴訟担保特約の保険料を子会社が負担することになる。この場合に、①親会社と子会社のそれぞれで取締役会の承認と社外取締役のチェックを経る、②親会社で取締役会の承認等を経る際に、子会社役員の保険料の子会社負担も承認等の対象としたうえで、子会社負担について子会社の全株主（親会社および少数株主）から承認を取得する、という手続が提案されていた（武井一浩＝松本絢子「新しいD&O保険への実務対応（下）―保険料全額会社負担の解禁を受けて」商事2101号（2016年）37～38頁）。

(3)　D&O保険契約の約款では、一般に、株主代表訴訟担保特約の対象に、子会社役員の特定責任追及訴訟を含むものとされる。そのため、子会社役員を被保険者とするD&O保険契約を締結すれば、子会社役員の特定責任追及訴訟のリスクを付保できる。その締結に必要な手続は、(1)(2)で示したものと同じである。

## 【After】

(1)　改正後は、会社が締結するD&O保険は、「役員等賠償責任保険契約」（定義は新430条の3第1項）にあたるため、その内容を決定するには、取締役会設置会社の場合、取締役会の決議によることを要する（同項）。これに対し、同契約の締結について、利益相反取引に関する規律の適用はないことが明文化された（同条2項）。なお、株主代表訴訟担保特約部分に係る特別な手続は規定されていない（→ Case 44）。

D社とその子会社が会社ごとにD&O保険契約を締結する場合には、契約締結に伴う前述の手続を、それぞれの会社ごとに行うことになる。

(2)　D社がD&O保険契約を締結する際に、役員等賠償責任保険契約の内容を決定するための取締役会の決議を必要とすることは、(1)と同様である。

子会社自身が締結する保険契約ではないため、子会社について新430条の3は適用されない（一問一答141頁）。もっとも、D社が、子会社の役員に係る保険料を、子会社の同意の下で子会社に按分負担させる場合、子会社は保険契約を自ら締結してはいないものの、経済的な利害状況は自ら契約締結したときと同じである。そうすると、利益相反取引規制が適用されるおそれがあるが、それは改正法の下では過剰規制である。そのため、D社と子会社の間の費用負担の合意について、子会社において新430条の3が類推適用されると解すべきである。

(3)　子会社役員の特定責任追及訴訟のリスクを付保するには、改正後も、子会社役員を被保険者とするD&O保険契約を締結すればよい。それに必要な手続は、(1)(2)で示したものと同じである。

[山下徹哉]

# 48
# D&O保険契約と補償契約との関係

**Case**

　E株式会社（取締役会設置会社）は、D&O保険に加入するとともに、全取締役との間で補償契約を締結しているため、会社が補償契約の履行として補償することによる損失のリスクもD&O保険で対応したい。

　この場合の留意点は、何か。

【Before】

　E社が、D&O保険契約を締結する際に必要な会社法上の手続について、改正前は、明文規定はなく、解釈も確立しておらず、法状況は必ずしも明らかではなかった。ただ、取締役を被保険者とするD&O保険契約の締結が、利益相反取引に該当するとして、当該取引につき重要な事実を開示し、取締役会の承認を受けることを要する（356条1項・365条1項）可能性があり、株主代表訴訟担保特約の保険料を会社が負担する場合には、取締役会の承認および社外取締役のチェック（社外取締役が過半数の構成員である任意の委員会の同意または社外取締役全員の同意の取得）を要する（→ Case 47【Before】(1)）。

　E社が、取締役との間で締結した補償契約の履行として補償することによる損失のリスクをD&O保険契約の対象としたい場合には、D&O保険契約において会社補償担保特約を付帯すればよい。会社補償担保特約とは、D&O保険により塡補すべき役員の損害に対し、会社が法律、契約、定款等に基づいて適法に補償を行ったことによって生ずる会社の損失を塡補する特約である。同特約では、会社が「適法に」補償を行うことが条件になっているため、E社が取締役との間で締結する補償契約の締結と履行の適法性を確保することが重要となる。

　改正前は、会社補償のことを直接定めた法規定はなく、解釈も確立しておらず、補償可能な範囲やその手続は必ずしも明らかではなかった。もっとも、近年、旧法の下で適法に会社補償ができると解される補償範囲・手続に関する解釈指針が示され（コーポレート・ガバナンス・システムの在り方に関する研究会「法的論点に関する解釈指針」（2015年7月24日公表、2016年3月18日差替え）9〜11頁参照）、実務はこれに従っている。そのため、補償契約の締結と履行の適法性を確保するために、E社としては、同指針に基

づき、補償契約を締結し、履行することが望ましい。

解釈指針では、①補償契約の締結の手続として、利益相反の観点からの取締役会の承認と、社外取締役のチェック（社外取締役が過半数の構成員である任意の委員会の同意または社外取締役全員の同意の取得）を要する、②補償の対象を、職務の執行に関する第三者に対する損害賠償金および対第三者・対会社責任に係る争訟費用とする、③補償の要件として、職務を行うについて悪意または重過失がないことを求める、④補償の履行の手続として、義務的補償（補償契約で定めた要件を満たした場合には、必ず補償する）か任意的補償（補償契約で定めた要件を満たした場合には、①と同じ手続で、補償の履行の是非を判断する）かのいずれかの方法による、という内容を満たすときは、適法に会社補償を行えるとする。

## 【After】

改正後は、E社が締結するD&O保険契約は、「役員等賠償責任保険契約」（定義は新430条の3第1項）にあたるため、その内容を決定するには、取締役会設置会社の場合、取締役会の決議によることを要する（同項）。利益相反取引規制は適用されない（同条2項→ Case 47【After】(1)）。

D&O保険契約に会社補償担保特約を付帯するとして、E社が取締役との間で締結する補償契約の締結と履行の適法性の確保が重要なことは、【Before】と同じである。なお、会社補償担保特約自体は、「役員等を被保険者とするもの」ではないため、その付帯について新430条の3第1項は適用されない。

改正後は、補償契約の締結および履行の手続が法定され、明確化された（新430条の2）。同規定に基づいて適法に補償契約の締結・履行を行うためには、①補償契約の内容の決定は、取締役会設置会社の場合、取締役会の決議によらなければならず（同条1項）、②補償の対象は、第三者に対する損害賠償金および対第三者・対会社責任に係る争訟費用となり（同項各号）、③役員等にその職務を行うにつき悪意または重大な過失があったときは、第三者に対する損害賠償金を補償することはできないのに対し（同条2項3号）、そのようなときでも争訟費用の補償は可能であるものの、役員等に図利加害目的があったときには会社は事後的に返還請求でき（同条3項）、④補償契約に基づく補償をした取締役および補償を受けた取締役は遅滞なく、当該補償についての重要な事実を取締役会に報告することを要する（同条4項）。利益相反取引規制は適用されない（同条6項）。

なお、E社による補償契約およびD&O保険契約の締結が、改正法の施行前であれば、改正後の規定の適用はないことに注意を要する（新附則6条・7条）。　　　　　［山下徹哉］

# 49
# D&O保険契約に関する事業報告の記載事項

## Case

F株式会社（取締役会設置会社で公開会社）が、事業年度の末日において
D&O保険契約を締結している場合、事業報告には、どのような記載をする
必要があるか。

【Before】

改正前は、D&O保険契約に関する事項を事業報告に記載することを求める明文規定
はなく、事業報告以外も含め、特段の開示規制は存在しなかった。事業報告の記載事項
のうちで関連しうるものとしては、「当該株式会社の現況に関する重要な事項」（施規
120条1項9号）または「株式会社の会社役員に関する重要な事項」（施規121条1項11
号）が一応考えられるが、これらの事項として、D&O保険契約に関する事項を記載す
る例は、ほぼ皆無であったと思われる。D&O保険契約の締結について一定の解釈を示
したコーポレート・ガバナンス・システムの在り方に関する研究会「法的論点に関する
解釈指針」（2015年7月24日公表、2016年3月18日差替え）も、D&O保険契約の開示の
要否に言及していない（同指針11～13頁）。

【After】

改正後は、F社のように、事業年度の末日において公開会社である株式会社で、役員
等賠償責任保険契約（定義は新430条の3第1項）を保険者との間で締結しているものは、
同保険契約に関する一定の事項を事業報告で開示しなければならないこととされた
（435条2項、新施規119条2号の2）。その趣旨として、D&O保険は、実務上、取締役全
員が被保険者となることが多いから、利益相反性があるという問題を取締役会の決議を
要求するだけでは解決できないので、株主に対する情報開示で補強すること、そして、
D&O保険契約の内容は、株式会社が抱えているリスクを投資家が評価する際の指標と
して機能することから、株主にとって重要な情報であることが挙げられている（一問一
答148頁）。

事業報告で開示すべき事項は、①当該役員等賠償責任保険契約の被保険者の範囲、②
当該保険契約の内容の概要であり、②には、②-1 被保険者が実質的に保険料を負担し

ている場合はその負担割合、②‑2 塡補の対象とされる保険事故の概要、②‑3 当該保険契約によって被保険者である役員等の職務の執行の適正性が損なわれないようにするための措置を講じている場合のその内容を含む（新施規 121 条の 2 各号）。①において、被保険者の氏名の記載をせずに「当社の役員」のような概括的な記載でも被保険者の範囲を特定するのに十分であり、②‑3 は、たとえば、免責額の設定である（一問一答 148 頁）。

　なお、事業報告で役員等賠償責任保険契約に関する事項を開示しなければならないのは、当該契約の保険契約者である会社である（新施規 121 条の 2 柱書）。D&O 保険契約では、保険契約者である会社の子会社を記名子会社として、当該子会社の役員を、親会社の締結する D&O 保険契約の被保険者とすることがよく行われる（→ Case 47【Before】(2)）。このとき、保険契約者は親会社であるから、親会社が当該契約に係る開示をするのであり、子会社は開示の必要はない。

　この場合、当該契約の被保険者に子会社役員も含むことは、「被保険者の範囲」（新施規 121 条の 2 第 1 号）として、親会社の事業報告において開示される。新施規は、この「被保険者」に、保険契約者である会社の役員のみならず、子会社役員も含みうることを前提としている。新施規 121 条の 2 第 2 号括弧書で、「被保険者である役員等（当該株式会社の役員等に限る。）」と定められ、特段の限定文言が付されなければ、保険契約者である会社以外の会社の役員も含みうることが示されているためである。実質論としても、保険金の支払限度額を親会社役員と子会社役員とで共有するなど、D&O 保険契約における親会社の役員に係る部分と子会社の役員に係る部分は密接不可分で一体のものと解するのが合理的である（塚本英巨「会社補償・D&O 保険の実務対応」商事 2233 号（2020 年）39 ～ 40 頁）。また、特に子会社の役員に係る保険料を子会社に按分負担させる場合には、子会社と子会社役員との間に一定の利益相反性が認められるが（→ Case 47【After】(2)）、そのような利益相反性に対する対応措置としての意味も有する株主に対する開示は、前記のとおり、子会社レベルでは行われない。親会社の事業報告の中で開示することは、これを代替する意味もある。そのため、子会社役員を被保険者に含むことが親会社の事業報告における開示内容に含まれない（任意的開示事項にとどまる）と解すること、すなわち子会社役員を被保険者とする部分は「役員等賠償責任保険契約」の定義から外れるなどという解釈は相当ではない。　　　　　　　[山下徹哉]

# 50
# 株主代表訴訟とD&O保険契約

**Case**

　G株式会社の株主Xが、同社の取締役Yらに対する責任追及の訴えの提訴請求をした後、原告として、Yらを被告とする責任追及の訴えを提起した。G社は、保険契約者として、Yらを被保険者とするD&O保険（株主代表訴訟敗訴時担保特約付帯）を締結している。

　(1)　G社がYらに補助参加するためには、どのような手続が必要か。

　(2)　G社が(1)のように補助参加した訴訟において和解をするためにはどのような手続が必要か。

　(3)　D&O保険の保険金の支払事由との関係において、訴訟上の和解の和解金を保険金によって支払うための留意点は何か。

【Before】

　(1)　G株式会社の株主Xが同社の取締役Yらに対して提起した責任追及の訴えにおいて、G社が、Yら側に補助参加するには、会社の判断の適正を確保するため、監査役全員、監査等委員全員または監査委員全員の同意を要する（849条1項・3項）。

　この場合の補助参加についてG社を代表する者は、代表取締役や代表執行役など通常の会社代表者である。代表取締役等は、会社の業務に関する包括的代表権限を有しているところ（349条4項・420条3項・483条6項）、会社が取締役に対して訴えを提起する場合には、例外的に監査役等が会社を代表する（386条1項1号・399条の7第1項2号・408条1項2号）。しかし、補助参加の場合は特別の定めはないから、原則どおりとなる（ただし、監査役等が代表すべきであるとする見解もある。小林秀之＝近藤光男編『新しい株主代表訴訟』（弘文堂・2003年）149頁〔中島弘雅〕）。実質的理由として、監査役等が一度当該訴えを提起しないという判断をしているため、取締役と会社との利益相反の程度が相対的に小さいこと（一問一答228頁参照）、監査役等が会社を代表して取締役等を補助することは、業務監査機関としての職務の本質にそぐわないこと（上村達男ほか編『逐条解説会社法(9)』（中央経済社・2016年）298頁〔三浦治〕）がある。監査役等の同意の要求は、以上を前提とするものと解される。

　また、補助参加が、重要な業務執行または利益相反取引に該当し、株主総会（取締役

会設置会社は取締役会）の決議を要するか否かは、見解が分かれていた（江頭憲治郎ほか編著『改正会社法セミナー 企業統治編』（有斐閣・2006 年）186 ～ 188 頁、195 ～ 199 頁参照）。

(2)　G 社は、補助参加した責任追及の訴えにおいて、補助参加人として訴訟上の和解をすることができる。改正前には、このような G 社が和解当事者となる場合の手続を直接定めた法規定はなく、また、解釈も確立していなかった。

まず、この場合の和解に際して G 社を代表するのは、補助参加それ自体と同様に、G 社の通常の会社代表者である（(1)参照）。次に、和解内容の決定は、重要な業務執行であるから取締役会設置会社かつ監査役設置会社であれば取締役会決議を要する（362 条 4 項柱書）。加えて、利益相反取引規制の適用があるとする見解があり（田中亘「取締役の責任軽減・代表訴訟」ジュリ 1220 号（2002）36 頁注 30）、これによれば、重要な事実を開示し、株主総会（取締役会設置会社は取締役会）の承認を受けることを要する（356 条 1 項 2 号・365 条 1 項）。また、849 条 3 項に準じて、監査役等の同意を要すると解する見解もあった（上村ほか編・前掲 307 頁〔三浦〕など）。

(3)　D&O 保険の普通約款は、保険金の支払要件として、①被保険者に法律上の損害賠償責任が成立すること、②約款上の免責事由等に該当しないことを要するとし、かつ③被保険者は、保険会社の事前同意がない限り、損害賠償責任の全部または一部を承認してはならないとする。そのため、訴訟上の和解をするには、保険会社との事前協議を要する。①②の根拠を示し、その上で③和解条件に関して協議し、和解に同意を得る（嶋寺基＝澤井俊之『D&O 保険の実務』（商事法務・2017 年）261 頁）。

## 【After】

(1)　改正後も、補助参加の手続に修正はなく、【Before】(1)の説明が妥当する。

(2)　改正後は、G 社が補助参加人として訴訟上の和解をするには、監査役全員、監査等委員全員または監査委員全員の同意を要する（新 849 条の 2）。補助参加や責任の一部免除議案の提出の場合（849 条 3 項・425 条 3 項・426 条 2 項）と平仄を合わせる形で、和解の手続が明確化された（一問一答 227 頁）。

和解に際して G 社を代表する者や、重要な業務執行としての取締役会決議の要否は、改正前の説明が妥当する（一問一答 228 頁参照）。利益相反取引規制の適用も解釈に委ねられたが（一問一答 230 頁）、和解するのは責任が認められそうな状況であることが多く、利益相反の程度が相対的に大きい（部会第 5 回会議議事録 55 頁〔沖隆一発言〕）。監査役等の同意だけでは足りず、利益相反取引規制を適用すべきように思われる。

(3)　改正後も、D&O 保険に係る留意点について、改正前の説明が基本的に妥当するが、訴訟上の和解に監査役等の同意が必要となったので、監査役等の意見が、保険会社との事前協議の中で勘案されることになろう。　　　　　　　　　　　[山下徹哉]

# 51
# D&O保険契約の切替と会社法の規律

## Case

　以下の(1)(2)において、D&O保険の切替をする場合の留意点は何か。
　(1)　F株式会社（取締役会設置会社）は、G株式会社を記名子会社として D&O保険を締結している。F株式会社がG株式会社の全株式をF株式会社 の企業グループに属しないH株式会社に譲渡する場合に、G株式会社の役員 らが継続してD&O保険の保護を受けるようにしたい。
　(2)　F株式会社（取締役会設置会社）は、I損害保険株式会社を保険者と して契約しているが、J損害保険株式会社の契約に変更したい。

【Before】

　(1)　D&O保険では、親会社は、その子会社を記名子会社とすることによって、親会 社の役員と子会社の役員を単一の契約の被保険者として契約することができる。しかし、 これは、子会社を親会社と同じ企業グループに属するものとして保険事故発生のリスク を評価できることによるものであるから、記名子会社が子会社から離脱した場合には免 責事由（子会社非該当免責事由）に該当する。F株式会社が、G株式会社の全株式をH 株式会社に譲渡する場合には、G株式会社の役員らは子会社非該当免責事由に該当する ので、D&O保険の保護を受けるためには、①H株式会社のD&O保険において記名子 会社となり、先行行為担保特約（初年度契約開始前の行為を免責事由とする普通保険約款の 特約として保険会社の責任を遡及させるもの）を付帯する、または、②F株式会社の D&O保険において継続して塡補対象とする特約（ランオフ・カバー）を締結することが 必要となる。D&O保険の契約締結についての会社法の規律は特に明文での規律はな かったから、その条件の決定にも取締役会の決議は必ずしも必要なかった（→Case 44）。

　(2)　②の方法をとる場合、D&O保険では請求事故方式がとられているため、(a)J損 害保険株式会社の契約に変更した後は、I損害保険株式会社を保険者とした契約では保 険保護の対象とならない。また、(b)J損害保険株式会社の初年度契約の開始日前に原因 行為が発生した損害賠償請求は免責事由に該当するため、先行行為担保特約を付帯する 必要がある。D&O保険の契約締結についての会社法の規律は特に明文での規律はな

かったから、その条件の決定にも取締役会の決議は必ずしも必要なかった（→ Case 44）。

## 【After】

(1)　G 株式会社の役員らが D&O 保険の保護を受けるために、① H 株式会社の D&O 保険において記名子会社となり、先行行為担保特約を付帯すること、② F 株式会社の D&O 保険において継続して塡補対象とする特約を締結することは、役員等賠償保険契約の内容の決定であるから、H 株式会社、F 株式会社は、①②の内容を取締役会決議によって決定しなければならない。

(2)　先行行為担保特約の付帯は、役員等賠償保険契約の内容の決定であるから、F 株式会社は、J 損害保険株式会社との D&O 保険の内容の決定にあたり、特約の付帯についても取締役会の決議によって決定しなければならない。　　　　　　　　　　　　［中野竹司］

# 52
# D&O保険契約の更新と会社法の規律

## Case

　I株式会社（取締役会設置会社）は、D&O保険契約を締結しているが、保険期間の満期を迎え、その更新を検討している。この場合、次についての留意点は何か。

　(1)　D&O保険を更新する場合の手続

　(2)　更新にあたり、企業不祥事が発覚した場合に設置する第三者委員会の調査報告書に基づき、I株式会社が原告として、役員らを被告として提起する損害賠償請求訴訟によって、役員らが請求される損害賠償金等を塡補対象とする特約を締結すること

【Before】

　(1)　D&O保険契約は、保険期間を通常1年間として締結されるため、1年ごとに保険契約の更新が必要となる。D&O保険契約は、原則として、被保険者が保険期間中に請求を受けた損害賠償が保険保護の対象とされる（請求事故方式と呼称される）。保険期間開始前の原因に起因する損害賠償請求は補償の対象外となるが、約款上、初年度契約の保険期間の初日前の行為に起因する一連の損害賠償請求が免責事由とされ、継続契約ではこの免責が除外されて保険保護の対象となる。このように、更新手続は、適用される保険契約の保護内容（支払限度額、特約等）の見直しや、継続契約としての保護を受けるための重要な手続である。

　旧法には、D&O保険に関する規定はなく、初年度契約も更新手続も取締役会の関与なく締結することも可能であった。

　(2)　D&O保険は、通常、普通保険約款において、保険契約者である株式会社が被保険者である役員に請求する損害賠償については免責（会社請求免責事由）とされている。これは、会社と役員の馴れ合いによる保険金請求を防ぐためである。しかし、会社請求免責事由に該当する場合のうち、馴れ合い訴訟の危険性が類型的に低い場合については、会社訴訟一部担保特約を付帯することにより、①株主からの提訴請求を受けて会社が役員に対して損害賠償請求訴訟を提起した場合の損害賠償金と争訟費用（それ以外の場合は争訟費用）を補償対象とすることができる。また、②発覚した企業不祥事の原因と対

策等を調査検討するために株式会社が任意に設置する第三者委員会の調査報告書に基づき、株式会社が原告として、役員らを被告として提起する損害賠償請求訴訟によって、役員らが請求される損害賠償金等を補償対象とする特約がある保険会社もある。さらに補償対象を拡大して、会社による訴訟を標準的に補償する特約を発売している保険会社もある。

　旧法には、D&O保険に関する規定はなく、上記のような特約を締結することも、取締役会の関与なくすることが可能であった。

## 【After】

　(1)　新法は、「役員等賠償責任保険」を、役員等（取締役、会計参与、監査役、執行役または会計監査人）が、①その職務の執行に関し責任を負うこと（損害賠償金）、または、②当該責任の追及に係る請求を受けることによって生ずることのある損害（争訟費用）を保険者が填補することを約するもので、役員等を被保険者とする保険契約から、法務省令が定めるものを除いたものと定義し、その内容を決定するには、取締役会設置会社では取締役会の決議によらなければならないとした（新430条の3第1項）。

　D&O保険は役員等賠償責任保険に該当する。そして、D&O保険は、保険期間ごとに填補対象と填補条件を異にする保険契約であり、保険期間ごとの別の保険契約と考えられる。よって初年度契約だけでなく、更新手続についても、その内容を決定するには、取締役会設置会社では取締役会の決議によらなければならない。なお、保険契約を更新する場合にも、改めて保険契約の内容を決定することになるため、取締役会の決議が必要である（一問一答129頁）。しかし、保険期間以外の契約内容に変更がない場合の更新手続については、初年度契約の内容を決定するための株主総会（取締役会設置会社では取締役会）の決議において、同一の契約内容による更新手続を可能とする決定をしておき、この決定に基づいて更新手続をとることもできると解される。しかし、このような決定をしていても、更新する保険契約の内容について、保険期間以外の変更をする場合には、その内容を決定する取締役会の決議が必要となる。

　(2)　D&O保険は役員等賠償責任保険に該当するため、その内容を決定するには、取締役会設置会社では取締役会の決議によらなければならない。上記のような特約①②を締結することも、役員等賠償責任保険の内容の決定であるため、取締役会の決議によらなければならない。　　　　　　　　　　　　　　　　　　　　　　　　　　　　［沖　隆一］

# 53
# 業務執行の社外取締役への委託

## Case

　S株式会社の親会社P社は、S株式会社を完全子会社とすることを意図し、S株式会社の発行する株式に対して公開買付けを行うこととした。買付価格等の諸条件に関し、S株式会社の親会社であるP社とS株式会社の少数株主との間では利益が相反する可能性があることから、S株式会社においては弁護士、公認会計士よりなる特別委員会を設置し、買付価格等の検討、さらにはP社との交渉を委ねることとし、S株式会社の社外取締役Aが特別委員会の委員長に就任し、検討および交渉を行うこととなった。

　⑴　社外取締役Aはこのような業務を執行することができるか。

　⑵　S株式会社としては、2条15号に定める社外取締役の要件との関係で疑義が生じることを防ぐためにはどうすればよいか。

　⑶　社外取締役Aが、S社代表取締役社長Bの指揮命令の下で、当該委員長の職務および交渉を行った場合はどうか。

## 【Before】

　社外取締役には、経営全般の監督機能や、株式会社と経営者または経営者以外の利害関係者との利益相反を監督する機能を果たすことが期待されている。近時の実務においては、取引の構造上買収者である取締役と株主との間に利益相反関係が認められるマネジメントバイアウト（MBO）等の場面において、本問の社外取締役Aのように独立委員会の委員として、当該取引の諸条件を検討し、場合によっては買収者との交渉を行うなどの事例が多くみられる。しかし、社外取締役は、「業務を執行」することができない（2条15号イ）。これに反して業務を執行したときは、業務執行取締役に該当し、社外取締役の資格を欠くことになり、また、責任限定契約を締結していても将来に向かってその効力が失われる（427条2項）。

　⑴については、社外取締役の要件としての「業務を執行した」の解釈が問題となる。伝統的には、会社事業に関する様々な事務を処理することと広く解されてきた。この考え方に立つと、本問の場合、社外取締役Aは、社外取締役としての資格を失う。しかし、業務執行の意義を広く捉えると、社外取締役の活動機会を過度に制約し、社外取

役に期待された役割を果たすことができなくなることから、社外取締役が継続的に業務に関与する場合か、または代表取締役等の業務執行機関に従属的な立場で業務に関与した場合のみ、業務執行に該当すると解すれば十分との説もあり、この説に立てば法改正前でも、社外取締役Aは本問の業務を執行できる。

改正前においては、(2)については、いずれの説からも、疑義を防ぐ手段はない。また(3)については、前説によれば当然に、また後説によっても、代表取締役社長Bの指揮命令に基づき職務を行うのであるから社外性を失う。

## 【After】

改正法では、このような問題の発生を防ぐため、指名委員会等設置会社以外の株式会社が社外取締役を置いている場合には、当該株式会社と取締役との利益が相反する状況にあるとき、または取締役が当該会社の業務を執行することにより株主の利益を損なうおそれがあるときは、その都度、取締役の決定（取締役会設置会社においては取締役会の決議）によって当該業務の執行を社外取締役に委託することができるとされた（新348条の2第1項）。取締役会による監督の実効性を保つため、個別の事案ごとに「その都度」取締役会の決議が必要となる。社外取締役が同条項に基づいて委託を受けていれば、たとえ社外取締役の行為が「業務の執行」に該当する場合であっても、社外取締役としての資格を喪失しない（いわゆるセーフハーバー・ルール。同条3項本文）。

(1)については、新348条の2第1項はあくまでセーフハーバー・ルールであって、「業務の執行」に該当するか否かについて特定の解釈論を採用するものではなく、改正法施行後においても、社外性を喪失するか否かは、上記のいずれの説に立つかによる。

(2)については、S株式会社は新348条の2第1項により、取締役の決定または取締役会の決議によって、当該業務を執行することを社外取締役Aに委託することにより疑義を防ぐことができる。本問は親会社P社とS株式会社の少数株主との間で利益が相反する可能性がある場合であるが、上記の新348条の2第1項の要件は、社外取締役の行為が期待される場面に緩く当てはめてよいと考えられる。S株式会社の取締役は親会社P社の意向を受けて行動し少数株主の利益を損なうおそれが存在するので、これに該当する。この場合には、委託を受けた社外取締役Aによる業務の執行は、「業務の執行」には該当しない（新348条の2第3項本文）。

(3)については、社外取締役が業務執行取締役（指名委員会等設置会社にあっては執行役）の指揮命令によって当該委託された業務執行をしたときには、新348条1項2項の適用がない（同条3項ただし書）。これは、業務執行者からの独立性を疑われる者は社外取締役となることができないとする2条15号イの趣旨に反するためである。したがって、この場合には、社外取締役Aは社外取締役としての資格を失う。　　　　［梅野晴一郎］

# 54
# 業務執行の社外取締役への委託の条件

## Case

　A株式会社（取締役会設置会社）の代表取締役Xは、Bファンドと組んで、A株式会社に対してマネジメントバイアウト（MBO）を行うこととしたが、取引の構造上、Xら取締役と株主との間に利益相反関係がありうることから、取締役会の決議により、社外取締役Yを特別委員会の委員長に任命し、MBOの諸条件の検討およびBファンドとの交渉を委ねることとした。交渉の結果、諸条件が折り合わず、当該MBO案件は終了した。

　⑴　その後3か月ほどして、Xは別のCファンドとともに再度MBOを行うこととした。この場合、社外取締役Yは改めて特別委員会の委員長として業務を行うことができるか。

　⑵　A株式会社取締役会は、⑴の場合のように、取締役と株主との利益相反が起こる状況において会社の業務を執行することを、新348条の2により、社外取締役に委託することとしたが、同取締役会は、委託に関する決定権限を、あらかじめX代表取締役に委任することができるか。

【Before】

　社外取締役が特別委員会の委員長としての業務を行うことは、社外取締役の定義における非適格要件である「業務を執行した」（2条15号イ）にあたるのではないかという問題がある。この問題については、取締役が継続的に業務に関与するか、または、代表取締役等の業務執行機関に従属的な立場で業務に関与した場合にのみ「業務を執行した」にあたると解すべきであるとする見解（田中亘『会社法〔第2版〕』（東京大学出版会・2018年）219頁、神田(5)6頁）が有力である（以下、「有力説」という）（→ Case 53）。そして、本問における社外取締役Yは、継続的な立場で業務に関与するわけでも、代表取締役等の業務執行機関に従属的な立場で業務に関与するわけでもないと考えられるため、有力説に立つ場合には、特段の手続を経ることなく、改めて特別委員会の委員長としての業務を行うことができることになる。

【After】

⑴について　　A株式会社は、新348条の2第1項に基づき、取締役会の決議によっ

て、社外取締役 Y に特別委員会の委員長としての業務を行うことを委託することができる。後掲(2)で触れるように、かかる委託は「その都度」必要になるため、A 社は Y に対し、B ファンドとの MBO について委託していたとしても、C ファンドとの MBO について改めて委託しなければならない。こうした A 社の委託がある場合、Y が業務執行取締役の指揮命令により当該業務を行わない限り、同条 3 項により、Y が当該業務を行うことは、社外取締役の定義における非適格要件である「業務を執行した」（2 条 15 号イ）にあたることはない。そして、本問における Y は、通常、業務執行取締役の指揮命令により当該業務を行うことはないと考えられるため、取締役会決議による委託を受けることにより、社外取締役の資格を失うことなく、改めて特別委員会の委員長としての業務を行うことができることになる。

　また、新 348 条の 2 は、セーフハーバー・ルールを定めるものであり、旧法の解釈上「業務を執行した」にあたらないと考えられている社外取締役の行為について、新たに「業務を執行した」にあたるものとすることを意図するものではない（神田(5) 6 頁、竹林ほか・別冊商事 43 頁注 50）。そのため、改正法の下でも、前記の有力説に立つ場合には、【Before】におけるのと同じく、社外取締役 Y は、特段の手続を経ることなく（取締役会決議による委託を受けることなく）、改めて特別委員会の委員長としての業務を行うことができることになる。

**(2)について**　　まず A 株式会社が監査等委員会設置会社または指名委員会等設置会社である場合は、明文の規定により、社外取締役への業務執行の委託の決定について、取締役会がその決議によって取締役・執行役に委任することは禁じられている（新 399 条の 13 第 5 項 6 号・新 416 条 4 項 6 号）。

　それでは、A 株式会社がそれら以外の会社である場合はどうであろうか。この点について、新 348 条の 2 第 1 項は、株式会社が社外取締役を置いている場合において、当該株式会社と取締役との利益が相反する状況にあるとき、その他取締役が当該株式会社の業務を執行することにより株主の利益を損なうおそれがあるときは、当該株式会社は、「その都度」、取締役会の決議によって社外取締役に業務の執行を委託することができるとしている。同項では、「その都度」、取締役会の決議によってと規定されていること、こうした規定文言は、あえて個別の事案ごとに取締役会の決議を要求することで、社外取締役への業務執行の委託について取締役会の監督を及ぼすことを目的とするものであると理解されていることに鑑みると、あくまで業務執行の委託が必要になった場合にその都度、取締役会が委託するかどうかの決定をすることが求められるのであり、取締役会が委託に関する決定権限をあらかじめ代表取締役に委任することは許されないと解される（神田(5) 5 頁、竹林ほか・別冊商事 43 ～ 44 頁、白井正和「社外取締役の選任義務づけと業務執行の委託」商事 2234 号（2020 年）9 頁）。

［久保田安彦］

# 55
# 社外取締役を置くことの義務づけ

## Case

　A株式会社は、監査役会設置会社（公開会社であり、かつ大会社である）で
あって金融商品取引法24条1項の規定によりその発行する株式について有
価証券報告書を内閣総理大臣に提出しなければならない会社である。A株式
会社は、社外取締役の候補者を探しているものの、業界の事情に通じる適任
者をみつけることは容易でなく、次の定時株主総会において、社外取締役の
選任議案を上程できない可能性がある。A株式会社としてはどうすべきか。

【Before】

1　監査役会設置会社（公開会社かつ大会社であるものに限る）であって金商法24条1項
の規定によりその発行する株式について有価証券報告書を提出しなければならないもの
（以下、「上場会社等」という）が、社外取締役を置いていない場合（下記の③については、
株主総会終結時に置いていないこととなる見込みである場合を含む）には、概要、次の規律
が適用される。

　　①　取締役は、定時株主総会において、社外取締役を置くことが相当でない理由（以
　　　下、「不相当の理由」という）を説明しなければならない（旧327条の2）。
　　②　事業報告に、不相当の理由を記載しなければならない（旧施規124条2項）。
　　③　社外取締役候補者を含まない取締役選任議案を提出しようとする株主総会の参考
　　　書類に、不相当の理由を記載しなければならない（旧施規74条の2第1項・2項）。

2　社外取締役には、少数株主を含むすべての株主に共通する株主の共同の利益を代弁
する立場にある者として、業務執行者から独立した立場で、会社経営の監督を行い、ま
た、経営者や支配株主と少数株主との利益相反の監督を行うといった役割を果たすこと
が期待されている。

　監査等委員会設置会社および指名委員会等設置会社（331条6項・400条1項・3項）と
異なり、監査役会設置会社には社外取締役の設置義務はないが、特に上場会社である監
査役会設置会社については、社外取締役を設置することが強く期待されている。前記1
の規律は、社外取締役の選任を促すため、社外取締役の選任について、一種のコンプラ
イ・オア・エクスプレイン・ルールを定めたものといえる（なお、ソフトローとして、東

京証券取引所有価証券上場規程 436 条の 2・445 条の 4・436 条の 3、コーポレートガバナンス・コード原則 4 − 8 参照）。

3　会社法の文言（「置くことが相当でない」）に照らし、取締役は、社外取締役を置くことがその会社の個別の事情に応じて、かえってマイナスの影響を及ぼすといった、積極的な事情を説明する必要があると考えられる（旧施規 74 条の 2 第 3 項・124 条 3 項参照）。

　この点、本問では、社外取締役に期待される基本的な役割が経営の監督にあることから、社外取締役自身が業界の事情に精通するまでの必要はなく、「業界の事情に通じる適任者がいない」との説明では不十分であると判断されるおそれがある。したがって、Ａ株式会社としては、他の理由もあわせて説明するか、または、業界の事情に通じるとの条件にこだわらず社外取締役候補者を探すことが考えられる。

　前記 1 の規律に違反した場合の効果として、取締役の善管注意義務違反、取締役選任議案に係る株主総会決議の瑕疵、過料の制裁が考えられる。ただし、説明内容が合理的または十分であるかどうかは第一次的には株主の判断に委ねられるとして、仮に説明内容が客観的に見て不合理または不十分であったとしても、直ちには違反の効果を生じさせるものではないとの指摘もある（議論状況につき、坂本三郎編著『一問一答平成 26 年改正会社法〔第 2 版〕』（商事法務・2015 年）96 〜 99 頁、岩原紳作編『会社法コンメンタール補巻』（商事法務・2019 年）348 〜 349 頁〔岩原紳作〕参照）。

## 【After】

　わが国の資本市場が内外の投資家から信頼されるようにするため、社外取締役に期待される役割に照らし、上場会社等は、社外取締役を置かなければならないものとされた（新 327 条の 2）。したがって、Ａ株式会社は、社外取締役候補者を探し出し（【Before】3 で述べたとおり、業界の事情に通じるとの条件にこだわる必要はない）、社外取締役の選任議案を定時株主総会に提出する必要がある。社外取締役を選任しなかったときは、取締役には過料の制裁がある（新 976 条 19 号の 2）。

　改正法は令和 3 年 3 月 1 日に施行されるが、施行日の時点で上場会社等であったとしても、施行後最初に終了する事業年度に関する定時株主総会の終結の時まで社外取締役の設置を猶予される（新附則 5 条）。たとえば事業年度の末日が 3 月 31 日である場合は、令和 3 年 6 月開催の定時株主総会において社外取締役を選任すればよい。事業年度の末日が 2 月末日の場合は、令和 3 年 5 月開催の定時株主総会では、改正前の規律が適用される（新附則 5 条、新施規附則 2 条 11 項）。

　なお、事故等により社外取締役が欠けた場合であっても、社外取締役を選任するための手続を遅滞なく進め、合理的な期間内に社外取締役が選任されたときは、その間にされた取締役会の決議は無効とならず、また、過料の制裁はないと指摘されている（一問一答 160 頁、神田 (5) 10 頁参照➡ Case 57・58）。　　　　　　　　　　　　　　　［小磯孝二］

# 56
# 社外取締役が欠けた場合の方策等

## Case

　改正法施行後、Case 55 のＡ株式会社は、任期途中で唯一の社外取締役が欠ける場合に備えて、あらかじめとりうる手段はあるか。また、任期途中で唯一の社外取締役が欠けた場合、取締役会決議が瑕疵を帯びる可能性を防ぐため、Ａ株式会社としてはいかなる手続をとりうるか。

　任期途中で唯一の社外取締役が欠ける場合に備えて、Ａ株式会社としてあらかじめとりうる手段としては、株主総会の決議によって補欠社外取締役を選任することが考えられる（329条3項。竹林ほか・別冊商事46頁注60）。その場合、唯一の社外取締役が欠けた時点で、当該補欠社外取締役が社外取締役になるため、新たに株主総会で社外取締役を選任する必要がないことになる。

　ほかにＡ株式会社がとりうる手段として、裁判所に一時取締役（社外取締役）の職務を行うべき者（一時取締役、仮取締役）の選任の申立て（346条2項）をすることも考えられる。一時取締役の選任の申立てをすることができるのは、「役員が欠けた場合……又はこの法律若しくは定款で定めた役員の員数が欠けた場合」であるところ（同条1項）、かかる場合には、社外取締役が法定の員数を欠く場合も含まれると解される（神田(5) 10頁、大竹昭彦ほか編『新・類型別会社非訟』（判例タイムズ社・2020年）46～47頁、竹林ほか・別冊商事46頁注60）。

　一時取締役の選任の申立てがされた場合、裁判所は、必要があると認めるときに一時取締役を選任することができる（346条2項）。問題は、どのような場合に一時取締役（社外取締役）の選任の必要性が認められるかである。この点について、取締役の員数が欠けた場合に会社法が本来予定しているのは、株主総会決議による後任取締役の選任であるから、株主総会によって後任取締役の選任決議をすることができる場合には、一時取締役の選任の必要性は認められないとする見解がみられる（大竹ほか編・前掲45頁）。こうした見解によれば、社外取締役を欠いたとしても、取締役会決議によって適法に株主総会（臨時株主総会または定時株主総会）の招集の決定（298条）をすることができると解されるときは、株主総会で新たな社外取締役を選任することができるし、そのようにすべきであるため、一時取締役（社外取締役）の選任の必要性は認められないことにな

るであろう。

そうすると問題は、社外取締役を欠いたとしても、取締役会決議によって適法に株主総会（臨時株主総会または定時株主総会）の招集を決定できるのは、どのような場合かである。この問題についての見解は分かれているが（詳細は→ Case 57・58）、立案担当者の見解によれば、新たな社外取締役が「遅滞なく合理的な期間内に」選任された場合は、社外取締役を欠いて行った取締役会決議も有効であるとされる（竹林ほか・別冊商事46頁など）。そして、新たな社外取締役が「遅滞なく合理的な期間内に」選任されたとみることができるか否かの判断にあたっては、定時株主総会までの期間や臨時株主総会の開催コストなども考慮されるものと考えられる。

たとえば、株主数が多く、臨時株主総会の開催に多大な準備やコストを要する上に、定時株主総会の開催まで期間が比較的短い（3か月程度である）場合は、定時株主総会で新たな社外取締役を選任したときでも、合理的な期間内に選任されたとみることができそうであり、そうだとすると、かかる場合は、社外取締役を欠いたままでも（一時取締役を選任しなくても）取締役会決議によって有効に定時株主総会の招集を決定して、定時株主総会で新たな社外取締役を選任することができるため、一時取締役（社外取締役）の選任の必要性は認められないことになるであろう。

他方、定時株主総会の開催までの期間が6か月以上あるような場合は、臨時株主総会の開催に多大な準備やコストを要するときでも、可能な限り早期に臨時株主総会を開催して、新たな社外取締役を選任するという対応をとるべきであると考えられる。そして、実際にそのような対応をとる限り、社外取締役を欠いたままでも（一時取締役を選任しなくても）取締役会決議によって有効に臨時株主総会の招集を決定することができるため、やはり一時取締役（社外取締役）の選任の必要性は認められないであろう。

悩ましいのは、定時株主総会の開催までの期間が3か月以上6か月未満といった場合である。定時株主総会の開催までの期間が6か月以上ある場合と同様に取り扱うべきであるという考え方もありうる一方、臨時株主総会の開催に多大な準備やコストを要するときは、一時取締役（社外取締役）の選任の必要性が認められる（一時取締役が加わった取締役会の決議によって定時株主総会の招集決定をして、定時株主総会で新たな社外取締役を選任するという対応を許すべきである）という考え方も可能であろう（竹林ほか・別冊商事47頁注62参照）。

［久保田安彦］

# 57
# 社外取締役が欠けた場合の取締役会決議の効力①

## Case

　A株式会社は、監査役会設置会社（公開会社であり、かつ大会社である）で
あって金融商品取引法24条1項の規定によりその発行する株式について有
価証券報告書を内閣総理大臣に提出しなければならない会社である。また、
A株式会社の定款上、取締役の任期は1年であり、決算期は3月末日である。
　Xは、2021年6月のA株式会社の定時株主総会において、社外取締役に
選任されたが（なお、社外取締役はXのみであった）、翌2022年5月1日に死
亡した。A株式会社取締役会は、X取締役の後任の社外取締役を選任しない
まま、定時株主総会招集の取締役会決議（以下、「本取締役会決議」という）
を同月20日に行い、同年6月開催の同定時株主総会において社外取締役Y
の選任を提案し、これが可決された。
　本取締役会決議の効力についてどのように考えるか。

　社外取締役が欠けた場合の取締役会決議の効力については、社外取締役が欠けた場合
でも、遅滞なく新たな社外取締役が選任されたときは、その間にされた取締役会決議は
無効にならないとする見解（以下、「第一説」という）が示されている（神田(5)10頁、部
会資料27 12〜13頁、松中学「社外取締役の活用等」ひろば73巻3号（2020年）43頁。竹林
ほか・別冊商事46頁も、合理的な期間内に社外取締役が選任されたときは、その間にされた取
締役会の決議は無効にならないとする）。この第一説に立てば、本問では、2022年5月1
日に社外取締役が欠けた後、同年6月に開催された定時株主総会で社外取締役が選任さ
れており、遅滞なく社外取締役が選任されていると評価できるため、その間にされた本
取締役会決議は有効であると解される。
　なお、第一説の下で、取締役の欠員が生じてから社外取締役が選任されるまでの期間
がどれほどであれば、遅滞なく（合理的な期間内に）選任がされたと評価できるかは問
題となりうる。一般化は難しく、社外取締役を選任する株主総会の開催にどれほどの準
備やコストを要するか、定時株主総会の開催までどれほどの期間が空いているか等の事
情によって、評価は変わりうる。たとえば、株主数が多く、臨時株主総会の開催に多大
な準備やコストを要する上に、定時株主総会の開催まで期間が比較的短い（3か月程度

である）場合は、定時株主総会で社外取締役を選任したときでも、遅滞なく選任された
と評価することができそうである（この点については→ Case 56）。

　他方、第一説とは異なる見解として、遅滞なく社外取締役が選任されたかといった事
情は、取締役会決議の瑕疵の重大性を考える際の一要素になるにすぎず、むしろ重要な
のは、社外取締役に期待される機能からみて、社外取締役の欠員が取締役会決議の瑕疵
としてどの程度重視されるべきか（社外取締役の欠員が取締役会決議の有効性を失わせるよ
うな本質的な問題といえるか）という観点からの検討であり、それは取締役会決議の内容
によって異なりうるとする見解（以下、「第二説」という）もみられる。第二説の論者は、
たとえば、取締役会決議の内容が会社と取締役・支配株主との間の利益相反の要素を伴
うものである場合は、社外取締役に利益相反の監督機能が強く期待されていることに鑑
みて、たとえ社外取締役の欠員が一時的なものであっても、取締役会決議の瑕疵として
軽微であるとは断言できないとする（白井正和「社外取締役の選任義務づけと業務執行の委
託」商事 2234 号（2020 年）5 ～ 6 頁。なお、部会第 17 回議事録 23 頁〔前田雅弘発言〕、部会
第 18 回議事録 17 頁〔田中亘発言〕・18 頁〔中東正文発言〕も参照）。

　こうした第二説は説得的であり、支持すべきであると思われるが、問題は、第二説の
下で、本取締役会決議の効力がどのように解されるかである。この点については、遅滞
なく社外取締役が選任されたというだけでは本取締役会決議は有効とされず、むしろ本
取締役会において、定時株主総会の目的事項としてどのような事項に関する決定をした
のかによって、本取締役会決議の効力が変わってくる可能性がある。たとえば、計算書
類の承認、剰余金の配当、取締役の選任といった通例的な目的事項についてだけ決定し
たのであれば、社外取締役の監督を及ぼすことが強く期待されているとまではいえない
という評価も可能であること、および、遅滞なく社外取締役が選任されたと評価できる
こと（これも瑕疵の重大性を考慮する一事情にはなる）をも勘案すると、社外取締役の欠
員は本取締役会決議の瑕疵として比較的軽微であって、本取締役会決議は無効にならな
いと解しうる。これに対し、たとえば、定時株主総会の目的事項として、少数株主の
キャッシュアウトのように利益相反の要素を伴う事項も含まれていた場合は、社外取締
役の監督を及ぼすことが強く期待されるため、社外取締役の欠員は、当該定時株主総会
の招集決定に係る本取締役会決議における瑕疵として決して軽微とはいえず、本取締役
会決議は無効であると解される。　　　　　　　　　　　　　　　　　　〔久保田安彦〕

## Case

　Case 57 と同様の事例において、社外取締役Xが死亡したのは、2021年7月初めであった。その後、A株式会社は、Xの後任の社外取締役を選任するなど社外取締役を補充することなく、2022年6月の定時株主総会で次の社外取締役Yの選任を提案し、これが可決された。この間、A株式会社は取締役会決議を重ねたが、2022年2月末に、B株式会社の株式の過半数を現金にて買収することにより子会社化する旨の取締役会決議を行った（以下、「本取締役会決議」という）。

　⑴　本取締役会決議の効力についてどのように考えるべきか。

　⑵　本取締役会決議は当時の取締役の全員一致で成立し、誰かが社外取締役として決議に参加していたとしても結論は異ならなかった。この場合における本取締役会決議の効力はどうか。

### ⑴について

　Case 57 で触れたように、社外取締役が欠けた場合における取締役会決議の効力をどのように考えるかという問題については、2つの見解が示されている。まず第一説は、遅滞なく（合理的な期間内に）新たな社外取締役が選任されたときは、その間にされた取締役会の決議は無効にならないとする見解である。これに対し、第二説は、社外取締役に期待される機能からみて、社外取締役を欠くことが取締役会決議における瑕疵としてどの程度重視されるべきか（社外取締役の欠員が取締役会決議の有効性を失わせるような本質的な問題といえるか）という観点から検討すべきであり、それは取締役会決議の内容によって異なりうるとする。

　第一説に立つ場合、本問では、2021年7月初めに社外取締役の欠員が生じた後、新たな社外取締役が選任されたのが2022年6月のことであり、およそ遅滞なく（合理的な期間内に）新たな社外取締役が選任されたとは評価できないため、本取締役会決議は無効であると解される。他方、第二説に立つ場合には、本取締役会決議の内容は、B株式会社の株式の過半数を現金にて買収することにより子会社化するというものであるため、そうした内容について、社外取締役の監督を及ぼすことが強く期待されていると評

価できるかどうかが重要になる。一義的な評価は容易でないが、仮にB株式会社の事業内容・規模・買収対価の額等に鑑みて、その子会社化がA株式会社の中長期的な企業価値に重要な影響を及ぼすものである（そのため取締役に決定を委任することができない重要事項（362条4項）にも該当する）といえる場合には、社外取締役の監督を及ぼすことが強く期待されているという評価が可能であると考えられる。そのことに加え、遅滞なく新たな社外取締役が選任されたとは評価できないこと（これは瑕疵の重大性を考慮する一事情になる）をも勘案すると、第二説に立つ場合でも、本取締役会決議は無効であると解すべきことになりそうである。

### (2)について

　それでは、本取締役会決議について、当時の取締役の全員一致で成立していたという事情があった場合はどうであろうか。この点について、仮にかかる事情から、誰かが社外取締役として決議に参加していたとしても結論は異ならなかったという評価を導くことができるのであれば、名目的取締役に招集通知を送らずに取締役会決議をした事例で、「その取締役が出席してもなお決議の結果に影響がないと認めるべき特段の事情があるときは、右の瑕疵は決議の効力に影響がないものとして、決議は有効になる」とした最判昭和44・12・2民集23-12-2396の見解を援用して、本取締役会決議は有効であると解する余地が生じる。

　ただし、そもそも問題にすべきは、本取締役会決議について、当時の取締役の全員一致で成立していたという事情から、誰かが社外取締役として決議に参加していたとしても結論は異ならなかったという評価を導くことができるかどうかである。なぜなら、前記最判昭和44年の事案とは異なり、本問では当該取締役（社外取締役）が選任されていないために、その者が出席したらどうであったのかの評価が困難である（部会第18回議事録18頁〔中東正文発言〕、松中学「社外取締役の活用等」ひろば73巻3号（2020年）43頁、白井正和「社外取締役の選任義務づけと業務執行の委託」商事2234号（2020年）5頁参照）うえに、名目的取締役ではなく社外取締役であり、コーポレート・ガバナンスに及ぼす影響が比較的大きく、当該取締役が出席していたとすれば、取締役会決議の結論が変わっていた可能性がないとは言い難い（部会第17回議事録23頁〔前田雅弘発言〕、部会第18回議事録17頁〔田中亘発言〕・18頁〔中東正文発言〕参照）という事情もあるからである。このように考えると、本取締役会決議の効力について、前記昭和44年最判が示した見解を援用して有効であると解する余地はあるものの、実際上、そうした余地は極めて限定的であるとみるべきであろう。

　　　　　　　　　　　　　　　　　　　　　　　　　　　　　　　　　　〔久保田安彦〕

# 59
# 社外取締役の選任が必要になった場合の取扱い

## Case

A株式会社は、監査役会設置会社（公開会社である）であって金融商品取引法24条1項の規定によりその発行する株式について有価証券報告書を内閣総理大臣に提出しなければならない会社である。また、A株式会社の定款上、事業年度の末日は3月31日である。A株式会社の資本金は、20X6年3月31日の時点では5億円に達していなかったが、同年4月末日、新株予約権の行使により増加し、5億円を上回ることとなった。

この場合、A株式会社としては、20X6年から20X8年までの6月末の定時株主総会において、社外取締役に関連していかなる義務があるか（20X6年から20X8年までにおいて、すべて旧法が適用される場合とすべて改正法が適用される場合に分けて論じること）。

【Before】

1 　監査役会設置会社（公開会社かつ大会社であるものに限る）であって金商法24条1項の規定によりその発行する株式について有価証券報告書を提出しなければならないもの（以下、「上場会社等」という）が、社外取締役を置いていない場合（③については、株主総会終結時に置いていないこととなる見込みである場合を含む）には、①定時株主総会において社外取締役を置くことが相当でない理由（以下、「不相当の理由」という）を説明すること（旧327条の2）、②事業報告に不相当の理由を記載すること（旧施規124条2項）、③社外取締役候補者を含まない取締役選任議案を提出しようとする株主総会の株主総会参考書類に不相当の理由を記載すること（旧施規74条の2第1項・2項）が必要である（→ Case 55）。

2 　A株式会社は、上場会社等に該当するための要件のうち「大会社」（2条6号）との要件を満たしていなかったが、20X6年4月末日に資本金が増加して5億円を上回り、「最終事業年度に係る貸借対照表に資本金として計上した額が5億円以上であること」という「大会社」に該当するための要件（2条6号イ）を満たすこととなった。

ここで、「最終事業年度に係る貸借対照表」とは、①原則として、438条2項により定時株主総会の承認を受けた最も新しい貸借対照表をいい（2条24号）、②438条2項

の適用がない会計監査人設置会社（439条前段）においては、439条により定時株主総会に報告された貸借対照表をいう（2条6号イ括弧書前段）（なお、本問では、2条6号イ括弧書後段の場合は考慮しない）。

3　A株式会社は、資本金が5億円を上回ったのが20X6年4月末日であるため、同年3月31日時点の貸借対照表（計上した資本金の額は5億円未満）が同年6月開催の定時株主総会において承認または報告されても、当該定時株主総会の時点では大会社の要件を満たさない。A株式会社が大会社の要件を満たすのは、20X7年3月31日時点の貸借対照表が同年6月開催の定時株主総会において承認または報告された時点である。

　前記1①②の規律は、「事業年度の末日において」上場会社等が社外取締役を置いていない場合に適用される（旧327条の2、旧施規124条2項）。A株式会社は、大会社の要件を満たした時点（20X7年6月開催の定時株主総会の時点）以降最初に到来する事業年度の末日である20X8年3月31日を基準として、同年6月開催の定時株主総会から、前記1①②の規律が適用されることとなる。したがって、A株式会社が同年3月31日の時点で社外取締役を置いていない場合は、同年6月開催の定時株主総会において不相当の理由を説明し、かつ、事業報告に不相当の理由を記載しなければならない。

　また、前記1③の規律の適用は、株主総会参考書類の作成時点が基準とされる（坂本三郎編著『一問一答平成26年改正会社法〔第2版〕』（商事法務・2015年）94～95頁）。6月開催の定時株主総会に係る株主総会参考書類は、通例5月に作成される（取締役会で決議する。298条4項・1項5号、旧施規63条3号イ）と考えられる。したがって、A株式会社は、大会社の要件を満たした時点（20X7年6月開催の定時株主総会の時点）以降最初に作成した20X8年6月開催の定時株主総会に係る株主総会参考書類から、前記1③の規律が適用されることとなり、A株式会社が社外取締役を置いていない場合等で、社外取締役候補者を含まない取締役選任議案を提出しようとするときは、株主総会参考書類に不相当の理由を記載しなければならない（なお、前記1①②の規律は定時株主総会に限って適用されるが、前記1③の規律は大会社の要件を満たした時点以降の臨時株主総会にも適用される）。

## 【After】

　上場会社等は、社外取締役を置かなければならない（新327条の2）。この規律は、【Before】1①②の規律とも1③の規律とも異なり、基準時の要件がない。

　したがって、A株式会社は、大会社の要件を満たした時点（20X7年6月開催の定時株主総会の時点）で、社外取締役の設置が義務づけられることとなる。それまでに社外取締役を置いていない場合は、20X7年6月開催の定時株主総会に社外取締役候補者を含む取締役選任議案を提出しなければならない（なお、改正法の経過措置につき、新附則5条参照→Case 55）。

[小磯孝二]

# 60
# 監査役設置会社の取締役会による重要な業務執行の決定の委任の可否

## Case

　　A株式会社は、監査役設置会社である。A株式会社においては、詳細な取締役会決議事項が定められている。そのため、機動的に業務執行の決定ができないばかりか、重要性が低いと思われる事項についても取締役会決議を経る必要があることから取締役会決議事項が多数となり、真に重要な事項について時間が足りず取締役会による十分な審議ができないという問題がある。

　　A株式会社において、取締役会は重要な業務執行の決定と監督機能を担う機関とし、より機動的な業務執行を図る方策があるか。

1　監査役設置会社は、重要な業務執行の決定を取締役会自身が行う必要がある（362条4項）。「重要」かどうかは、普遍的な意味での定量的な基準があるわけではなく、総合的な判断にならざるをえない（最判平成6・1・20民集48-1-1参照）。そこで、会社は、取締役会付議基準を保守的に設定するなど、取締役会付議事項が多数になる傾向があった（付議基準を満たさないものも保守的に判断し付議する例もあると聞く）。

　会社法の上記規律や解釈・運用は、近時、特に上場会社において社外取締役の導入が進められる中で、見直すべきではないかが議論されるようになった。

2　取締役会のあり方は各社各様であるが、抽象化し端的に述べると、20世紀後半の我が国の株式会社、特に上場会社のような大規模な会社は、取締役会は社内取締役で占められ、取締役会で議論または決議すべき事項は常務会等の法定でない会議体において議論が尽くされまたは事実上決定され、取締役会で質問・意見が述べられることは少なく、取締役会は短時間で終了する傾向にあった（大杉謙一「日本企業の取締役会の変遷と課題」経済産業省CGS研究会第1期第2回（平成28年7月19日開催）資料3参照）。

　21世紀に入ると、取締役会による業務執行に対する監督機能（モニタリング機能）を重視する流れが強まり、また、社外取締役の選任を促すためにコンプライ・オア・エクスプレイン・ルールを定めた平成26年の会社法改正（→ Case 55）を受け、社外取締役を選任する会社数は増加し、東京証券取引所の全上場会社では、同年に64.4%だった選任比率は、平成30年には97.7%となった（東京証券取引所「東証上場会社における社外取締役の選任状況及び『社外取締役を置くことが相当でない理由』の傾向について」（平成30

年8月1日）3頁）。

　取締役会に社外取締役が参加するようになると、社内取締役と同等には業界や当該会社の事情に通じていない社外取締役に対して、取締役会付議事項を丁寧に説明する必要が生じる。また、取締役会を議論の場とし、活性化させるためには、取締役会において、社外取締役のみならず、監査役や社内取締役も含め、発言が増加することとなる。さらに、基本的な経営方針や経営計画など、取締役会で時間をかけて議論すべき事項も増加している。ここで、取締役会付議基準を従来のままとすれば、取締役会で重要性の低い事項まで議論せざるをえず、重要な事項の議論にかける時間が不足する。

　また、事情に通じていない社外取締役が個別の業務執行の決定に逐一関与しなければならないとすれば、機動的な業務執行の決定を阻害し、あるいは、社外取締役が業務執行者による経営の監督に専念することが難しくなりかねない。

3　上記のような問題意識を受けて、中間試案においては、362条4項を見直し、監査役設置会社の取締役会は、取締役の過半数が社外取締役であることその他一定の要件を満たす場合には、その決議によって重要な業務執行の決定を取締役に委任できるものとする案が示された（中間試案第2部第2の2）。しかし、監査等委員会設置会社や指名委員会等設置会社への移行で対応可能である、監査役設置会社でも個別の事情に応じて任意の委員会を設置すること等で対応できている、かかる見直しをすると取締役会の監督機能や監査役の監査機能が低下するといった反対意見があり、見直しは実現しなかった（一問一答162頁、神田(5) 10～12頁参照。残された課題を指摘するものとして、飯田秀総「監査役設置会社の取締役会による重要な業務執行の決定の委任」商事2234号16頁参照）。

　他方、解釈・運用によりこの問題に対応しようとするものとして、「重要な業務執行の決定」の範囲は取締役会の監督機能や意思決定機能と調和的に解釈されるべきであるとして、具体的な考慮要素（任意の委員会の設置、社外取締役の選任、内部統制システムの構築・運用）を示したうえで、取締役会への上程が強制される範囲は限定的に考えるべきであると指摘するものもある（コーポレート・ガバナンス・システムの在り方に関する研究会「法的論点に関する解釈指針」（2015年7月24日公表、2016年3月18日差替え）参照）。ただし、362条4項の制約があるため、指名委員会等設置会社や監査等委員会設置会社と同等の範囲に限定することは困難であろう。

4　以上のような議論を踏まえ、A株式会社においては、取締役会の監督機能に比重を置くような体制・仕組みを整えつつ、取締役会付議基準を見直し、取締役会で意思決定すべき事項を真に「重要な」ものに限定することや、取締役や執行役への大幅な業務執行の決定の委任が可能な監査等委員会設置会社や指名委員会等設置会社への移行を検討することが考えられる。　　　　　　　　　　　　　　　　　　　　　［小磯孝二］

# 61
# 社債管理補助者制度の意義

## Case

会社Ⅹは、資金を調達するため、新たに、1口1億円、合計40億円の社債を無担保で発行しようとしている。会社Ⅹは、会社が仮に倒産した場合の手続を社債権者のために追行する第三者を選任するのがよいと考えているが、そのようなことは可能か。

## 【Before】

会社Ⅹが社債管理者を定めておけば、会社Ⅹが後日倒産した場合の倒産手続に属する行為をこの社債管理者が社債権者のために追行することとなる（706条1項2号）。

会社が社債を発行する場合には、社債管理者を設置し、社債権者のために、弁済の受領、債権の保全その他の社債の管理を行うことを委託しなければならないのが原則である（702条本文）。社債管理者は、会社法上、社債権者のために社債に係る債権の弁済を受け、または社債に係る債権の実現を保全するために必要な一切の裁判上または裁判外の行為をする権限を有しており（705条1項）、また、社債の全部についてする支払の猶予や、訴訟行為や倒産手続に属する行為などをする権限（旧706条1項）等を有している。社債管理者は、社債権者の法定代理人であると一般に解されており（江頭憲治郎編『会社法コンメンタール(16)』（商事法務・2010年）131頁〔藤田友敬〕参照）、社債管理者が社債権者のために裁判上または裁判外の行為をするときは、個別の社債権者を表示することを要しないものとされている（708条）。

もっとも、わが国において発行されている多くの社債については、社債管理者は設置されていないといわれている。社債の金額が1単位1億円以上である場合または社債が50単位未満の場合には、上記社債管理者の設置義務が適用除外とされており（702条ただし書、施規169条）、かかる適用除外に基づき発行がされている。社債管理者は、その包括的な権限（705条1項・旧706条1項等参照）と厳格な責任（704条・710条参照）から、成り手の確保に難があり、その設置に要するコストが高いため、実務においてその設置を避ける傾向があるようである（竹林ほか・別冊商事48頁）。

本問の社債は、1口1億円であることからすると、702条ただし書に定める例外要件を充足するものと考えられる。そして、このように社債管理者を設置せずに社債を発行

する場合には、実務上、財務代理人（FA）が選定されていることも多い。しかし、財務代理人は、あくまで発行会社のために社債事務の代行等をする第三者であるため、社債権者のために倒産手続を追行する権限は有しない。

　また、日本証券業協会は、社債管理者の設置義務が適用除外となる社債を対象に、契約に基づき、社債権者のために社債に係る事務手続や債権の保全等に関するサポート等を行う社債権者補佐人という名称の制度を検討し、公表している（日本証券業協会・社債市場の活性化に向けたインフラ整備に関するワーキング・グループ「社債権者補佐人制度に係る社債要項及び業務委託契約について」（平成28年8月24日））。しかし、代理行為の顕名の問題（708条により社債管理者による代理行為は個別の社債権者を表示する必要はないが、社債権者補佐人の場合にはこの例外の適用がなく、煩雑となる）や裁判手続等を当該第三者が行うことに関する弁護士法上の問題などが指摘されており（同ワーキング・グループ「社債権者保護の在り方について」（平成27年3月17日）、神田(6)7頁参照）、実務的にこの制度を利用して運用をすることも難しい。

　したがって、改正前においては、本問の社債について、社債管理者を設置する方法以外に、社債権者のために倒産手続の追行をする第三者を選任することは難しい。

## 【After】

　今回の法改正により、新たに社債管理補助者制度が創設され、社債管理者の設置義務の適用除外となる社債（担保付社債を除く）を対象に、会社が、社債管理者よりも裁量の狭い社債管理補助者を設置し、社債権者のために社債の管理の補助を行うことを委託することができるものとされた（新714条の2）。

　社債管理補助者の権限は、委託契約によって定められるものとされ、倒産手続の追行についても委託をすることができる（新714条の4）。社債管理者と同様に、社債管理補助者の行為については顕名（個別の社債権者を表示すること）は不要とされている（新714条の7・708条）。708条を含めて社債管理者の権限等に係る規定の多くが準用されていることからして、社債管理補助者の権限の性質は、社債管理者と同様に、法定代理権であると解するのが相当である。ただし、社債管理補助者は、社債権者による社債の管理を補助する第三者であり、社債権者のために自ら社債の管理を行う社債管理者とはその裁量に違いがある（竹林ほか・別冊商事49頁参照）。そのため、社債管理者よりも多くの行為について、社債権者集会の決議を得て行う必要がある（新706条1項・714条の4第3項参照）。

　したがって、改正後は、社債管理者だけでなく、社債管理補助者を設置することによっても、第三者に対して倒産手続の追行を委託することができるようになる。

［邉　英基］

# 62
# 募集事項

## Case

会社Ｘは、社債管理補助者を設置のうえ、1口1億円、合計40億円の社債を発行しようとしている。この場合、会社Ｘは社債の募集事項として何を定めればよいか。

【Before】

改正前においては社債管理補助者は存在しないため、参考までに以下、社債管理者を前提として論じる。

会社は、その発行する社債を引き受ける者の募集をしようとするときは、その都度、募集社債について、会社法所定の事項を定めなければならず、これを募集事項という（旧676条、旧施規162条）。

募集事項の決定は、業務執行の決定であることから、会社Ｘが取締役会設置会社の場合、取締役会の決議事項（362条2項1号等）であり、取締役会設置会社以外の株式会社の場合、原則として取締役の過半数をもって決定する（348条2項）（江頭憲治郎編『会社法コンメンタール(16)』（商事法務・2010年）17頁・18頁〔今井克典〕参照）。

募集事項の内容としては、主に募集社債の総額（676条1号）、各募集社債の金額（同条2号）、募集社債の利率（同条3号）、募集社債の償還・利息支払の方法および期限（同条4号・5号）、などがあり、会社Ｘが発行しようとしている社債の「合計40億円」は、「募集社債の総額」に該当し、「1口1億円」は、「各募集社債の金額」に該当する。

また、会社Ｘが発行しようとしている社債は、702条ただし書に該当し、社債管理者を設置する必要がないが、社債管理者を設置する（同条本文）場合には、以下の事項を規定しなければならない。

・社債管理者が社債権者集会の決議によらずに訴訟行為・法的倒産手続に属する行為をすることができることとするときは、その旨（676条8号）
・社債管理者の委託契約に定める法定権限以外の権限（約定権限）の内容（施規162条4号）
・社債管理者の委託契約に定める辞任（約定辞任）の事由（→ Case 68）（旧施規162条5号）

募集事項の一部の内容は社債原簿に記載される社債の種類をも構成する（旧681条1号）。社債原簿は、株式における株主名簿に相当するものであるが、振替社債の場合、

社債権者の権利は、振替口座簿によって規律されることから、社債権者の氏名等は記載されず、専ら会社と社債権者の間の権利関係を把握するために利用される点にその機能があるとされる（江頭編・前掲 57 頁〔野田博〕参照）。

　社債の種類には、社債管理者を設置する社債および設置しない社債の共通の事項として、社債の利率、社債の償還・利息支払の方法および期限などが含まれるが、社債管理者を設置する社債には、加えて社債管理者の委託契約の内容などもこれに含まれる（旧施規 165 条 6 号・8 号）。

## 【After】

　改正法では、募集事項に「社債管理者を定めないこととするときは、その旨」（新 676 条 7 号の 2）、「社債管理補助者を定めることとするときは、その旨」（同条 8 号の 2）が新たに規定された。社債管理補助者制度の新設に伴い、社債管理者を定めることを要しない場合には、社債管理者または社債管理補助者のいずれかを任意に定めることができることとなるため、両者が混同されることを防ぐ観点から、規定が新設されたものである（神田(6) 11 頁参照）。

　上記も踏まえ、会社 X が発行しようとしている社債は、702 条ただし書に該当し、社債管理者を設置する必要がないが、社債管理補助者を設置する場合、募集事項には以下の事項を規定しなければならない。

- ・社債管理者を定めない旨および社債管理補助者を定める旨
- ・社債管理補助者の委託契約に定める辞任（約定辞任）（→ **Case 68**）の事由（新施規 162 条 5 号）
- ・社債管理補助者の委託契約に定める新 714 条の 4 第 2 項各号の権限の内容および法が定める権限以外の権限の内容（新施規 162 条 6 号）
- ・新 714 条の 4 第 4 項の規定による社債の管理に係る事項の報告または同項に規定する措置に関する定め（新施規 162 条 7 号）

　また、社債原簿の社債の種類についても、社債管理補助者を設置する場合には、以下の点が含まれることとなる。

- ・社債管理者を定めない旨および社債管理補助者を定める旨（新施規 165 条 6 号・8 号）
- ・社債管理補助者の氏名または名称および住所ならびに社債管理補助者の委託契約の内容（新施規 165 条 11 号）

　なお、本改正で、「社債管理者を定めないこととするときは、その旨」（新 676 条 7 号の 2、新施規 165 条 6 号）が新たに規定されたことにより、会社 X が社債管理者も社債管理補助者も設置しない社債を発行しようとする場合にも、募集事項・社債の種類の記載事項に、社債管理者を定めない旨を規定する必要がある。　　　　［田村　篤・渡邉展行］

# 63
# 社債管理者・受託会社との関係

## Case

会社Xは、社債管理補助者と社債管理者の双方を設置することはできるか。また、担保付社債に社債管理補助者を設置することはできるか。

【Before】

旧法には社債管理補助者の制度はなかったため、社債管理補助者を設置することはできない。

【After】

令和元年改正によって導入された社債管理補助者の制度は、社債管理者が置かれない社債について、社債発行会社の選択によって任意に社債管理補助者を置くことを認める制度であり、社債管理補助者と社債管理者の双方を設置することはできない。

702条本文では、社債を発行する場合には原則として社債管理者を設置することが義務づけられているものの、同条ただし書では「各社債の金額が1億円以上である場合」等には例外として社債管理者を設置しないことが認められており、実務上はただし書に基づいて社債管理者を設置しないことが多いとされていた。社債管理者が設置されないことが多い理由としては、社債管理者の権限が広く、その義務や責任が厳格であることから、社債管理者の設置のコストが高いことやなり手の確保が難しいことが指摘されていた。しかし、社債管理者が設置されていないと、社債について債務不履行が発生した場合に社債権者の保護が図られないおそれがある。この問題点を解消するためには、契約に基づいて社債を管理する機関を自主的に設置することも考えられるが、この方法によった場合には債権届出等の手続を行う場合に個別の社債権者の代理人となることが必要になるといった不都合があることが指摘されていた。そこで、令和元年改正では、社債管理者を置かない場合に、社債管理者よりは権限が狭く、裁量の余地が限定されており、資格要件も緩やかである社債管理補助者を設置することができる旨の規定が新設された（新714条の2。以上、神田(6)7頁）。

このように、社債管理補助者の制度は、社債管理者がいない場合に生じうる問題点に対応するための制度である。また、社債管理補助者の制度の下では、社債権者自身が社

債管理を行い、社債管理補助者は限られた範囲において社債管理を補助するのに対し、従前からの社債管理者の制度の下では、社債管理を行うのは社債管理全般を委託された社債管理者である点において、両制度は誰が社債管理を行うかについての前提を異にする。以上の点から、社債管理者と社債管理補助者を重複して設置することは想定されておらず、認められない。具体的には、新714条の6は、社債管理者の委託に係る契約の効力が生じた場合には、社債管理補助者の委託に係る契約は終了する旨を規定している。これにより、先に社債管理補助者を設置している場合に社債管理者を設置した場合には、社債管理者の委託契約の効力が発生した時点で社債管理補助者の委託契約は終了することになる。また、同条の趣旨から、先に社債管理者が設置されている場合に社債管理補助者の委託契約を締結しようとしても、社債管理補助者についての委託契約は効力を生じないと解することになろう。

　次に、社債が担保付社債である場合は社債管理補助者を設置することができる場合から除かれており（新714条の2ただし書）、社債管理補助者を設置することはできない。担保付社債については担保付社債信託法2条1項により受託会社を定めることが義務づけられており、この受託会社が社債権者のために社債の管理をすることとされる（担保付社債信託法2条2項）。この受託会社は、担保付社債の管理に関して、原則として社債管理者と同一の権限を有し、義務を負う（同法35条）。上述したように、社債管理補助者の仕組みは社債権者のために社債を管理する者がいない場合に対応するための制度であるため、受託会社が定められている担保付社債については社債管理補助者を利用できる場合から除外されていると理解できる。　　　　　　　　　　　［松元暢子］

# 64
# 社債管理補助者の権限

**Case**

　会社Xは、Y銀行を社債管理補助者として設置しようとしているが、社債
管理補助者の権限について以下のようなアレンジをすることは可能か。
　①　社債の弁済受領権限だけを与えること
　②　倒産手続に関しては、社債権者集会による承認なしに、包括的な裁量
をもって追行する権限を与えること

【Before】
　旧法には社債管理補助者の制度はなかったため、ここでは、社債管理者について検討
する。
　社債管理者は「社債権者のために社債に係る債権の弁済を受け、又は社債に係る債権
の実現を保全するために必要な一切の裁判上又は裁判外の行為をする権限を有する」
(705条1項)。この権限は、法の規定に基づいて生ずるものであり、契約に基づくもの
ではない(上柳克郎＝鴻常夫＝竹内昭夫編『新版注釈会社法(10)』(有斐閣・1988年) 117頁
〔藤井俊雄〕参照)。また、社債管理者にこうした権限が与えられている理由には、社債
権者が個別的な償還を受けることによる不便を除くことの他に「社債の公衆性・継続
性・集団性に鑑み、社債の終局的目的たる償還についての社債権者の保護の徹底を期」
すること(同116頁)も含まれる。そうすると、社債管理者について、①社債の弁済受
領権限だけを与えることはできない。
　次に、社債管理者に倒産手続について社債権者集会による承認なしに包括的な裁量を
もって追行する権限を与えることができるかを検討する。706条1項2号により、「当
該社債の全部についてする訴訟行為又は破産手続、再生手続、更生手続若しくは特別清
算に関する手続に属する行為(前〔705〕条1項の行為を除く。)」については、社債権者
集会の決議によらなければ社債管理者が行為をすることができないが、例外的に、募集
社債に関する事項の中で、社債権者集会決議を不要とする旨を定めることが認められて
いる(706条1項2号・同項ただし書・676条8号)。そのため、706条1項2号に含まれる
倒産手続については、募集社債に関する事項の中で定めることにより社債権者集会の決
議によることを不要とすることができる。なお、倒産手続の中には、債権届出のように

706条1項2号ではなく705条1項にあたると解されているものや、706条1項2号と705条1項のどちらに該当するのかについて争いがあるものもあるが（江頭憲治郎編『会社法コンメンタール(16)』(商事法務・2010年)149頁〔藤田友敬〕）、705条1項にあたる行為については、706条1項2号括弧書により、社債権者集会の決議が必要とされる706条1項の適用対象となっていないため、社債権者集会の決議によらずに行うことができる。

　以上より、社債管理者については、②倒産手続に関しては、募集社債に関する事項に定めておくこと等により、社債権者集会による承認なしに、包括的な裁量をもって追行する権限を与えることが可能である。

## 【After】

　社債管理補助者が有する権限は、社債管理補助者が必ず有する権限（新714条の4第1項）と、委託契約で定めることにより有する権限（同条2項参照。限定列挙ではないとされる（神田(6)9頁））とからなる。なお、社債管理者の権限についても同様に必ず有する権限と委託契約で定めることにより有する権限とに整理されるが、社債管理者が必ず有する権限は社債管理補助者のそれよりも広い。たとえば、社債に係る債権の弁済を受ける権限については社債管理者は必ず有するが（705条1項）、社債管理補助者の場合には委託契約で定めることで有する（新714条の4第2項1号）。

　社債管理補助者が委託契約で定めることにより有する権限のうち、新714条の4第3項に規定される行為については、社債権者集会の決議によらなければ行うことができない。社債管理者であれば社債権者集会の決議によらずにすることができる行為であっても、社債管理補助者の場合には社債権者集会の決議によらなければならないものがある。これは、社債管理補助者の権限を限定する観点から、性質上裁量の余地が限定されているとはいえない行為については、社債管理補助者については社債権者集会の決議による承認を要求したためである（神田(6)9〜10頁）。

　本問について検討すると、①について、新714条の4第1項が規定する権限は社債管理補助者が必ず有する権限であり、これらの権限を与えずに、社債管理補助者に社債の弁済受領権限だけを与えることはできない。

　次に、②について、社債管理補助者の場合には、倒産手続に属する行為のうち、新714条の4第1項1号の権限、すなわち、債権の届出をする権限以外については委託契約で定めることにより有する権限とされており（新714条の4第2項）、さらに、債権の届出および弁済の受領以外については、それが社債の全部についてする手続に属する行為であれば、社債権者集会の決議によらなければ行うことができないと整理されている（同条3項）。そのため、社債管理補助者の場合には、社債管理者の場合と異なり、②倒産手続に関して、社債権者集会による承認なしに、包括的な裁量をもって追行する権限を与えることはできない。

〔松元暢子〕

# 65
# 社債管理補助者の資格・複数の社債管理補助者

## Case

　会社Ｘは、弁護士であるＡとＹ銀行をそれぞれ社債管理補助者として設置しようとしており、倒産手続や裁判手続についてはＡが担当し、支払関係についてはＹ銀行に担当させようとしている。

　⑴　弁護士ＡとＹ銀行は、社債管理補助者となる資格があるか。

　⑵　弁護士ＡとＹ銀行に資格があるとして、このように業務を分担させることは可能か。

【Before】

　改正前においては社債管理補助者は存在しないため、参考までに以下、社債管理者を前提として論じる。

　社債管理者の資格要件については、銀行、信託会社およびこれらに準ずるものとして法務省令で定める者に限定されている（703条、施規170条）。この趣旨は、社債管理者には債権管理の能力が要求されるから、あるいは社債管理者にふさわしい信用を有する者に限定する必要があるからとされている（江頭憲治郎編『会社法コンメンタール(16)』（商事法務・2010年）135頁〔藤田友敬〕）。

　なお、社債管理者は、社債権者のために社債に係る債権の弁済を受け、または社債に係る債権の実現を保全するために必要な一切の裁判上または裁判外の行為をする権限を有するとされている（705条1項）。

　また、複数の社債管理者が設置される場合、社債管理者は共同して法定権限や約定権限に係る行為をしなければならない（709条1項。「合手的行動義務」といわれる）。1つの社債管理者による専断を許さない趣旨である（江頭編・前掲157頁〔田澤元章〕）。

【After】

⑴について　　社債管理補助者制度でも、社債管理補助者になることができる者が法定されており、社債管理者になることができる者（銀行等）に加え、弁護士および弁護士法人がその資格を有する（新714条の3、新施規171条の2）。社債管理補助者は、社債管理者に比べると裁量の余地の限定された権限のみを有することから（→ Case 64）、

資格要件はより緩やかに考えることでよいものとされたためである（一問一答167頁）。

　なお、弁護士や弁護士法人が社債管理補助者となるにあたっては、利益相反行為等への懸念に対する弁護士会の会則等によるルール作りが求められた結果（神田(6)8頁）、日本弁護士連合会は、「社債管理補助者に関する指針」を定めた（令和2年2月21日理事会議決）。

**(2)について**　　社債管理補助者制度は、社債管理者制度と同様に（709条参照）、複数の社債管理補助者を設置することを認めているが（新714条の5参照。→ Case 63）、両制度における業務分担の制度設計は異なる。

　社債管理補助者制度では、複数の社債管理補助者が設置される場合、社債管理補助者は各自がその権限に属する行為をしなければならない（新714条の5第1項）。これは、社債管理補助者の権限は社債管理者よりも裁量の余地の限定されたもので、その行使を他の社債管理補助者と共同して行うものとする実益は乏しく、また共同行使は迅速かつ円滑な事務の遂行の妨げともなりかねないと考えられた点にある（一問一答176頁）。

　このように、社債管理補助者制度は、社債管理者制度と異なり、社債管理補助者ごとの業務分担を許容する点に特徴がある。もっとも、業務分担が許容されるのは、社債の管理の補助を委託する契約（以下、「委託契約」という）に基づき付与される権限に限られ、社債管理補助者が必ず有する権限（新714条の4第1項）（債権の届出等）については、社債管理補助者がそれぞれ固有の権限を有すると解され、いずれかの社債管理補助者のみに業務分担させることは認められない（補足説明第3部第1の1(4)商事60〜61頁、同(7)商事63頁）。

　なお、複数の社債管理補助者が同一の権限を有する場合には、社債管理者制度と異なり、共同して権限を行使することを法は要求していない（新714条の5第1項）。ただし、社債権者保護の観点から、権限の行使に関して複数の社債管理補助者が当該損害を賠償する責任を負うときには連帯責任を負うこととしている（同条2項。→ Case 66・67）。

　したがって、「倒産手続や裁判手続についてはAが担当」という業務分担は、①当該行為が新714条の4第1項の権限に基づく場合には認められず、弁護士AとY銀行の各自が権限を有し、②当該行為が同項以外の権限に基づく場合には、委託契約に当該権限の主体を規定することで認められると考える。一方、「支払関係についてはY銀行」という業務分担は、支払関係が同条2項1号に規定する弁済受領権限を指すと考えられることから、委託契約において当該権限の主体を規定することで認められると考える。なお、弁済受領権限については、倒産手続における配当受領のほか、約定に基づく元本・利息の受領も含まれるが、振替社債の場合、約定に基づく元本・利息は㈱証券保管振替機構が運営する一般債振替制度を通じ社債権者に支払われることから、当該約定権限の主体は、実務上、同制度に参加することができる者（銀行等）に限られよう。

[田村　篤・渡邉展行]

# 66
# 社債管理補助者の責任①

## Case

　会社Ｘは、Ｙ銀行を社債管理補助者として設置しようとしているが、Ｙ銀行との間で軽過失による責任をＹ銀行は一切負わないものとする定めを委託契約に定めようとしている。このようなことは可能か。

【Before】

　旧法には社債管理補助者の制度はなかったため、ここでは、社債管理者の負う義務と責任について検討する。

　社債管理者の義務を規定するのは 704 条であり、704 条 1 項は社債管理者の公平誠実義務を、同条 2 項は社債管理者の社債権者に対する善管注意義務を定めている。この公平誠実義務・善管注意義務が「社債の管理」について規定されていることとの関係で、従来は、公平誠実義務・善管注意義務が社債管理者の法定権限（法律上与えられた権限）の行使についてのみ及ぶのか、それとも、社債管理委託契約等に基づく権限である約定権限にも及ぶのかについて争いがあったが、現行法の解釈としては、約定権限の行使についても社債管理者の公平誠実義務・善管注意義務が及ぶと解すべきことについて異論はないとされている（江頭憲治郎編『会社法コンメンタール(16)』（商事法務・2010 年）137 ～ 138 頁〔藤田友敬〕）。

　この 704 条は強行法的規律であり、社債管理者の義務を軽減する特約は許されない（江頭編・前掲 137 頁〔藤田〕参照）。

　社債管理者の責任については 710 条に規定が置かれている。710 条 1 項は、「社債管理者は、この法律又は社債権者集会の決議に違反する行為をしたときは、社債権者に対し、連帯して、これによって生じた損害を賠償する責任を負う」と定めており、同条 2 項は、社債管理者の利益と社債権者の利益とが相反する一定の利益相反行為の類型について、誠実義務違反および因果関係のある損害の証明責任を社債管理者側に転換している（同項について→ Case 67）。この 710 条 1 項と 2 項はいずれも強行規定であり（江頭編・前掲 167 頁・170 頁〔田澤元章〕、上柳克郎＝鴻常夫＝竹内昭夫編『新版注釈会社法〔第 2 補巻〕』（有斐閣・1996 年）212 頁・215 頁〔江頭憲治郎〕）、同条の定める責任を免除・軽減する特約を設けても無効である。

以上より、会社 X と Y 銀行との間の委託契約に軽過失による責任を免責する旨の定めを置いても、当該規定は無効であると解される。

## 【After】

　令和元年改正法で新たに導入された社債管理補助者については、新714条の7により、社債管理者についての規定の多くが社債管理補助者に準用されている。

　まず、社債管理者の公平誠実義務・善管注意義務を定めた704条が社債管理補助者に対して準用されており、社債管理補助者も公平誠実義務・善管注意義務を負う。ただし、公平誠実義務や善管注意義務の具体的な内容は、与えられた権限の内容や委託の趣旨によって異なることから、社債管理者よりもその権限が限定されている社債管理補助者の義務の内容は狭まり、義務違反が問われうる場合も社債管理者と比べると限定的であると考えられる（神田(6)8頁）。社債管理補助者に準用される場合にも、上記のとおり704条は強行法的規律であることから、社債管理補助者の義務を軽減する特約は認められないと解される。

　社債管理者の責任を規定した710条については、新714条の7が、710条1項のみを社債管理補助者について準用している。なお、710条2項は社債管理補助者について準用されていないことに注意が必要である。同項は社債管理者と社債権者との利益が相反するおそれのある一定の行為について誠実義務違反および因果関係のある損害についての証明責任を社債管理者側に移転した規定であるところ、社債管理補助者は社債管理者よりも裁量の余地の限定された権限のみを有することなどから、同項と同様の規定を設ける必要まではないと考えられ、準用されなかったものである（補足説明第3部第1の1(8)イ商事63頁）。

　社債管理補助者についても、社債管理者と同様に、善意でかつ重大な過失がない善管注意義務違反に関して事前に免責すること等は認められないと説明されており、その理由としては、①社債管理補助者は、社債管理者と同様に、当然に適切な社債の管理を行うインセンティブを有しているものではなく、また、②社債管理補助者との委託契約は、これも社債管理者との委託契約と同様に、社債権者ではなく、発行会社と社債管理補助者になろうとする者との間で締結されるため、契約締結当事者となる両者が社債管理補助者の義務は軽いほうが良いと考えるおそれもあるからであることが指摘されている（補足説明第3部第1の1(3)ウ商事60頁）。そうすると、軽過失による責任を負わないものとする特約を委託契約に置いたとしても、当該規定は無効であると解される。

　以上より、社債管理補助者についても、委託契約に Y 銀行は軽過失による責任を一切負わない旨の定めを置いたとしても、当該定めは無効である。　　　　　　　［松元暢子］

# 67
# 社債管理補助者の責任②

## Case

社債管理補助者であるX銀行は、発行会社Yに1000万円の貸付けを別途行っている。X銀行は、当該貸付債権について担保の提供を受けた。その2か月後に発行会社Yが支払停止に陥った場合に、社債権者がX銀行に対して当該担保提供に関して責任を追及するためには、どのような事項を立証しなければならないか。

## 【Before】

社債管理者の場合について検討する。710条2項は、社債発行会社が支払停止に陥った後、または支払停止に陥る前3か月以内に社債管理者が自らの債権に係る債務について社債発行会社から担保供与を受けるなどの同項各号に掲げる行為をしていた場合には、原則として社債管理者に対して社債権者に対して「損害」を賠償する責任を負わせることとしている。ただし、社債管理者が①誠実義務に違反していなかったこと、または②当該「損害」と社債管理者による当該行為との間に因果関係がないことについて証明することができた場合には、社債管理者はその責任を負わないものとされる。同項は、各号に掲げる利益相反行為について誠実義務違反および損害と利益相反行為との間の因果関係の立証責任を転換するものであり、特に厳格な責任が規定されているのは、社債管理者は発行会社の取引銀行として貸付債権を有する場合も少なくないところ、発行会社の財務状況が悪化した場合、自己の債権の保全・回収を社債権の保全・回収よりも優先させてしまう可能性があるためである（江頭憲治郎編『会社法コンメンタール(16)』（商事法務・2010年）170頁〔田澤元章〕）。

したがって、本問で、社債権者がX銀行に対して責任を追及するためには、X銀行がYが支払停止に陥る2か月前（＝「支払の停止……の前3箇月以内」（710条2項本文））に自らの貸付債権について担保の提供を受けたこと（同項1号）、および「損害」の額を立証すれば足りることになる。そして、X銀行が、これを受けて、自らに誠実義務違反がないことや社債権者の「損害」とX銀行の行為との間に因果関係がないことを立証することができなければ当該「損害」についての賠償責任を負うこととなる。

ただし、社債権者が立証すべき「損害」については、社債管理者の行為がなければ社

債権者が発行会社から受けたであろう弁済額と社債権者が実際に受けた弁済額との差額を「損害」と考えたうえで、「ただ、〔710条2項〕は社債権者保護のため、損害額の証明責任を社債権者に有利に転換したと解すべきであるから……、〔710条〕2項本文の解釈として、〔担保供与等〕の行為により〔社債管理者〕が得た利益の額を社債権者が立証すれば、それにより損害額が証明されたことになる旨を規定したものと解すべき」であり、「〔社債管理者〕が得た利益が発行会社の破産財団等に帰属していたと仮定すれば各社債権者が得られたであろう配当等の増加額が、本項に言う各社債権者の損害額であると解すべき」とする有力な考え方がある（上柳克郎＝鴻常夫＝竹内昭夫編『新版注釈会社法〔第2補巻〕』（有斐閣・1996年）216頁〔江頭憲治郎〕）。この考え方に従うと、社債権者は「損害」として、担保の提供により社債管理者が得た利益の額を立証すればよいことになる。

## 【After】

社債管理補助者については新714条の7により、社債管理者に関する多くの規定が準用されるが、710条については、1項のみが準用され、2項は準用されていない。これは、社債管理補助者は社債管理者よりも裁量の限定された権限のみを有すること等から、重大な利益相反行為を行う懸念が類型的に小さいと考えられ、同項と同様の規定を設ける必要まではないと考えられたこと、厳格な規定を適用することにより、社債管理者のなり手の確保が難しくなる懸念があることが理由である（一問一答173頁）。

710条2項が準用されない結果、本問では社債権者は同条1項を根拠としてX銀行の責任を追及することになる。本問では社債権者と社債管理補助者の利益相反が問題とされており、X銀行が誠実義務（704条1項）に違反したかどうかが問題となる。

したがって、社債権者としては、①X銀行の行為が704条1項に定められる誠実義務に違反すること、②X銀行の行為と因果関係のある損害が発生していることを立証する必要がある。

①社債管理補助者の誠実義務の具体的な内容はその者が付与されている権限によって当然に異なると考えられるところ、特に、債権届出を行う権限といった最低限度の法定権限しか与えられていない者の負う誠実義務の内容は、社債管理者が負う誠実義務の内容よりも狭いと考えられる。そして、最低限の権限しか与えられていない社債管理補助者が自らの債権についての債権回収をしたとしても、誠実義務違反にはあたらないという解釈が示されており、妥当である（神田秀樹ほか「【座談会】『会社法制（企業統治等関係）の見直しに関する要綱』の検討」ソフトロー研究29号（2019年）129頁〔藤田友敬発言〕）。

②因果関係のある損害としては、社債管理補助者の誠実義務違反の行為がなければ社債権者が発行会社から受けたであろう弁済額と社債権者が実際に受けた弁済額との差額を立証することになる。

［松元暢子］

# 68
# 社債管理補助者の辞任

## Case
社債管理補助者は、どのような場合に辞任することができるか。

【Before】

　改正前においては社債管理補助者は存在しないため、参考までに以下、社債管理者を前提として論じる。

　社債管理者の辞任については、会社法は711条に規定を置き、以下の場合に社債管理者は辞任することができる。

　①　社債発行会社および社債権者集会の同意を得た場合（同意辞任）

　②　委託契約に定めた事由による場合（約定辞任）

　③　やむを得ない事由があり、かつ裁判所の許可を得た場合（許可辞任）

　なお、許可辞任における「やむを得ない事由」とは、社債管理者として社債の管理の事務を行うことを著しく困難とするような事態が生じた場合をいう。たとえば、社債管理者の財務状況が著しく悪化し、社債の管理の事務を全うすることができなくなった場合などがこれにあたる（江頭憲治郎編『会社法コンメンタール(16)』（商事法務・2010年）195頁〔田澤元章〕）。

　委託契約は、民法上の委任であることから、本来は、いつでもその一方的意思表示によりその契約を解除することができるはずである（民法651条1項）。しかしながら、いかなる者が社債管理者であるかは、発行会社にとってはその社債の信用に影響があり、また社債権者にとってはその社債の管理に影響があることから、社債管理者と発行会社との間の社債管理委託契約については、民法上の原則に一定の制限を設けることで、社債権者および発行会社の利益を保護するものである（江頭編・前掲190頁〔田澤〕参照）。

　社債管理者が同意辞任または許可辞任する場合には、事務を承継する社債管理者を定めなければならない（同意辞任については辞任する社債管理者の義務（711条1項）、許可辞任については発行会社の義務（714条1項2号）として規定）。なお、約定辞任については、委託契約にあらかじめ事務を承継する社債管理者に関する定めがなされなければならない（711条2項）。

　会社法は、社債権者保護のため原則として社債管理者の設置を強制しているが（702

条)、当該趣旨は社債発行後にも貫徹されなければならないからである（江頭編・前掲191頁・193頁〔田澤〕、同204頁〔清水真希子〕参照）。

　もっとも、社債管理者が複数設置されている場合においては、事務を承継する社債管理者を定める必要はないとされている（同意辞任につき711条1項、許可辞任につき714条1項本文「他に社債管理者がないときは」）。社債管理者は共同して法定権限や約定権限に係る行為を行うことから（709条1項）、その一部の者が辞任したとしても、他の社債管理者の法定権限・約定権限に影響を与えることはなく、引き続き社債管理者である者はその法定権限・約定権限を変わらずに行使できるからである。

　なお、社債管理者の資格喪失、解任または解散時も、許可辞任と同様、他に社債管理者がないときは、発行会社は事務を承継する社債管理者を定めなければならない（714条1項1号・3号・4号）。

## 【After】

　社債管理補助者の有無は、社債権者の社債の管理の方法等に影響を与えることから（補足説明第3部第1の1(9)商事63頁）、その辞任に関しても、基本的に社債管理者の辞任に関する規律が維持されている。新714条の7は、社債管理者の辞任に関する711条を準用し、【Before】の①〜③と同様の場合に社債管理補助者は辞任できるとしている。

　社債管理補助者が同意辞任または許可辞任する場合は、社債管理者の辞任と異なり、他の社債管理補助者がいるときであっても、辞任する社債管理補助者（同意辞任の場合）または社債発行会社（許可辞任の場合）は辞任する社債管理補助者の事務を承継する者を定めなければならない（新714条の7、711条1項・714条1項2号）。これは、会社法上、複数の社債管理者が設置されている場合、社債管理者は同一の権限を共同して行使しなければならないとされている（709条1項）のに対し、複数の社債管理補助者が設置されている場合、社債管理補助者は各自がその権限に属する行為をしなければならないとされており（新714条の5第1項→Case 65）、辞任せず引き続き社債管理補助者の地位にある者が、辞任する社債管理補助者の権限と同一の権限を有するとは限らないからである（補足説明第3部第1の1(9)商事63頁）。

　社債管理補助者の約定辞任による事務の承継については、社債管理者と同様に、委託契約にあらかじめ事務を承継する社債管理補助者に関する定めがなされていなければならない（新714条の7、711条2項）。当該定めにおいても、上記の社債管理補助者の具体的な権限を踏まえる必要があろう。

　なお、社債管理補助者の資格喪失、解任、死亡または解散時も、許可辞任と同様、他に社債管理補助者がいる場合でも、発行会社は、辞任する社債管理補助者の事務を承継させる者を定める必要がある（新714条の7、714条1項1号・3号・4号。なお、解任制度については→Case 69）。

〔田村　篤・渡邉展行〕

# 69
# 社債管理補助者の解任

## Case

社債権者Ｘは、社債管理補助者Ｙ銀行の事務の処理に不満を持っており、Ｙ銀行を解任したいと考えている。社債権者ＸはどのようにしたらＹ銀行を解任することができるのか。

【Before】

改正前においては社債管理補助者は存在しないため、参考までに以下、社債管理者を前提として論じる。

社債管理者の解任については、会社法は713条に規定を置き、発行会社または社債権者集会の申立てにより、裁判所は、社債管理者がその義務に違反したとき、その事務処理に不適任であるときその他正当な理由があるときは、社債管理者を解任できる。

本来委託契約は、民法上の委任として、委任者たる発行会社は一方的に委託契約を解除して解任することができるはずである（民法651条1項）。しかしながら、社債管理者は社債権者の法定代理人たる地位を有することから、その地位を発行会社の一存で失わせるのは相当ではないので、社債管理者の解任を契約当事者の自治に任せず、裁判所がこれを行うものとしている（江頭憲治郎編『会社法コンメンタール(16)』（商事法務・2010年）199頁〔田澤元章〕参照）。

本問のＹ銀行が社債管理者である場合、社債権者Ｘとしては、(i)発行会社に対し裁判所への解任の申立てを促すか、(ii)社債権者集会を通じて裁判所への解任の申立てを行うこととなる。社債権者集会を招集するためには、自らが同一の種類の社債の未償還残高の10分の1を保有する場合には単独で、自らが同一の種類の社債の未償還残高の10分の1を保有しないのであれば10分の1に満つるまでの当該種類の他の社債権者と共に、発行会社または社債管理者に対し社債権者集会の招集の請求を行い、裁判所への解任の申立てを決議することとなる（旧718条1項）。裁判所への解任の申立てのための社債権者集会の決議要件は普通決議（724条1項）である。

裁判所による社債管理者の解任の要件としては、①その義務に違反したとき、②その事務処理に不適任であるときその他正当な理由があるときがあるが、具体的には、前者は公平誠実義務および善管注意義務に違反する場合があたるとされ、後者は社債管理者

の資力の著しい悪化や信用の低下などを意味するとされている（江頭編・前掲200頁・201頁〔田澤〕参照）。したがって、社債権者XのY銀行に対する不満の内容が上記に該当する場合には、解任が認められると考えられる。

社債管理者が解任された場合には、社債発行会社は、事務を承継する社債管理者を定めなければならないが、これを定めるためには社債権者集会の同意を得るか、同意を得られなかったときは、裁判所の許可を得なければならない。ただし、社債管理者が複数設置されている場合においては、事務を承継する社債管理者を定める必要はないとされている（714条1項3号→ Case 68）。

## 【After】

社債管理補助者の有無は、社債権者の管理の方法等に影響を与えるものであることから（補足説明第3部第1の1⑼商事63頁）、その解任についても、辞任の場合と同様に、社債管理者に関する規定（713条（解任）、714条（事務の承継））を準用している（新714条の7）。したがって、基本的には、前述の社債管理者制度と同様の手続に則って、解任手続を進めることとなる。

ただし、社債管理補助者は、社債管理者と異なり、2以上の社債管理補助者がある場合における権限の行使について、各自がその権限に属する行為をするものとされていることから、社債管理者制度とは異なり、他に社債管理補助者があるかどうかにかかわらず、社債管理補助者の事務を承継させる者を定める必要がある（新714条の7、714条1項前段→ Case 68）。

裁判所による社債管理補助者の解任の要件は、社債管理者と同内容（社債管理補助者がその義務に違反したとき、その事務処理に不適任であるときその他正当な理由があるとき）であるが、社債管理者に比して、社債管理補助者の権限および裁量が限定されていることから、実際においては、社債管理補助者の解任が問題となるのは、事務処理の懈怠または円滑な事務処理が困難となる体制不備の発覚等、社債管理者よりも限られた事例となるものと考えられる。　　　　　　　　　　　　　　　　［田村　篤・渡邉展行］

# 70
# 社債管理補助者による社債権者集会の決議の執行

## Case

　社債管理補助者Ｘ銀行が設置されている社債に関して、発行会社について会社更生手続が開始し、社債権者Ｙは、会社更生計画に賛成する議決権行使をＸ銀行にしてほしいと考えている。社債管理補助者と発行会社との間の委託契約において、会社更生計画に賛成する旨の議決権行使が社債管理補助者の職務に含まれている場合と含まれていない場合とで必要な手続に差異はあるか。

【Before】

　法改正前は、社債管理補助者制度は規定されていないため、以下では社債管理者Ｘ銀行が設置されている場合を説明する。

　社債管理者が会社更生計画に対して議決権を行使するには、社債権者集会の決議が必要である（706条1項2号）。社債発行会社または社債管理者が社債権者集会を招集すればそれでよい（旧717条2項）。これらの者が招集しない場合には、Ｙは、当該社債と同一種類の社債の総額（償還済みの額を除く）の10分の1以上にあたる社債を有している場合には単独で、そうでない場合には、かかる10分の1要件を満たすよう同一種類の他の社債権者と共同して、社債発行会社または社債管理者に対して招集請求をすることができる（旧718条1項）。かかる請求を受けてもなお、社債発行会社または社債管理者が招集しない場合には（同条3項各号）、Ｙは、自らまたは他の社債権者と共同して、裁判所の許可を得て、招集することができる（同項柱書）。

　このようにして招集された社債権者集会で、社債権者Ｙが会社更生計画に賛成する議決権行使をＸ銀行にしてほしいと考えていたとしても、社債権者集会において、議決権者の議決権の総額の5分の1以上で、かつ、出席した議決権者の議決権の総額の3分の2以上の議決権を有する者の同意（特別決議の成立）が必要である（旧724条2項2号）。この社債権者集会の招集者は、当該決議があった日から1週間以内に、裁判所に対し、当該決議の認可を申し立て（732条）、裁判所の認可を受けることで効力を生ずる（734条1項・733条各号）。社債権者集会決議は、社債権者集会で別に定めたのでなければ（旧737条1項ただし書）、社債管理者が執行するため（同項本文、なお、新737条1項1

号参照)、社債管理者 X 銀行が会社更生計画に賛成する議決権行使を行う。

　以上に対して、募集社債に関する事項の中で、社債権者集会決議を不要とする旨を定めた場合（706 条 1 項ただし書・676 条 8 号）は、X 銀行は社債権者集会決議なく会社更生計画に賛成する議決権行使をすることができる。議決権行使をした際には遅滞なく、その旨を公告し、かつ、知れている社債権者には、各別にこれを通知しなければならない（706 条 2 項・3 項）。

## 【After】

　社債権者集会の招集については、【Before】と基本的に同様であるが、社債発行会社が招集しない場合は、Y は、当該社債と同一種類の社債の総額の 10 分の 1 以上にあたる社債を有している場合には単独で、そうでない場合は、かかる 10 分の 1 要件を満たすよう同一種類の他の社債権者と共同して、社債発行会社または社債管理補助者に対して社債権者集会の招集を請求することができる（新 718 条 1 項）。この請求を受けた社債管理補助者は社債権者集会を招集しなければならないが（新 717 条 3 項 1 号）、かかる請求を受けない場合には社債権者集会を招集する権限を有しない（同項 2 号の場合を除く）。つまり、社債管理補助者には、自らの判断で社債権者集会を招集する権限は与えられていない。少数社債権者による招集請求がなされた後の少数社債権者自身による招集は【Before】と同様である。

　今回の法改正により創設された社債管理補助者は、社債発行会社との間の委託契約に定める範囲内において、新 714 条の 4 第 2 項各号に掲げる行為をする権限を有する。会社更生計画に賛成する旨の議決権行使は、「706 条第 1 項各号に掲げる行為」（新 714 条の 4 第 2 項 3 号）にあたる。

　この権限が委託契約の定めにより、その職務に含まれている場合、社債権者集会において社債管理補助者 X 銀行に会社更生計画に賛成する旨の議決権行使をさせることについて、特別決議を経なければならない（新 724 条 2 項 2 号括弧書、新 714 条の 4 第 2 項 3 号）。社債管理補助者は、別に社債権者集会の決議を執行する者を定めたのでない限り、決議執行者として当該決議を執行することとなり（新 737 条 1 項 2 号）、会社更生計画に賛成する旨の議決権を行使する。

　他方、この権限がその職務に含まれていない場合、社債権者集会において特別決議が成立したとしても、社債管理補助者は当然には決議の執行者とはならない（新 737 条 1 項 2 号対照）。そのため、社債管理補助者を決議執行者とするためには、社債権者集会の決議による必要があり（新 737 条 1 項ただし書）、かつ、社債管理補助者がこれに承諾する必要がある（承諾しなかった場合には、代表社債権者が決議執行者となる（同項 3 号））。社債管理補助者が承諾した場合は、社債管理補助者が決議執行者として会社更生計画に賛成する旨の議決権を行使する。　　　　　　　　　　　　　　　　　　　　　［森まどか］

# 71

# 社債管理補助者がある場合における債権者異議手続

## Case

　社債管理補助者Ｙ銀行は、発行会社Ｘが自らを吸収合併消滅株式会社とする吸収合併契約を株式会社Ｚと締結した場合、当該吸収合併に係る債権者異議手続において何をしなければならないか。

## 【Before】

　改正前は、社債管理補助者制度はないため、社債管理者の場合の帰結を説明する。

　吸収合併消滅株式会社であるＸは、その債権者に債権者異議手続をとらなければならない（789条1項1号）。Ｘは、官報公告と、かつ、知れている債権者（同項の規定により異議を述べることができるものに限る）には各別にこれを催告しなければならない（ただし、公告を官報に加えて、時事に関する事項を掲載する日刊新聞紙に掲載する方法（939条1項2号）または電子公告（同項3号）による場合には、各別の催告は不要（789条3項））。社債権者は債権者異議手続の対象となるが（旧740条1項）、社債管理者が設置されている場合には、上記の「知れている債権者」に社債管理者も含まれる（同条3項）。そのため、Ｘは、記名社債の社債権者および社債券不発行社債の社債権者に対しては、社債権者と社債管理者の双方に個別催告を行うことになる。他方で、無記名社債の社債権者・振替社債の社債権者は、通常「知れている債権者」に該当しないため、個別催告を受領することはできないが、その社債管理者に対して個別催告を行うことになる。

　ところで、債権者異議手続において社債権者が異議を申述するためには、社債権者集会の決議によらなければならないが（旧740条1項前段）、社債管理者が設置されている場合には、社債管理者は社債権者集会決議を経ずに自らの裁量で異議申述を行うことができる（740条2項本文）。ただし、社債管理委託契約に、社債管理者が異議を申述するには社債権者集会決議を要すると定めることにより（同項ただし書）、社債管理者による裁量的な異議申述権の行使を排除することが可能である（実務上は、社債管理者の異議申述権を排除するものが多数のようである（森まどか「社債権者と債権者異議手続における異議申述の方法」浜田道代＝岩原紳作編『会社法の争点』（有斐閣・2009年）196頁））。

　したがって、社債管理者が自らの裁量で行う異議申述権を有する場合、社債管理者は、相当と認める場合には、社債権者のために異議を申述することになる。その判断は、社

債権者に対する善管注意義務（704条2項）に服すると解される。他方で、社債管理者による裁量的な異議申述権の行使が社債管理委託契約により排除されている場合は、社債管理者は、善管注意義務をもって社債権者集会を招集する等の判断をすることが要請される（江頭憲治郎編『会社法コンメンタール(16)』（商事法務・2010年）256頁〔伊藤壽英〕、森・前掲196頁）。

## 【After】

　社債管理補助者は、「知れている債権者」として個別催告受領権は法定されているが（新740条3項）、異議申述権はない。異議申述権を委託契約により与えることもできない（一問一答170頁）。そのため、社債権者自身が異議を申述することになるが、その際は、社債権者集会決議によらなければならない（同条1項前段、724条1項）。よって、個別催告を受領したYは、社債権者にその旨を知らせる必要があり、その方法は、社債管理補助委託契約であらかじめ定めておく必要があると解される（新714条の4第4項）。個別催告受領権が社債管理補助者の法定権限（新740条3項）であり、また、発行会社・社債権者間や社債権者間の情報伝達・仲介が重要であるが故にこの報告義務が明文化されたことから、この報告義務を委託契約により完全に排除することはできないものと解される（これに対して、この義務を「委託契約において定める場合」に生じる約定の義務であると解するものとして、野澤大和＝辰巳郁「社債の管理のあり方の見直しと実務対応」商事2235号（2020年）30頁）。社債管理補助者がこの報告義務を履行する際には、社債権者に対する善管注意義務に服する（新714条の7・704条2項準用）。具体的な方法として、証券保管振替機構が提供する社債情報伝達サービスを利用したり（野澤＝辰巳・前掲35頁注38・注40）、委託契約によりあらかじめ指定したウェブサイト等への掲載をもって「これを知ることができるようにする措置」と認めたりすることが考えられよう。

　社債管理補助者には、社債権者集会の同意を得て辞任する場合（新717条3項2号、新714条の7・711条1項準用）を除いて、社債権者集会を自らの裁量で招集する権限が法定されていない（新717条3項1号・717条2項対照）。そのため、個別催告を受領した社債管理補助者は、委託契約の定めに従い、社債権者にその旨を報告すれば足り、社債管理者のように社債権者集会を招集すべきかどうかを判断する必要はないこととなる。もっとも、社債権者自身が異議を申述するために（新740条1項前段）、社債管理補助者に社債権者集会の招集を請求した場合には（新718条1項・新717条3項1号）、それに応じなければならない。

　したがって、社債管理補助者Y銀行は、委託契約に従い、個別催告を受領した旨を報告し、社債権者から新718条に基づく適法な招集請求を受けた場合には、社債権者集会の招集をしなければならない（社債管理補助者が定められた場合の社債権者集会決議の執行者については→ Case 70）。　　　　　　　　　　　　　　　　　　　［**森まどか**］

# 72
# 銘柄公示制度・社債管理補助者の設置の確認

## Case

　Xが振替社債を購入するか検討するにあたり、当該振替社債に社債管理補助者が設置されているかを確認したい場合には、どのようにすべきか。また、当該社債が振替社債でない場合には、どのようにすべきか。

【Before】

　社債管理補助者制度は今回の改正により創設される制度であるため、以下では、参考までに、振替社債に社債管理者が設置されているかを確認するためにどのようなことをすべきかについて論じる。

　(1)　振替社債の場合

　振替法上、振替機関は、振替社債について、発行者の費用で、社債権者が振替社債の総額等を知ることができるようにする措置をとらなければならないものとされている（振替法87条・69条1項7号、社債、株式等の振替に関する法律施行令14条、旧社債、株式等の振替に関する命令3条）。そして、振替機関である株式会社証券保管振替機構は、この措置としてそのホームページ上で銘柄公示情報を公開している。社債管理者の名称は、この銘柄公示の対象となる情報に含まれている（旧社債、株式等の振替に関する命令3条1号ロ）。

　したがって、本問のXのように振替社債を購入しようとする者は、銘柄公示情報によって、当該振替社債に社債管理者が設置されているかを確認することができる。

　(2)　振替社債以外の場合

　社債が振替社債でない場合には、銘柄公示制度の対象とはならない。もっとも、振替社債でない社債のうち、社債券が発行されているもの（無記名社債の場合を含む）については、社債管理者の名称や委託に係る契約の内容等は社債券の記載事項であるから（697条1項3号、旧681条1号、旧施規165条8号）、売主からその券面の呈示を受けて確認することで社債管理者が設置されているかどうかを知ることができる。また、社債管理者の名称や委託に係る契約の内容等は社債原簿の記載事項でもあるから（旧681条1号、旧施規165条8号）、社債券が発行されていない場合には、売主から社債原簿記載事項を記載した書面（682条）の呈示を受けて確認することで、これを知ることができる。

したがって、社債が振替社債でない場合には、①当該社債について社債券が発行されているのであれば、それを確認することにより、②社債券が発行されていないのであれば、社債原簿記載事項を記載した書面（682条）を確認することにより、社債管理者が設置されているかを確認することができる。

## 【After】

(1)　振替社債の場合

　銘柄公示情報の内容が改正され、社債管理補助者の氏名または名称および委託に係る契約の内容も追加された（新社債、株式等の振替に関する命令3条1号ロ）。

　したがって、本問のXは、銘柄公示情報によって、当該振替社債に社債管理補助者が設置されているかを確認することができる。

(2)　振替社債以外の場合

　社債が振替社債でない場合において、当該社債について社債管理補助者が設置されているかを確認する方法は、【Before】に記載の社債管理者の場合と同様である。すなわち、社債管理補助者の名称や委託に係る契約の内容等は社債券の記載事項となるから（697条1項2号、新681条1号、新施規165条11号）、当該社債について社債券が発行されている場合（無記名社債の場合を含む）は、その券面を売主側から呈示を受けて確認することで社債管理補助者が設置されているかどうかを知ることができる。また、社債管理補助者の名称や委託に係る契約の内容等は社債原簿の記載事項でもあるから（新681条1号、新施規165条11号）、社債券が発行されていない場合には、社債原簿記載事項を記載した書面（682条）を売主側から呈示を受けて確認することで、これを知ることができる。

　したがって、本問のXは、社債が振替社債でない場合には、①当該社債について社債券が発行されているのであれば、それを確認することにより、②社債券が発行されていないのであれば、社債原簿記載事項を記載した書面（682条）を確認することにより、社債管理補助者が設置されているかを確認することができる。　　　　　　［邉　英基］

# 73
# 社債権者集会による元利金の減免

**Case**

　会社Ⅹは、第1回無担保債（社債管理者非設置）を発行して資金の調達を行った。その後、会社Ⅹの業績がふるわず、財務状態が悪化したために私的整理手続を行うこととなった。当該私的整理手続において、第1回無担保社債についての債務額を減額するためには、会社Ⅹは、どのような手続を経る必要があるか。

【Before】

　社債の元利金の減免を社債権者集会決議によって行いうるかについては従来から争いがあった。有力説は、元利金の減免は、「和解」（旧706条1項1号）であるとして、社債権者集会の特別決議（旧724条2項2号）により行うことができると解していた（江頭憲治郎「社債権者集会による社債の償還金額の減免等」NBL985号（2012年）1頁）。この見解を基礎として、社債権者集会で元利金の減免を決議することができることを前提とした特別立法もあり（産業競争力強化法54条・55条、株式会社地域経済活性化支援機構法34条の2・34条の3）、実務上もそのように運用されていた。その一方、和解の要件である互譲があるといえるかが不明であるとか、社債権者の基本的中心的権利である元利金の減免について、多数決によって反対社債権者を強制することは適切でないため、社債権者集会決議による社債元利金の減免はできないとの見解も多数みられ（須藤英章「私的整理か民事再生か」事業再生研究機構編『民事再生の実務と理論』（商事法務・2010年）285頁）、法的安定性の観点から明文の規定を設けた方がよいと指摘されていた。

　上記有力説に従えば、Ⅹは、社債権者集会の特別決議を経ることにより、債務額の減額を得ることができる（不認可事由との関係は【After】参照）。

【After】

　改正後、新706条1項1号に「当該社債の全部についてする……その債務……の免除」が含まれ、条文上、社債の元利金の減免を社債権者集会の特別決議により行いうることが明らかとなった。したがって、Ⅹは、社債権者集会の特別決議を経ることにより、債務額の減額を得ることができる。

なお、社債権者集会決議の効力発生のためには裁判所の認可が必要である（734条1項）。その際、いかなる社債の元利金の減免決議が決議の内容に係る不認可事由（733条3号・4号）に相当するかが問題となる。

　まず、「決議が著しく不公正であるとき」（733条3号）は、「決議内容が利害関係を有する社債権者のみに有利な内容の決議がなされた場合」（江頭憲治郎編『会社法コンメンタール(16)』（商事法務・2010年）239頁〔丸山秀平〕）であり、たとえば、「社債の元金の一部免除の決議に際して、少数社債権者に対し著しく不公正な免除の割合を定めたような場合」（鴻常夫『社債法』（有斐閣・1990年）188頁）とされる。よってたとえば、少数社債権者は30％の元本削減率であるのに対し多数社債権者は10％の元本削減率とする等、一部の社債権者に不利な決議は認可されない（一問一答179頁注(2)）。

　次に、「決議が社債権者の一般の利益に反するとき」（733条4号）については、(a)会社財政の救済のために必要限度を超えて社債の一部免除、利率の引き下げを行う場合（鴻・前掲188頁、奥島孝康ほか編『新基本法コンメンタール会社法(3)〔第2版〕』（日本評論社・2015年）209頁〔清水忠之〕）、(b)清算価値を下回る金額まで社債権者の有する債権を放棄する場合（江頭憲治郎＝門口正人編『会社法大系(2)』（青林書院・2008年）459頁〔中井康之〕、一問一答179頁注2）、(c)社債の発行者に著しく不当な利益を与える旨の決議があった場合（橋本円『社債法』（商事法務・2015年）361頁）が例として示されている。

　733条4号に関しては、事業再生ADR手続を利用した事業再生の際、社債の元本減免を内容とする社債権者集会決議について、①社債の元本減免を内容として含む債務者企業の事業再生計画について、遂行可能性があること、②社債の元本減免を内容として含む債務者企業の事業再生計画を遂行した結果、元本減免の対象となる社債権者の債権額の回収の見込みが、破産手続による債権額の回収の見込みよりも多いこと（清算価値保証）、③社債の元本減免の内容が、異なる種類の社債権者および事業再生ADR制度の対象債権者と比べて、実質的に衡平なものであることが同号の不認可事由に該当しないと考えられている（経済産業省経済産業政策局産業再生課事業再生関連手続研究会「中間とりまとめ―事業再生局面における社債の元本減免について」（2013年3月）11～12頁）。このことから、上記(a)の必要限度は、上記①「事業再生計画の遂行可能性」から判断されようが、一方で、733条各号の不認可事由は、「社債権者集会の自主性を尊重すべく、……実質的にみてその自治の限界を画する基準を示したもの」であり、裁判所に、社債権者全体の利益のために決議を監督することをさせるためではないとするのが通説である（鴻・前掲189頁・194頁注(10)）。通説を敷衍すれば、元利金減免後の社債権者の利益につき清算価値が保証されている限り（上記(b)に該当しない場合）、上記(a)の必要限度は比較的緩やかに判断される可能性がある（森まどか「社債契約内容の変更における少数社債権者保護」岡田豊基＝吉本健一編『企業関係法の新潮流』（中央経済社・2018年）109頁・126頁）。

〔森まどか〕

# 74
# 社債権者集会の決議の省略

## Case

　第Ⅹ回無担保債の社債管理者Ｙ銀行は、社債の一部免除等を内容とする更生計画案に賛成するに際して、社債権者集会を開催することなく、賛成することに同意する旨の書面を社債権者の全員から取得したうえで、更生計画案に賛成した。
　Ｙ銀行による更生計画案への賛成は、適法か。

## 【Before】

　社債管理者が、社債の一部免除等を内容とする更生計画案に賛成するには、社債権者集会の決議を経なければならない（募集事項において別段の定めをした場合を除く（706条1項2号））。また、社債権者集会の決議には裁判所の認可を得なければならない（734条1項）。社債権者集会の法定の付議事項を規定する会社法の各規定（739条を除く）は、いずれも強行規定であり、これらの事項について社債権者が行う意思決定は、①社債権者集会における決議、および②裁判所の認可によって、当該種類の社債を有するすべての社債権者を拘束する（734条2項）。そのため、社債権者全員の同意をもって、社債権者集会の決議に代え、または社債権者集会の決議および裁判所の認可に代えることはできないという解釈があった（橋本円『社債法』（商事法務・2015年）330頁）。よって、改正前においては、Ｙ銀行による更生計画案への賛成は違法ではないかという疑義が生じていた。

## 【After】

　今回の法改正により、社債権者のうち議決権者（自己社債について社債発行会社は議決権を有しない（723条2項））の全員が書面または電磁的記録により社債権者集会の目的である事項について同意をした場合には、その提案を可決する旨の社債権者集会の決議があったものとみなし、かつ、裁判所の認可を受けることも要しないものとされた（新735条の2第1項・4項）。近年、実務上、機動的な意思決定のために、社債権者全員の同意があるときは、社債権者集会の決議の省略を認めてほしいとの要請があり、また、議決権者全員の同意がある場合は、株主総会の決議（319条1項）と同様、決議があっ

たものとみなすことができるとしても問題がないと考えられた。

　社債権者集会決議の効力発生要件として、裁判所の認可が求められる趣旨は、社債権者集会の決議は支払の猶予および債権の一部放棄など社債権者に譲歩を強いる内容であることが多いため、裁判所の強い後見的機能により社債権者を保護することが期待される点にある。しかし、今回の改正により少なくとも、議決権者の全員が社債権者集会の目的事項に同意している場合には、社債権者の保護に欠けることがないため、裁判所の認可は不要とされた（神田(6) 12頁）。もっとも、議決権者全員が賛成している場合であっても、同意に瑕疵が存在することはありうる。そのような場合は、社債権者集会の決議があったものとはみなされず、訴えの利益を有する者は、いつでも無効を主張することができるものと解されている（補足説明第3部第1の2(2)イ商事66頁、神田(6) 12頁）。たとえば、詐欺的な手段等を用いたことを理由に、同意に瑕疵があるものと判断される場合が考えられる。

　社債発行会社は、社債権者集会の決議があったものとみなされた日から10年間、同意に係る書面または電磁的記録をその本店に備え置かねばならない（新735条の2第2項）。社債管理者、社債管理補助者および社債権者による閲覧謄写請求の対象となる（同条3項）。また、省令の定めるところにより議事録を作成しなければならない（731条1項、新施規177条4項）。

　社債管理者Y銀行には、社債権者集会決議により社債の一部免除等を内容とする更生計画案に賛成する法定権限（706条1項2号）があり、さらに、社債権者集会の目的である事項についての提案権が付与されているため（新735条の2第1項）、社債管理者が議決権者の全員から同意の意思表示を書面により得たことにより、当該提案を可決する旨の社債権者集会の決議があったものとみなされ、その上でYは更生計画案に賛成しているため、適法である。

　ところで、Y銀行が社債管理補助者である場合はどうか。社債管理補助者設置債については、社債権者が少数の場合もあるため、社債権者全員の同意を得て社債権者集会決議に代えることには、より現実味があろう。しかし、社債管理補助者には議決権者全員からの同意を取得するための提案権は原則ない（新735条の2第1項括弧書）。よって、社債管理補助者設置債においては、社債発行会社または社債権者が、議決権者全員から同意を取得する提案をなすべきことになる（同項）。このことは、仮に社債管理補助者に、新714条の4第2項3号により更生計画案への議決権を行使する内容の約定権限が付与されている場合も同様である。なお、社債管理補助者は社債の管理に関する事項を委託契約に従い報告等をする義務を負っていることから（同条4項）、提案があったときの同意取得に係るやりとりは、委託契約に従い社債管理補助者が担うことになると考えられる。

［森まどか］

# 75
# 株式を対価とする企業買収の手法

**Case**

　P株式会社は、Q株式会社の株主から、P社株式を対価としてQ社株式を取得することを検討している。以下のそれぞれの場合において、P社はどのような手法を利用することができるか。
　⑴　Q社の発行済株式全部を取得することを目的とする場合
　⑵　Q社の総株主の議決権の51％を取得することを目的とする場合
　⑶　Q社の総株主の議決権の34％を取得することを目的とする場合

【Before】

⑴について　　P社は、株式交換によって、Q社の株主からQ社の発行済株式全部を取得できる（2条31号）。P社とQ社は、株式交換契約を締結しなければならない（767条）。株式交換契約では、P社が、Q社の発行済株式全部を取得する対価として、Q社の株主にP社の株式を交付する旨を定めることができる（768条1項2号イ）。株式交換契約は、原則として、P社とQ社の株主総会の承認が必要となる（783条1項・795条1項）。なお、P社またはQ社が清算株式会社（476条括弧書）である場合、株式交換を行うことはできない（旧509条1項3号）。

⑵について　　P社は、Q社株式の現物出資に対して、P社株式の発行または自己株式の処分を行うことができる。この場合に発行または処分される株式のことを募集株式といい（199条1項柱書括弧書）、現物出資される財産のことを現物出資財産という（207条1項括弧書）。P社は、募集事項として、現物出資財産であるQ社株式の価額等を定めなければならない（199条1項3号）。P社は、総株主の議決権の51％を取得できる数のQ社株式を現物出資財産とすることができる。P社が公開会社であれば、募集株式1株当たりのQ社株式の価額（同項2号）が現物出資を行うQ社株主にとって著しく有利な場合を除き、取締役会限りで募集事項を決定できる（201条1項）。

　P社は、例外要件を満たす場合を除き（207条9項）、募集事項を決定した後遅滞なく、募集事項として定められたQ社株式の価額を調査するために検査役の選任を申し立てなければならない（同条1項）。Q社株主は、P社から募集事項等の通知を受けて、募集株式の引受けの申込みを行う（203条1項・2項）。P社は、申込みを行った者の中から、

募集株式の引受人となる者および引き受ける募集株式の数を決定する（204条1項前段）。

募集株式の引受人となりQ社株式をP社に給付したQ社株主は、P社株主となった時点においてQ社株式の価額が募集事項として定められた価額に著しく不足することになった場合、P社に対して不足額を支払う義務を負う（212条1項2号）。現物出資に関与した取締役等も同様の責任を負う（213条1項）。このような引受人と取締役等が負う責任は財産価額填補責任と呼ばれ、両者の責任は連帯責任となる（同条4項）。

なお、産業競争力強化法における会社法特例を利用できる場合、現物出資に係る規定は適用されない（→ Case 91）。

**(3)について**　P社は、総株主の議決権の34％を取得できる数のQ社株式を現物出資財産として、P社株式の発行等を行うことができる。その手続は、(2)と同様である。

## 【After】

法改正によって、(2)の場合に、P社は株式交付を利用できるようになった。株式交付とは、株式会社が自社の株式を対価として他社の株式を取得し、同社を子会社とする取引である（新2条32号の2）。P社がQ社の総株主の議決権の50％超を取得するとQ社はP社の子会社となる（2条3号、施規3条1項・3項1号）。したがって、(2)の場合、P社は株式交付を行うことによって、P社株式を対価としてQ社株式を取得できる。

P社は現物出資によってQ社株式を取得しQ社を子会社とすることもできるが、検査役の調査に費用と時間がかかることや財産価額填補責任の存在が、現物出資の利用を妨げてきた（神田(7)5頁）。会社法改正は、株式交付を組織再編の一類型として制度設計することによって、検査役の調査や財産価額填補責任を課すことなく、P社がP社株式を対価としてQ社株式を取得することを可能にした（神田(7)4頁）。なお、P社またはQ社が清算株式会社である場合、株式交換と同じく、株式交付を行うことはできない（新509条1項3号）。

株式交付では、株式交付親会社が株式交付子会社の株式を取得する（新774条の3第1項1号括弧書）。株式交付は組織再編の一類型とされたため、法的安定性を重視して、株式交付子会社の範囲が限定されている（→ Case 76 ～ 78）。P社によるQ社株式の取得は、Q社株式の現物出資と同じく、Q社の株主との合意に基づき行われる。そのため、株主総会決議等の組織再編に関する手続は、株式交付親会社であるP社においてのみ行われる（→ Case 79）。株式交付の法人税法上の取扱いは未だ定まっていない。株式交付が利用されるためには、少なくとも、株式交付子会社の株主について株式譲渡損益の繰延べが認められる必要があり、その方向で制度整備を進める動きがある（令和3年度与党税制改正大綱）。P社とQ社がP社株式のみを対価として株式交換を行う場合、Q社株主について株式譲渡損益の繰延べが認められている（西村あさひ法律事務所編『M&A法大全（上）〔全訂版〕』（商事法務・2019年）832 ～ 833頁）。　　　　　　［加藤貴仁］

Ⅱ……株式交付❷

# 76
# 株式交付を利用できる範囲①

**Case**

　P株式会社は、Q株式会社の株主から、P社株式を対価としてQ社株式を取得することを検討している。以下のそれぞれの場合において、P社はどのような手法を利用することができるか。

　(1)　Q社の株主からQ社株式を取得することによって、Q社の総株主の議決権の30％を取得することを目的とする場合。なお、P社はQ社株式を保有していないが、P社の子会社はQ社の総株主の議決権の40％を保有していた。

　(2)　P社はQ社の総株主の議決権の51％を保有しており、その割合を67％に引き上げることを目的とする場合。

　(3)　P社はQ社の総株主の議決権の40％を保有しており、その割合を51％に引き上げることを目的とする場合。なお、Q社の取締役の過半数は、P社の役員または使用人であった。

【Before】

　法改正前は、(1)から(3)までのいずれについても、Q社の株主からQ社株式を取得する対価として、Q社の株主に対してP社株式を新たに発行しまたはP社の自己株式を交付できたが、そのためには199条に基づく募集株式の発行等（現物出資）の手続を行う必要があった。しかし、原則として検査役の調査が必要となるなど手続は煩雑であり、引受人および取締役が価格塡補責任（212条1項2号・213条1項）を負う可能性もあることから、利用されにくいという実態があった。産業競争力強化法上の「事業再編計画」（同法23条）または「特別事業再編計画」の認定（同法25条）を受ければ、これらの規制は適用されないが（同法32条）、計画の認定のためにM&Aに関する機密情報を社外に開示しなければならないことや、事前相談手続に要する時間がスピード感に沿わないということが制度の利用の障害となっているようである（第200回国会衆議院法務委員会会議録9号13頁〔中原裕彦答弁〕）。また、株式交換は、他の株式会社の発行済株式のすべてを取得する制度であるため（2条31号）、(1)から(3)までのいずれにも用いることができない。

## 【After】

　今回の法改正により、新たに株式交付の制度が導入された。株式交付は、株式会社が他の株式会社をその子会社とするために当該他の株式会社の株式を譲り受け、対価として当該株式会社の株式を交付することをいう（新2条32号の2）。

　株式交付は、子会社となる株式会社（「株式交付子会社」（新774条の3第1項1号））の株主にとっては任意の株式譲渡取引であり、株式交付をして親会社となる株式会社（「株式交付親会社」（同号））にとっては株式交付計画の作成、株主総会の決議（原則）等の手続によって他の会社を子会社とすることができる組織再編の側面を有するところ、改正法においては、「部分的な株式交換」といわれるように、組織再編行為の1類型と位置づけられている（新第5編第4章の2等）。

　この株式交付の定義における「子会社」は、2条3号に定義される子会社と異なり、他の株式会社の議決権総数に対する議決権割合が過半数となる場合に限られている（新施規4条の2）。このような限定を設けた理由は、株式交付手続外の事項や株式交付の効力発生日に客観的かつ形式的な基準により判断できない事項によって株式交付の効力が左右されることは、法的安定性に欠け、利害関係者の地位を不安定にすると懸念されたため、株式交付の実行前に客観的かつ形式的な基準で株式交付の利用の可否を判断できるようにしたものである（神田(7)7頁）。以上を踏まえて、本問を検討する。

　(1)　P社はQ社の総株主の議決権の30％を取得することを目的としているが、すでにP社の子会社がQ社の総株主の議決権の40％を取得しており、株式交付における子会社への該当性の判断においては、このP社の子会社の所有するQ株式の議決権の数を合算する（施規3条3項1号）。したがって、Q社は株式交付前にはP社の子会社（新2条32号の2における子会社）ではなく、Q社の総株主の議決権の30％を取得することで、P社が直接的および間接的にQ社の総株主の議決権の70％を取得することを目的としていることとなるため、同条の株式交付に該当し、これを利用できる。

　(2)　株式交付は、株式会社が自己の株式を対価として用いて他の株式会社を買収しようとする行為をより円滑に行うことができるように設けられたものである。したがって、(2)のように行為前にすでにP社がQ社の総株主の議決権の51％を有しており、Q社がP社の子会社（新2条32号の2における子会社）となっている場合には、追加的にP社がQ社株式を取得する行為は、Q社を子会社とする行為とはいえず、株式交付には該当しない。よって、この場合には株式交付を利用できない。

　(3)　本問で、Q社はすでに2条3号および施規3条3項2号ロによりP社の子会社に該当している。しかし、株式交付における子会社該当性の判断には、同項1号の要件のみが用いられる（新施規4条の2）。したがって、株式交付との関係では、本問のP社の行為は新2条32号の2に定める子会社以外の会社を同号に定める子会社にするものであり、株式交付に該当する。よって、株式交付を利用することができる。[**豊田祐子**]

# 77
# 株式交付を利用できる範囲②

## Case

P社（日本法を設立準拠法とする株式会社）は、Q社（外国法を設立準拠法とする株式会社と同種の外国会社）の株主から、Q社株式を取得することを検討している。以下のそれぞれの場合において、P社はどのような手法を利用することができるか。

(1) Q社の発行済株式全部を取得することを目的とする場合
(2) Q社の総株主の議決権の51%を取得することを目的とする場合

【Before】

(1) 株式会社が他の会社の発行済株式の全部を取得する組織再編行為として株式交換があるが、株式交換は、外国会社の株式を取得する場合には用いることができない（767条）。したがって、Q社の設立準拠法が外国法である本問においては、P社がQ社の発行済株式全部を取得するためには、株式交換ではなく、Q社の各株主との間の取引（公開買付けまたは相対取引）により、Q社の株式を取得することになる。Q社の株主が多数で全ての株主から取得の合意を得られない場合など、状況によっては、P社がQ社の発行済株式の全部を取引により取得することが困難なこともある。ただし、そのような場合でも、Q社の設立準拠法国の法制度によっては、当該制度を利用することによりP社またはその子会社がQ社の発行済株式全部を取得することができる場合がある。たとえば、英国法等に基づくスキーム・オブ・アレンジメント（株主総会の承認および裁判所の認可により株主の個別同意なく対象会社を子会社化する手法）の利用、米国法に基づく逆三角合併（米国に設立する特別目的会社（SPC）を消滅会社として対象会社と合併させ、対象会社株主に買収会社株式を交付する手法）の利用、海外市場における公開買付規制の利用などが考えられる。

Q社株式を取得する対価としてP社株式を用いる場合には、P社において募集株式の発行等の手続が必要となり、出資の目的がQ社株式であることから、原則として現物出資のための手続をとることとなる（199条・207条）。

この点に関し、産業競争力強化法において会社法の特例が設けられており、当該特例は、外国法人の株式または持分等を取得する場合にも適用されるため、P社がQ社株

式を取得する場合にも特例を用いることができる。同法に基づき「事業再編計画」または「特別事業再編計画」の認定を受けた場合には、P社は、募集株式の発行等の手続において、取得するQ社株式の価額を決議する必要はなく、「算定方法」としてP社株式とQ社株式との交換比率を決議することで足りる。また、現物出資の規律（207条）、P社の取締役等またはQ社株式の引受人としての価格塡補責任の規律（212条・213条）および有利発行規制（199条3項）は適用されない（産業競争力強化法32条1項・2項）。

(2)　この場合も、(1)の場合と同様、P社とQ社の株主との間の取引によりQ社株式をP社が取得する方法によることになる。Q社株式が海外の市場に上場されているときは、当該海外の市場における取引に適用される公開買付規制が適用される場合がある。たとえば、義務的公開買付けの規制により相対取引ができず公開買付けを義務づけられ、目的達成のための手法が選べない可能性や、部分的買付けが制限され（全部買付義務が課されるなど）、Q社の総株主の議決権の51％を取得するという目的が達成できない可能性があることに留意が必要である。

また、(1)と同様、産業競争力強化法による会社法の特例を用いることも可能である。さらに、英国法等に基づくスキーム・オブ・アレンジメントを産業競争力強化法の特例とあわせて利用できる場合もある。

## 【After】

(1)　今回の法改正による変更はない。

(2)　今回の法改正による変更はない。

法改正により新たに導入された株式交付については、中間試案が公表された段階においては、株式会社と同種の外国会社を子会社とするためにも用いることができるものとされていた（中間試案第3部第2の1①）。しかし、要綱においては、株式交付は、「他の株式会社」、すなわち日本法を設立準拠法とする株式会社をその子会社とする場合にのみ用いることができるものと変更され（要綱第3部第2の1（注1））、改正法においてもそのように定められた（新2条32号の2）。立案担当者によれば、これは、株式交付を用いることができるか否かは客観的かつ形式的な基準で判断されるべきところ、「外国会社の性質はその類型ごとに千差万別であるため、私人間の取引である株式交付において、客観的かつ形式的な基準により株式会社と同種の外国会社であるか否かを判断することは、必ずしも容易でない」ためとされている（竹林ほか・別冊商事57頁）。

［豊田祐子］

# 78
## 株式交付を利用できる範囲③

**Case**

　P社（日本法を設立準拠法とする株式会社）は、Q社（日本法を設立準拠法とする合同会社）の買収を検討している。P社は、どのような手法を利用することができるか。

【Before】

　本問においてP社がQ社を買収するためには、以下のような手法を利用することが考えられる。

(1) 組織再編行為

　会社法上の組織再編行為は、以下のように、合同会社の買収に用いることができるものとできないものがあることから、それぞれについて述べる（新設合併等、以下に記載した手法以外の手法も考えられるが、一般的ではないことから説明を省略する）。

① 合併

　株式会社を存続会社、合同会社を消滅会社として合併を行うことが可能である（748条）ため、P社を存続会社、Q社を消滅会社として合併をすることにより、P社はQ社を買収することができる。この場合において、吸収合併契約に定めることにより、P社はQ社の社員に対して、P社の株式その他の金銭等を対価として交付する（749条1項2号）。

② 会社分割

　株式会社を吸収分割承継会社、合同会社を吸収分割会社として、吸収分割を行うことが可能である（757条）。したがって、P社を吸収分割承継会社、Q社を吸収分割会社として吸収分割を行うことで、P社はQ社を買収することができる。吸収分割により、ある会社の事業の全部を他の会社が承継することができるため、P社はQ社の事業の全部を吸収分割により承継することができる。この場合において、吸収分割契約に定めることにより、P社はQ社に対して、P社の株式その他の金銭等を対価として交付する（758条4号）。

③ 株式交換・株式移転

　株式交換および株式移転をすることができるのは、株式会社のみである（767

条・772条1項）ため、Q社が合同会社である本問では用いることはできない。なお、合同会社が株式交換親会社となって他の株式会社の株式全部を取得することは可能である（767条）。

(2)　合同会社の社員からの持分の取得

P社は、Q社の社員から持分を取得することで、Q社を買収することができる。P社がQ社の持分を取得する対価として、P社株式をQ社の社員に交付する場合には、P社において募集株式の発行等の手続が必要となり、出資の目的が合同会社の持分であることから、現物出資の規定の適用を受ける（207条）。

(3)　事業譲受け

P社は、Q社からその事業を譲り受けることで、Q社を買収することができる。P社がQ社の事業の全部を譲り受ける場合には、原則として株主総会の特別決議による承認が必要となる（309条2項11号・467条1項3号）。P社がQ社の事業を譲り受ける対価としてQ社にP社株式を交付する場合には、P社において募集株式の発行等の手続が必要となり、出資の目的が合同会社の持分であることから、現物出資の規定の適用を受ける（207条）。

## 【After】

今回の法改正による変更はない。

法改正により導入された株式交付は、株式会社が他の株式会社を子会社とするための制度であり（新2条32号の2）、持分会社を買収するためには利用することができないため、合同会社であるQ社の買収に用いることはできない。株式交付が株式会社を子会社とする場合に限られたのは、株式交付の実施の可否が株式交付の実施前に客観的かつ形式的な基準によって判断することができるようにすることが法的安定性および利害関係者の地位の安定に資すると考えられたためである。これにより、株式交付の定義における子会社は形式基準のみによって判断されることとされている（新施規4条の2）。この点、持分会社が他の会社の子会社に該当するか否かは、業務執行の権限を基準として支配力、影響力を判断して決定することとされているところ、業務執行の権限は、原則として持分の過半数ではなく社員または業務執行社員の過半数により決定することになる上に、定款の定めによって会社ごとに異なり得るため（590条・591条）、持分会社の持分の過半数を取得しても、支配力、影響力を及ぼしていないとして持分会社が子会社ではないとされる可能性がある。このように、客観的かつ形式的な基準によって子会社となるか否かを判断することができないことから、持分会社については株式交付子会社となることができないものとされている（補足説明第3部第2の1(2)商事68頁）。

［豊田祐子］

# 79
# 株式交付の手続の概要

## Case

　P株式会社は、株式交付によって、Q株式会社の株式を取得することを検討している。
　⑴　P社はどのような手続を経る必要があるか。
　⑵　P社にQ社株式を譲渡したいと考えるQ社株主は、どうすればよいか。
　⑶　Q社はどのような手続を経る必要があるか。

### ⑴について

　株式交付は株式交換に類似した組織再編の一類型として制度設計されているが、株式交換と異なり、株式交付子会社の株主の中で株式交付に同意した者のみを対象として株式交付親会社による株式の取得が行われる。そのため、株式交付は、株式交付親会社における手続と、株式交付親会社と株式交付子会社の株主との間で行われる手続から構成される。⑴ではP社（株式交付親会社）とQ社（株式交付子会社）の株主との間で行われる手続の概要を説明し、⑵においてP社とQ社の株主との間で行われる手続の概要を説明する。

　P社において行われる手続は、P社が株式交換を行う場合と基本的に同じである。P社は株式交付計画を作成し（新774条の2）、その内容等に関する書面の備置き等を行う（新816条の2）。原則として、株式交付計画で定めた効力発生日（新774条の3第1項11号）の前日までに、P社の株主総会が株式交付計画を承認しなければならない（新816条の3第1項）。株式交付の効力が発生した場合は、効力発生日後遅滞なく、株式交付に関する書面の備置き等が必要となる（新816条の10）。株式交付に反対する株主は株式買取請求を行うことができ、対価の中にP社の株式以外のものが含まれる場合には債権者異議手続が必要となる（新816条の8）（→ Case 83・85）。

　P社は、株式交付計画において、Q社株式の取得に対する対価の内容を定める。P社は、P社株式以外の財産を対価とすることはできるが（新774条の3第1項5号）、P社株式以外の財産のみを対価とすることはできない（同項3号）。また、P社は株式交付計画に定めることによって、Q社の新株予約権および新株予約権付社債を取得できる（新774条の3第1項7号・新774条の11第1項）（→ Case 81）。

なお、株式交付の対価であるＰ社株式の交付に金融商品取引法の開示規制が、Ｐ社によるＱ社株式の取得に同法の公開買付規制が適用される場合がある（→ Case 87）。

## (2)について

　Ｐ社とＱ社の株主間では、Ｐ社が株式の譲渡を希望するＱ社株主から持株を取得するための手続が行われる。その内容は、Ｐ社がＱ社株式の現物出資に対してＰ社株式の発行等を行う場合に、Ｐ社と引受人の間で行われる手続に類似したものとなっている。

　Ｑ社株式の譲渡を希望する株主は、Ｐ社から株式交付の条件の通知を受けた後、申込みをする（新774条の４）。Ｐ社は、効力発生日の前日までに、申込者の中から株式を譲り受ける者を定め、譲渡の申込みのあった株式の中でＰ社が譲り受ける株式の数を決定し、申込者に通知する（新774条の５）。通知を受けた申込者はＱ社株式の譲渡人となり、効力発生日にＱ社株式を給付する（新774条の７第２項）。効力発生日に株式交付の効力が生じると、Ｐ社は給付のあったＱ社株式を取得し、Ｑ社株式を給付した譲渡人は対価としてＰ社株式等を取得する（新774条の11第１～３項）。

　現物出資の場合と同じく、株式交付の対価であるＰ社株式の交付に金商法の開示規制が適用される場合の特則（新774条の４第４項）、Ｑ社株主による株式の譲渡の申込みとＰ社による譲受けの決定に係る手続の省略に係る規定（新774条の６）、株式の譲渡の申込みの意思表示等について民法の意思表示に関する規定の一部の適用除外に係る規定（新774条の８）が存在する。一方、株式交付の際にＰ社が資本金または準備金として計上すべき額は、株式交換の場合（計規39条）と同様の基準に従って定まる（新445条5項・新計規39条の２）。

　株式交付の対価として交付されるＰ社株式が振替株式（振替法128条１項括弧書）である場合、Ｐ社がＱ社株式の譲渡を希望するＱ社株主に通知すべき事項等について特則が存在する（同法新160条の２）。株式交付の対価がＰ社の振替社債（同法66条柱書第１括弧書）等である場合についても、同趣旨の特則が存在する（同法86条の３・189条の２・新223条の２）。

## (3)について

　株式交付では、株式交付子会社であるＱ社において株主総会等の手続を行うことは不要である。ただし、パブリック・コメントおよび部会では、株式交付によってＱ社はＰ社の子会社となることから、Ｑ社の少数派株主の保護を目的とする措置等が必要であるとの意見が出されていた（神田(7)16～17頁）。なお、Ｐ社が取得するＱ社株式が譲渡制限株式（2条17号）である場合、Ｐ社は株主名簿の名義書換をするためにＱ社の承認を得なければならない（→ Case 86）。　　　　　　　　　　　[加藤貴仁]

# 80
# 株式交付計画の内容①

## Case

　P株式会社（取締役会設置会社）は、株式交付によって、Q株式会社の株式を取得することを検討している。P社の取締役会は、P社が取得するQ社株式と対価として交付するP社株式について、どのような事項を株式交付計画の内容とする必要があるか。

　株式交付をする際には、株式交付計画を作成しなければならず（新774条の２）、そこには、以下の内容を定める必要がある（新774条の３第１項）。①株式交付子会社（Q社）の商号・住所、②株式交付親会社（P社）が株式交付に際して譲り受けるQ社の株式の数の下限、③Q社株式の譲渡人に対して対価として交付するP社株式の数またはその数の算定方法ならびにP社の資本金・準備金の額に関する事項、④Q社株式の譲渡人に対するP社株式の割当てに関する事項、⑤対価としてさらに金銭等を交付するときは、その内容（額・算定方法等）、⑥⑤の対価のQ社株式の譲渡人に対する割当てに関する事項、⑦P社が株式交付に際してQ社の新株予約権・新株予約権付社債（新株予約権等）を譲り受けるときは、当該新株予約権等の内容および数またはその算定方法、⑧⑦の場合に交付する対価に関する事項、⑨Q社の株式および新株予約権等の譲渡しの申込みの期日、⑩株式交付の効力発生日。

　株式交付は、P社がQ社をその子会社とするためにQ社の株式を譲り受け、Q社株式の譲渡人に対して対価としてP社の株式を交付する制度である（新２条32号の２）。そのような制度趣旨に照らして、P社が株式交付に際して譲り受けるQ社の株式の数の下限（②）は、Q社がP社の子会社となる数を内容とするものでなければならない（新774条の３第２項）。この場合の「子会社」該当性は形式基準（施規３条３項１号）のみにより判断するとされている（新施規４条の２）が、これは、株式交付の実施前に客観的かつ形式的な基準で判断ができるようにするための制約である（神田(7) 7頁）。

　株式交付と同様の効果をもたらすものとして、Q社株主がP社に対してQ社株式を現物出資する形でP社の募集株式を取得するという方法が考えられるが、このような現物出資の方法による場合には、原則として検査役の調査が必要であり（207条１項参照）、その手続に一定の時間を要し費用が発生すること、および、現物出資財産の内容

および価額を定めて募集事項を決定する必要がある（199条1項3号）ところ、募集株式の発行等がされた時点における出資の目的物（現物）の価額と払込金額との差額について引受人である対象会社（Q社）の株主および買収会社（P社）の取締役等が財産価額塡補責任を負うこと（212条・213条）などから、買収会社が自社の株式を対価として他社を子会社化することはほとんど行われてこなかった（補足説明第3部第2）。株式交付は、（P社にとっての）組織法上の行為と位置づけ、原則として株主総会の特別決議を経ることで、現物出資とは異なる規律が適用される行為と位置づけられた。

　株式交付は、その定義上、Q社株式の譲渡人には必ずP社株式が割り当てられることになり、その割当内容を定めるのが④である。

　もっとも、割当比率によっては、譲渡人に割り当てられるべきP社株式に端数が生じることがあり、その場合には、端数は株式併合等における端数処理と同様の処理を行うことになる（新234条1項9号）。この処理により、譲渡人が対価として端数部分につき金銭等の交付を受ける可能性があるが、このような処理は⑤の場合には該当しない。

　株式交付計画は原則として株主総会の承認を要する事項であるが（新816条の3第1項。簡易手続について新816条の4）、それに先立って作成の段階で取締役会の決議が必要であると解される（362条4項柱書、新399条の13第5項22号・新416条4項24号）。

［舩津浩司］

# 81
# 株式交付計画の内容②

## Case

　P株式会社は、株式交付によって、Q株式会社の株式を取得することを検討している。P社は、株式交付計画の内容として、以下のそれぞれの事項を定めることは可能か。
　(1)　Q社株式を取得する対価として、P社株式に加えて、金銭を交付する。
　(2)　Q社株式を取得する対価として、P社の新株予約権のみを交付する。
　(3)　Q社株式だけではなく、Q社の新株予約権者から当該新株予約権を取得する。

## (1)について

　可能である。

　P社株式に加えて、金銭およびそれ以外の財産（「金銭等」）を対価として交付することができ、この場合には、Q社株式の譲渡人に対して対価として交付するP社株式の数またはその数の算定方法およびQ社株式の譲渡人に対するP社株式の割当てに関する事項（新774条の3第1項3号・4号）のみならず、その内容（金銭の場合はその旨）および額または算定方法（同項5号ニ）、ならびに、当該金銭等のQ社株式の譲渡人に対する割当てに関する事項（同項6号）を株式交付計画で定める必要がある。

## (2)について

　不可能である。

　Case 80 で述べたように、株式交付は、その定義上、Q社株式の譲渡人には（端数になるかはともかく）必ずP社株式が割り当てられる必要がある。したがって、本問のように、対価としてP社の新株予約権のみを交付することはできない。他方、P社株式と併せてP社の新株予約権を交付することはできる。

　なお、P社がQ社株式を取得する対価としてP社の新株予約権のみを交付したい場合には、株式交付によらずに、P社が募集新株予約権の発行等を行ってQ社株主にこれを割り当て、当該Q社株主がP社の承諾を得て自己が保有するQ社株式を給付して募集新株予約権の払込みに充てる（246条2項）ことで対応することができる（この場合、

会社法の規定上検査役の調査は求められていない）。

## (3)について

可能である。

　株式交付手続の中で、Q社株式だけではなく、Q社の新株予約権者から当該新株予約権を譲受けにより取得することも選択肢として用意されている。また、同様に新株予約権付社債も譲り受けることができる（新株予約権と新株予約権付社債とを併せて「新株予約権等」という）。この場合、譲受けの対象となる新株予約権等の内容および数またはその算定方法を定める（新774条の3第1項7号）とともに、当該新株予約権等の譲渡人に対して新株予約権等の対価として交付する金銭等の内容やその割当て等に関する事項（同項8号・9号）について、株式交付計画に定める必要がある。株式交付親会社による新株予約権等の譲受けも権利者との合意に基づくものであり、譲受けの手続について株式交付子会社の株式の譲受けの手続に係る規定が準用されている（新774条の9）。ただし、新株予約権等の譲受けについては、株式とは異なり譲り受ける数の下限の規制はない（新774条の3第1項2号・2項、新774条の10対比）。もっとも、株式交付子会社の株式の譲渡しに関する下限規制に抵触する場合には、株式交付手続そのものが中止になり、あるいは株式交付の効力が生じないこととなるため、新株予約権等の譲渡しについてもこれに従うことはいうまでもない。　　　　　　　　　　　　　　［舩津浩司］

# 82
# 株式交付親会社における株主保護

## Case

　P社とQ社はともに、東京証券取引所第1部に株式を上場している株式会社である。P社は、株式交付によって、Q社株式を取得することを検討している。P社株式の市場株価は1株1000円、Q社株式の市場株価は1株850円であったが、P社はQ社株式1株を取得する対価としてP社株式1株を交付することにした。

　株式交付によって不利益を被ると考えるP社株主は、どのような手続を利用することができるか。

　株式交付の実施に際しては、株式交付計画を株式交付親会社の株主総会で承認する必要があるのが原則（新816条の3）であり、P社の株主の保護は、まずこの承認決議において意思を表明することで図られることが予定されている。問題文の状況を、Q社株式の譲渡人にP社が支払う対価がQ社株式の価値に比して高額であり（募集株式の有利発行と同様に、既存のP社株主から新たにP社株主となるQ社株式の譲渡人への利益移転が生ずる等の）不利益を被ると考えるP社株主としては、まずは株式交付計画の承認に反対し、決議の成立を阻止することが考えられる。

　また、簡易手続（新816条の4参照）による場合を除き、株主総会での反対にもかかわらず株式交付計画が承認された場合には、反対株主および株主総会で議決権を行使することができない株主に株式買取請求権が与えられており（新816条の6）、公正な対価（→Case 85）での株式の買取りという救済手段が用意されている（なお、簡易手続による場合、所定の要件を満たすP社株主は、P社に反対を通知することによって株主総会での承認を要求することができる（→Case 84 (2)））。

　さらに、簡易手続による場合を除き、株式交付が法令または定款に違反する場合において、P社株主が不利益を受けるおそれがあるときは、P社株主は、P社に対し、株式交付をやめることを請求することができるとされている（新816条の5）。もっとも、本問のように株式交付の対価の不公正が問題となる場合に、差止めの要件とされる法令違反があるといえるかは争いがある（松中学「子会社株式の譲渡・組織再編の差止め」神田秀樹編『論点詳解平成26年改正会社法』（商事法務・2015）200頁参照）。

加えて、株式交付の効力発生後において、その効力を否定することが考えられる。株式交付の無効は、株式交付の効力が生じた日から6か月以内に訴えを提起して主張する必要がある（新828条1項13号）。もっとも、本問のように株式交付の対価の不公正が問題となる場合に、株式交付無効事由があるといえるかは争いがある。対価の不公正は、原則として無効事由とならないものの、Q社株式をP社に譲り渡すQ社株主がP社の大株主でもある場合などに、特別利害関係人の議決権行使によって不公正な対価が承認された取消事由があると解したうえで、組織再編の効力を生じた後は承認決議の取消事由を合併無効事由と解する見解（合併につき、江頭憲治郎『株式会社法〔第7版〕』（有斐閣・2017年）864頁注2）がある一方で、対価の「著しい不公正」が無効事由に該当するとする説（神田秀樹『会社法〔第22版〕』（弘文堂・2020年）392頁）もある。　　［舩津浩司］

# 83
# 株式交付親会社における債権者保護

**Case**

　Ｐ株式会社は、株式交付によって、Ｑ株式会社の株式を取得することを検討している。Ｐ社の債権者の利益を保護するためにどのような手続が用意されているか。

　株式交付においては、Ｑ社の株式を譲り受ける際に、Ｐ社が支払う対価はＰ社の株式であることが原則である。Ｐ社株式のみが対価である場合には、Ｐ社財産の社外流出は生じず、債権者が害されることはないと考えられるため、債権者異議手続は要求されていない。

　他方で、Ｐ社株式に加えて、Ｐ社株式以外の金銭等を対価として交付することも可能であり（→ Case 81）、この場合には、Ｐ社財産が社外流出することから、Ｐ社株式以外の対価の割合が低い場合（条文上は「譲渡人に対して交付する金銭等（株式交付親会社の株式を除く。）が株式交付親会社の株式に準ずるものとして法務省令で定めるもののみである場合」）を除いて、Ｐ社の債権者を対象として債権者異議手続が必要となる（新816条の8第1項）。なお、Ｐ社株式以外の対価の割合が低いために債権者異議手続が不要となる場合とは、譲渡人（Ｐ社がＱ社の新株予約権および新株予約権付社債も併せて取得する場合にはこれらの譲渡人を含む）に対して交付する対価のうちＰ社株式を除いた部分が、対価全体の20分の1未満である場合を意味する（新施規213条の7参照）。

　債権者異議手続において、Ｐ社は、①株式交付をする旨、②株式交付子会社の商号および住所、③Ｐ社およびＱ社の計算書類に関する事項として法務省令（新施規213条の8）で定めるもの、④債権者が1か月以上の期間内に異議を述べることができる旨を官報に公告し、かつ、知れている債権者には、各別にこれを催告しなければならない（新816条の8第2項）。もっとも、Ｐ社が、官報のほか、時事を掲載する日刊新聞または電子公告によって公告する場合には、各別の催告を省略できる（同条3項）。なお、③において、Ｑ社の計算書類に関する事項が定められているものの、Ｑ社は株式交付の当事者とはされていないためその内容をＰ社が知らないことも想定されることから、その場合には、「その内容を知らない」旨を公告・催告で示すことが想定されている（新施規213条の8第6号）。

債権者が所定の期間内に異議を述べなかったときは、当該債権者は、当該株式交付について承認をしたものとみなされる（新816条の8第4項）一方、異議を述べたときは、P社は、当該債権者に対し、弁済し、もしくは相当の担保を提供し、または当該債権者に弁済を受けさせることを目的として信託会社等に相当の財産を信託しなければならないが、当該株式交付をしても当該債権者を害するおそれがないときは、この限りでない（同条5項）。

　また、株式交付について承認をしなかった債権者については、株式交付無効の訴えの原告適格が与えられている（新828条2項13号）。「株式交付について承認をしなかった債権者」とは、典型的には、株式交付について会社が定めた異議申立期間に異議を申し出た債権者が想定されているものの、知れている債権者であって、必要な手続がとられなかった場合にも、当該債権者は「株式交付について承認しなかった債権者」に該当すると解される。

　なお、債権者に対する情報開示については、→ Case 84 (1)。　　　　　　［舩津浩司］

# 84
# 株式交付親会社における手続

## Case

　P株式会社は、株式交付によって、Q株式会社の株式を取得することを検討している。

　(1)　P社は、その株主および債権者に対して、Q社株式を取得するために交付する対価の内容について、どのような情報を開示することが求められるか。

　(2)　P社が株主総会による株式交付計画の承認手続を省略することができる場合があるか。

　(3)　P社の株主総会において株式交付計画が承認された後に、P社が株式交付の効力発生日を変更するためにはどのような手続を行う必要があるか。

　(4)　P社は、その株主および債権者に対して、株式交付の効力発生日の後にどのような情報を開示することが求められるか。

(1)について　　P社は、①株式交付計画について株主総会の承認が必要な場合には当該株主総会の日の2週間前の日、②株式買取請求に関する通知または公告の日（新816条の6第3項・4項）、③債権者異議手続の公告または催告の日（新816条の8第2項）のうち、最も早い日を開始日として、株式交付の効力発生日後6か月を経過する日までの間、株式交付計画の内容その他法務省令で定める事項を記載し、または記録した書面または電磁的記録（以下、「事前開示書面等」という）をその本店に備え置かなければならない（新816条の2第1項・2項）。また、P社株主および債権者異議手続が必要な場合におけるP社債権者は、P社に対して、その営業時間内は、いつでも、事前開示書面等の閲覧や謄抄本の交付等を請求することができる（同条3項）。

　この事前開示書面等の記載事項（新816条の2第1項参照）として、Q社株式を取得するために交付する対価の相当性に関する事項のほか、その評価に資すると考えられるQ社の計算書類等が含まれている（新施規213条の2第2号・4号）ものの、後者については、Q社は株式交付の当事者とはされていないため、事前開示を行う主体であるP社がその内容を知っている場合に限り開示対象とされている。

(2)について　　P社が支払う対価の合計額が、P社の純資産額の5分の1を超えない場

合には、Ｐ社の株主総会の承認を省略することができる（新816条の4第1項本文）。ただし、株式交付によって差損が生ずる場合（新816条の3第2項参照）およびＰ社が公開会社でない場合には、株主総会の承認を省略することはできず（新816条の4ただし書）、さらに、上記要件を満たす場合（以下、「簡易株式交付」という）であっても、行使可能議決権数の6分の1超の議決権を有するなど理論的に特別決議の成立を阻止できる数の議決権数を保有する株主（新施規213条の6参照）が、株式買取請求に関する通知または公告の日（新816条の6第3項・4項参照）から2週間以内に株式交付に反対する旨をＰ社に対し通知したときは、Ｐ社は、効力発生日の前日までに、株主総会の決議によって、株式交付計画の承認を受けなければならない（新816条の4第2項）。

簡易株式交付では、差止めおよび株式買取請求制度の対象とはならない（新816条の5ただし書・816条の6第1項ただし書）。

**(3)について** 　株式交付の効力が生ずる日（効力発生日）は株式交付計画に定めて原則として株主総会により承認されるが、必要な手続が滞るなどによって計画どおりに株式交付の効力を生じさせることができない場合には、株式交付親会社が単独で（譲渡人や株式交付子会社の同意なしに）効力発生日を変更することができる（新816条の9第1項）。変更後の効力発生日は、株式交付計画において定めた当初の効力発生日から3か月以内の日でなければならない（同条2項）。

Ｐ社が、効力発生日を変更する場合、変更前の効力発生日の前日までに、変更後の効力発生日を公告しなければならない（新816条の9第3項）。効力発生日の変更と同時に、Ｑ社株式（および新株予約権等）の譲渡の申込期日（新774条の3第1項10号参照）を変更することもできる（新816条の9第5項）。申込期日を変更する場合にも、その変更を公告しなければならない（同条6項）。

**(4)について** 　Ｐ社は、効力発生日後遅滞なく、株式交付に際してＰ社が譲り受けたＱ社の株式の数その他の株式交付に関する事項として法務省令で定める事項を記載し、または記録した書面または電磁的記録（以下、「事後開示書面等」という）を作成し（新816条の10第1項）、効力発生日から6か月間、Ｐ社の本店に備え置かなければならない（同条2項）。また、Ｐ社株主および債権者異議手続が必要な場合におけるＰ社債権者は、Ｐ社に対して、その営業時間内は、いつでも、事後開示書面等の閲覧や謄抄本の交付等を請求することができる（同条3項）。

法務省令で定める事項として、株式交付が効力を生じた日、Ｐ社における株式交付差止手続、株式買取請求手続および債権者異議手続の経過、株式交付に対してＰ社が譲り受けたＱ社の株式および新株予約権の数ならびに新株予約権付社債の社債金額の合計額、その他株式交付に関する重要な事項が挙げられている（新施規213条の9参照）。

［舩津浩司］

# 85
# 株式交付親会社における反対株主の株式買取請求

## Case

　P株式会社は、株式交付によって、Q株式会社の株式を取得しようとした。XはP社の株主であるが、Q社株式を譲渡するQ社株主に交付されるP社株式の数など株式交付の条件がP社にとって著しく不利であると考えていた。そこで、Xは保有するP社株式（以下、「本件株式」という）の買取りをP社に請求することにした。

　(1)　XがP社に対して本件株式の買取りを請求するためには、どのような手続を経る必要があるか。

　(2)　XまたはP社が本件株式の買取価格の決定を裁判所に申し立てた場合、裁判所は買取価格をどのように算定すべきか。

## (1)について

　株式交付親会社の株主の保護のために定められている手続的規律は、株式交換完全親会社が株式会社である場合と同様である。Xのように株式交付の条件に不満のある株式交付親会社の株主は、株式交換完全親会社の株主と同様に（797条参照）、一定の手続により反対株主の株式買取請求権を行使することができる（新816条の6）。ただし、P社が行う株式交付が、簡易手続（新816条の4）によって株式交付計画につき株主総会決議による承認を要しないものである場合には、買取請求を行うことはできない（新816条の6第1項ただし書）。

　買取請求権行使の手続も、株式交換完全親会社の株主についてと同様である。すなわち、まずXは株式交付計画を承認する株主総会に先立って株式交付に反対する旨をP社に対し通知し、かつ、株主総会において反対の議決権行使をしなければならない（新816条の6第2項1号イ）。そうすることで、Xは「反対株主」として買取請求ができる資格を得る（Xが当該株主総会で議決権を行使できない株主である場合には、以上の手続を経ずに反対株主と認められる。同号ロ）。そして、実際に買取請求を行うのであれば、株式交付の効力発生日の20日前の日から効力発生日の前日までの間に、P社に対し、買い取ってほしい株式の数を明らかにしつつ買取請求をしなければならない（同条5項）。なお、当該株式につき株券が発行されている場合には、Xは株券をP社に提出しなけ

ればならない（同条6項）。買取請求の撤回制限（同条7項）が株式の売却によって実質的に回避されることを防ぐためである。

　P社が振替法128条1項の振替株式の発行会社である場合には、P社は株式交付に先立ち、「買取口座」（買取請求に係る振替株式の振替を行うための口座）を開設する（同法新155条1項）。そして、Xが買取請求をしようとする株式が振替株式である場合には、XはP社に対する買取請求に加えて、自己の口座を開設している証券会社などに対して買取口座を振替先口座とする振替の申請をしなければならない（同条3項）。買取請求の撤回の制限を実効的なものとするために、買取請求後に株式を市場で売却することを防ぐ制度である。また、株式買取請求権も同法154条1項の「少数株主権等」にあたるため（最決平成24・3・28民集66-5-2344）、Xは自己の口座を開設している証券会社などを通じて申出を行い、個別株主通知をしてもらう必要がある（同条2〜4項）。

## (2)について

　買取請求に係る株式の買取りの効力は株式交付の効力発生日に生じるが（新816条の7第6項）、買取価格は決まってない。買取価格の決定はまずXとP社との間の協議によるが（同条1項）、協議が調わないときは、XやP社の申立てにより、裁判所が買取価格を決定することになる（同条2項）。買取請求権は「公正な価格」での買取りを求める権利であるから、裁判所が決定すべき買取価格も「公正な価格」である。

　「公正な価格」の内容についても、株式交換完全親会社における場合と同じように考えられる。すなわち、①株式交付によってP社がQ社を子会社とすることで両社を合わせた企業価値が増加する場合には、両者の株主の間でその増加分を公正に分配することになる価格が「公正な価格」となり、②企業価値が増加しない場合は、株式交付を行わなかったならばP社株式が有したであろう公正なる価格が「公正な価格」となる。そのような「公正な価格」は時間の経過により変化するが、Xが買取請求を行った日を基準日とするのが判例である（最決平成23・4・19民集65-3-1311）。

　もっとも、企業価値の増加の有無を判断したり、その公正な分配のあり方を一義的に決めたりすることは難しい。そこで、あえてP社の株主にとって不利な株式交付をP社の取締役が進めたり、株主総会が承認したりするおそれがある特殊な場合（Q社の大株主がP社の大株主でもある場合など）でなければ、特段の事情がない限り、裁判所は、当該株式交付が企業価値を増加させ、その企業価値の増加分を公正に分配することになる条件で株式交付が行われたことを前提として「公正な価格」を決定すべきである（最決平成24・2・29民集66-3-1784参照）。その場合、もしP社が上場会社であれば、基準日における「公正な価格」は、原則としてP社株式の市場価格によって算定できる。

[笠原武朗]

# 86
# 株式交付子会社およびその株主の取扱い①

## Case

　P社は公開会社、Q社は公開会社でない株式会社である。P社は、株式交付によって、Q社株式を取得することを検討している。

　⑴　P社が株式交付によって個々のQ社株主から取得するQ社株式の数について、何らかの制約があるか。

　⑵　P社は、株式交付の対価について、Q社株主にどのような情報を提供しなければならないか。

　⑶　P社は、株式交付によって取得したQ社株式について株主名簿の名義書換えをするために、どのような手続を経る必要があるか。

⑴について　　Q社の特定の株主がP社と総数譲渡契約（新774条の6）を締結する場合を除き、P社の株式交付に応じて株式を譲渡しようとするQ社株主は、P社に対し、譲り渡そうとするQ社株式の数を記載した書面を交付して申込みをしなければならない（新774条の4第2項2号。電磁的方法による提供も可（同条3項））。その申込みを受け、P社は、申込者の中の誰から、どれだけの数の株式を譲り受けるかを決定しなければならないが、その際、個々の申込者から譲り受ける株式の数については、その合計が株式交付計画で定めた譲り受けるQ社株式の数の下限（新774条の3第1項2号）を下回らない限り、個々の申込みの数から自由に減らすことができる（新774条の5第1項。Q社が上場会社の場合につき→ Case 87⑴）。

⑵について　　P社は、Q社株式の譲渡しの申込みをしようとする者（必ずしもQ社株主の全員でなくてもよい）に対し、P社の商号、株式交付計画の内容（対価の内容が含まれている）、交付対価について参考となるべき事項などを通知しなければならない（新774条の4第1項、新施規179条の2）。この「交付対価について参考となるべき事項」としては、P社の定款の定め、P社株式の換価方法に関する事項、P社株式に市場価格があるときはその価格に関する事項、P社の過去5事業年度分の貸借対照表の内容などが規定されている（新施規179条の2第3項）。しかし、そこに、対価の相当性、すなわち、株式交付に応じたQ社株主が交付を受けるP社株式その他の対価の価値が、P社に譲

渡されるQ社株式の価値に見合ったものとなっているかに関する情報は含まれていない。また、P社が本店に備え置く事前開示書類には対価の相当性に関する事項が記載されるが（新816条の2第1項、新施規213条の2第1項2号）、Q社株主はそれをみることができない（新816条の2第3項参照）。これは、株式交付において、P社は、Q社株主から個別的に株式を譲り受ける立場にあり、また、Q社株式と引換えに自己の株式を交付する立場にあるが、会社法上、一般に、株式の譲渡を受ける側や現物出資を受けて株式を発行する側が、その相手方に対して対価の相当性に関する事項について情報提供を行うことは要求されていないからである（神田(7)17頁）。

　なお、P社が上場会社等である場合には、株式交付によるP社株式の交付に金商法上の発行開示規制が適用されることがある（対価の算定根拠を含む詳細な情報が開示されることになる→Case 87(3)）。

## (3)について

株式交付は、Q社の側からみると、個々の株主が行う株式の譲渡（譲渡して行う現物出資）にほかならない。また、Q社は公開会社でない株式会社であるから、Q社株式は譲渡制限株式である。したがって、株式交付によるQ社株式の移転についても、Q社において譲渡承認の手続（136条以下）がとられなければ、P社はQ社に対して自己が株主であることを主張することはできず（神田(7)16頁）、当然、株主名簿の名義書換えはできない（134条参照）。

　譲渡制限株式の譲渡は譲渡承認がなくても当事者間では有効と解されているが、株式交付では効力発生日に株式交付子会社の株式を株式交付親会社に「給付」することが求められており（新774条の7第2項）、この「給付」には、権利の移転を第三者に対抗するために必要な行為も含まれると解されている（竹林ほか・別冊商事60頁。208条につき、神田秀樹編『会社法コンメンタール(5)』（商事法務・2013年）91頁以下〔川村正幸〕）。そうすると、Q社が株券発行会社でない会社である場合には、株式交付の効力発生前に個々のQ社株主が譲渡承認請求を行い（136条）、承認を得ておいたうえで、株式交付の効力発生日にP社と株主名簿上のQ社株主が共同する形で株主名簿の名義書換えを請求することになる（134条1号・133条。実際には、譲渡人が署名済みの名義書換請求書をP社に交付しておき、それを用いてP社が手続を行う場合が多かろう。いずれにしろ、P社は、株式交付を中止しない限り（新774条の11第5項2号参照）、譲渡人の「給付」の履行に協力しなければならない）。Q社が株券発行会社である場合には、P社は株式交付の効力発生日に個々のQ社株主から株券の交付を受けなければならない。その際、上記と同様に譲渡承認の手続を効力発生日までに終えておかなければならないとすることも、効力発生日には株券の交付だけがあればよいとすることも考えられるが、株式交付制度を通じた株式の取得を確実ならしめようとする「給付」の趣旨から考えると、前者の立場が支持されようか。

〔笠原武朗〕

# 87
# 株式交付子会社およびその株主の取扱い②

## Case

　P社とQ社はともに、東京証券取引所第1部に株式を上場している株式会社である。P社は、株式交付によって、Q社株式を取得することを検討している。

　⑴　P社が株式交付によって個々のQ社株主から取得するQ社株式の数について、何らかの制約があるか。

　⑵　P社が株式交付によって取得するQ社株式の総数について、何らかの制約があるか。

　⑶　P社は、株式交付の対価について、Q社株主にどのような情報を提供しなければならないか。

**⑴について**　　Q社は上場会社であり、また、株式交付は、対象会社の議決権の過半数を有していない会社が議決権の過半数に相当する株式を取得するために行うものであるから（新2条32号の2、新施規4条の2）、P社が株式交付によってQ社株式を取得する際には、金商法により、同法の規制に従った公開買付けによることが必要となる（同法27条の2第1項）。金商法上の公開買付けでは、買付予定株式数を定めていない場合には、応募のあった株式についてはその全部を取得しなければならないとされている（同法27条の13第4項）。また、買付予定株式数を定め、それを超える応募があった場合にはその全部または一部の買付けをしないとすることもできるが（ただし、⑵参照）、買付予定株式数を超える応募があった場合には、各応募株主の応募株式数に応じて按分比例の方式により取得しなくてはならないとされている（同項2号・5項）。

　したがって、会社法上は、P社が個々の申込者から取得するQ社株式の数は申込みがあった数から自由に減らせることになっているが（→ Case 86⑴）、Q社が上場会社である以上、上記のような金商法上の規制による制約を受けることになる。

**⑵について**　　株式交付計画において定める、株式交付親会社が譲り受ける株式交付子会社の株式の数の下限（新774条の3第1項2号）は、効力発生日において株式交付親会社が株式交付子会社の議決権の過半数を有することになる数でなければならない（同条

2項。同項における「子会社」の意義について、新2条32号の2、新施規4条の2）。これが、P社が株式交付によって取得するQ社株式の総数の下限についての制約となる。

　会社法上は、株式交付計画で定められた下限を超える数の申込みがあれば、P社は個々の申込者に対する割当てを通じて、取得するQ社株式の総数を、下限を下回らない範囲で自由に決めることができる（→ Case 86(1)）。しかし、(1)で述べたように、P社の株式交付によるQ社株式の取得には金商法上の公開買付規制の適用がある。公開買付けでは、買付予定株式数を定めておけば、応募のあった株式の全部を取得する必要はないのが原則であるが、もし公開買付け後のP社のQ社株式の「株券等所有割合」（金商法27条の2第8項）が3分の2以上となるのであれば、P社は応募のあった株式の全部を取得しなければならないとされている（同法27条の13第4項、金商法施行令14条の2の2）。

**(3)について**　　P社は上場会社であるから、その株式の「募集」（金商法2条3項）を行うには、原則として内閣総理大臣への有価証券届出書の提出が必要となる（同法5条1項）。また、P社は目論見書を作成し（同法13条1項）、募集に際して交付しなければならないのが原則である（同法15条2項）。株式交付によるP社株式の交付は、このような発行開示規制が適用される有価証券の募集にあたる。なお、目論見書による情報提供がなされている場合には、P社による、Q社株式の譲渡しの申込みをしようとする者に対する通知（→ Case 86(2)）は不要となる（新774条の4第4項、新施規179条の3）。

　さらに、(1)で述べたように、P社の株式交付によるQ社株式の取得には金商法上の公開買付規制の適用がある。そのため、P社は、公開買付けに先立ち、公開買付開始公告を行い、内閣総理大臣に公開買付届出書を提出しなければならない（金商法27条の3第1項・2項。上記の有価証券届出書等の提出と同時に行うことになる。同法27条の4第1項）。また、P社は公開買付説明書を作成し、公開買付けに応じようとするQ社株主に交付しなければならない（同法27条の9第1項・2項）。

　有価証券届出書と公開買付届出書はEDINETに公開されるが、そこではP社とP社株式その他の対価に関して詳細な情報が提供される（金商法5条1項・27条の3第2項、企業内容等の開示に関する内閣府令（以下、「開示府令」）8条1項3号・第2号の6様式、発行者以外の者による株券等の公開買付けの開示に関する内閣府令（以下、「公開買付府令」）12条・第2号様式）。対価の算定根拠や検討のプロセス（意見聴取をした第三者の意見の概要やそれを踏まえた検討の経緯など）に関する情報も含まれる（開示府令第2号の6様式第2部第1の4・記載上の注意(4)、公開買付府令第2号様式第1の4(2)・記載上の注意(6)e・f参照）。また、Q社株主に交付される目論見書や公開買付説明書にも同様の情報が記載される（金商法13条2項・27条の9第1項、開示府令13条、公開買付府令24条1項）。

［笠原武朗］

# 88
# 株式交付の効力の発生

**Case**

　P株式会社は、株式交付によって、Q社株式を取得することにした。以下のそれぞれの事情は、P社による株式交付にどのような影響を与えるか。

　(1)　P社との間でQ社株式をP社に譲り渡すことに合意した株主が保有するQ社株式の数は、議決権を基準とすると、総株主の議決権の 40%に相当する数に留まった。

　(2)　株式交付計画において定められた効力発生日までに、給付されなかったQ社株式が存在した。

　(3)　P社にQ社株式を譲り渡すことに合意した株主の中には、P社の詐欺によって当該合意をしたものが存在した。

**(1)について**　　株式交付は、相手方会社の総株主の議決権の過半数を有していない会社が、議決権の過半数に相当する株式を取得するために行うものであるから（新2条32号の2、新施規4条の2）、株式交付計画で定める、株式交付親会社が株式交付に際して譲り受ける株式交付子会社の株式の数の下限は、株式交付の効力発生日において、株式交付親会社が株式交付子会社の総株主の議決権の過半数を有することとなる数でなければならないとされている（新774条1項2号・2項）。P社もそのような下限を定めていたはずであるから、申込みのあったQ社株式の数が総株主の議決権の40%相当に留まったということは、申込みのあった株式数がその下限に満たなかったということである。P社はそれ以上手続を進められず、申込者に対して、遅滞なく、株式交付をしない旨を通知しなければならない（新774条の10）。P社が強行的に手続を進めたとしても、株式交付の効力を生じさせることはできない（新774条の11第5項3号）。

**(2)について**　　株式交付においてQ社株式の譲渡人となったQ社株主は、株式交付の効力発生日に、対象たるQ社株式をP社に給付しなければならない（新774条の7第2項）。そして、同じく効力発生日に、P社はその給付を受けたQ社株式を譲り受け、その譲渡人だったQ社株主は対価として交付されるP社株式の株主となる（新774条の11第1項・2項）。当然、譲渡人がQ社株式の給付をしなければ、当該譲渡人は株式交付の対価を取得することはできない。

一部の譲渡人がQ社株式の給付を行わなかったとしても、その者が対価を得られないだけで、それだけでは株式交付の効力に影響はない。しかし、一部の給付がなかった結果、P社が給付を受けたQ社株式の総数が、株式交付計画で定められたP社が株式交付に際して譲り受けるQ社株式の下限の数に満たない場合には、株式交付の効力は生じない（新774条の11第5項3号）。

　なお、譲渡人による株式の「給付」（新774条の7第2項）には、権利の移転を第三者に対抗するために必要な行為も含まれると解されている（竹林ほか・別冊商事60頁。208条につき、神田秀樹編『会社法コンメンタール(5)』（商事法務・2013年）91頁以下〔川村正幸〕）。そうすると、Q社株式が株券が発行されない株式（振替株式である場合を除く）である場合には、原則としてP社と譲渡人が共同して株主名簿の名義書換請求を行う必要がある（133条2項）。実務的には、譲渡人が署名済みの名義書換請求書をP社に交付しておき、それを用いてP社が手続を行うことになろう。Q社が株券発行会社である場合には、株券をP社に交付しておけばよい（Q社株式が譲渡制限株式である場合につき→ Case 86⑶）。Q社が上場会社である場合には、P社が株式交付によってQ社株式を取得する際には、金商法の規制に従った公開買付けによることが必要となり（→ Case 87⑴）、その手続の中で株式交付の効力発生日に振替口座簿の口座振替が行われるよう仕組まれる。

**⑶について**　　株式交付における株式交付子会社の株式の譲渡に関する意思表示については、募集株式の発行等の引受けに関する意思表示についての無効または取消しの制限（211条）と同様の制限が置かれている（新774条の8）。詐欺による譲渡しの意思表示の取消し（民法96条1項）は、株式交付の効力発生日から1年を経過した後、または、譲渡人が対価たる株式交付親会社の株式について権利を行使した後はすることができないとされている（新774条の8第2項）。逆にいえば、P社の詐欺によってQ社株式について譲渡しの申込みをしていた者や総数譲渡契約を締結していた者は、株式交付の効力発生前はもちろん、効力発生後も1年間または権利行使をするまでは、詐欺による意思表示の取消しができる。

　一部の譲渡人が譲渡しの取消しをしたとしても、それだけでは株式交付の効力に影響はない。しかし、株式交付の効力が生じる前に取消しが行われた結果、P社が給付を受けたQ社株式の総数が、株式交付計画で定められたP社が株式交付に際して譲り受けるQ社株式の下限の数に満たなくなる場合には、株式交付の効力は生じない（新774条の11第5項3号）。株式交付の効力発生後に取消しが行われた結果、P社が譲り受けたQ社株式の総数が、株式交付計画所定の下限の数に満たなくなる場合には、株式交付の無効の訴え（新828条1項13号）において無効事由となると解されている（神田(7) 11頁）。

〔笠原武朗〕

# 89
# 株式交付の無効の訴え

## Case

　XはＰ株式会社の株主、ＹとＺはＱ株式会社の株主である。Ｐ社は、株式交付によって、Ｑ社株式をＹから取得した。

　(1)　Ｘ、Ｙ、ＺはＰ社による株式交付（以下、「本件株式交付」という）の無効の訴えを提起することができるか。

　(2)　以下のそれぞれの場合において、Ｐ社による本件株式交付には無効事由が存在するか。

　①　本件株式交付の条件がＱ社株主にとって著しく有利であった場合

　②　Ｐ社がＱ社株主に対して通知した事項に虚偽の情報が含まれていた場合

　③　Ｙには成年後見人が付されており、Ｑ社株式の譲渡しの申込みが取り消された場合

## (1)について

　株式交付についても、新株発行や組織再編の場合と同様に、法律関係の早期の安定や画一的処理を図るために、「会社の組織に関する行為の無効の訴え」の１つとして形成無効の仕組みが設けられている（株式交付の無効の訴え）。提訴期間（効力発生日から６か月以内。新828条1項13号）、原告適格（同条2項13号）、被告（新834条12号の2）が法定されているほか、「会社の組織に関する訴え」（同条柱書参照）の１つとして、その通則（835～839条・846条）が適用される。また、無効判決後の処理に関する規定も置かれている（新844条の2）。

　株式交付の無効の訴えの原告適格は、①株式交付の効力発生日において株式交付親会社の「株主等」（株主、取締役、執行役、監査役、清算人。828条2項1号第1括弧書）であった者、②株式交付に際して株式交付親会社に株式交付子会社の株式や新株予約権等を譲り渡した者、③株式交付親会社等の株主等、破産管財人または株式交付について承認しなかった債権者に認められる（新828条2項13号）。したがって、本件株式交換に関しては、ＸとＹは無効の訴えを提起できるが、Ｚは提起できない。

## ⑵について

① 本件株式交付の条件がＱ社株主にとって著しく有利であった場合、逆にいうと、Ｐ社株主にとって著しく不利益な条件であった場合、Ｘとしては本件株式交付を無効としたい。株式交付には株式交換に類似する部分と募集株式の発行等に類似する部分とがあるが、株式交付親会社の株主の保護のために用意された仕組みは株式交換完全親会社とパラレルなものなので、この場合の無効事由の有無は株式交換と同じように考えればよかろう。そして、一般的な考え方に従えば、次のような整理になる。株式交付の条件が著しく不当なものであっても、それ自体は株式交付の無効事由とはならない。しかし、たとえばＰ社とＱ社に共通の大株主がいて、その者の主導によりＰ社株主にとって著しく不利な条件を定めた株式交付計画を承認する株主総会決議が成立していたような場合には、当該決議には特別利害関係人の議決権行使による著しく不当な決議（831条1項3号）という取消事由があると評価でき、そのような取消事由のある決議に基づいて行われたことが株式交付の無効事由となる（常にそのように考えてよいかは疑問がないでもない。笠原武朗「組織再編行為における対価の不均衡と無効の訴え」黒沼悦郎＝藤田友敬編『企業法の進路―江頭憲治郎先生古稀記念』（有斐閣・2017年）469頁）。

② Ｑ社株式の譲渡人の立場は募集株式の発行等の引受人に類似するが、通知事項に虚偽の情報が含まれていた場合の無効事由の存否については、一般的な考え方がどのようなものかははっきりしない。虚偽が重要な事項に関するものである場合に、Ｑ社株式の譲渡人であった者が各自で詐欺取消し（民法96条1項。取消しの制限については → Case 88⑶）を行えばよいと考えるか、Ｑ社株式の譲渡人の全員の救済のために株式交付全体を無効とすることを認めるべきかという問題であるが、どちらが望ましいかは状況による。私見としては、そのような状況に応じて無効事由となったりならなかったりすることを認めてよいと考える（無効事由となるかどうかにかかわらず、各自が取り消すことは妨げられない）。なお、各自が取消しを行った結果、Ｐ社が譲り受けたＱ社株式の総数が、株式交付計画で定められた、Ｐ社が株式交付に際して譲り受けるＱ社株式の下限の数に満たなくなる場合には、そのことが無効事由となると解されている（神田⑺ 11頁）。

③ 成年被後見人の法律行為は取り消すことができる（民法9条）。会社法には、株式交付子会社の株式の譲渡しの無効または取消しに関して、それを制限する規定が置かれているが（新774条の8）、行為能力の制限に基づく取消しについては制限されていない。したがって、Ｙの成年後見人は、ＹがなしたＱ社株式の譲渡しの申込みを取り消すことができる。そのこと自体は本件株式交付の無効事由とはならないが、②について述べたように、取消しの結果、Ｐ社が譲り受けたＱ社株式の総数が、株式交付計画所定の下限の数に満たなくなる場合には、そのことが無効事由となると解されている。

［笠原武朗］

# 90
# 株式交付と産業競争力強化法における会社法特例①

## Case

　P社（日本法を設立準拠法とする株式会社）は、Q社を子会社にすることを検討している。以下の場合に、P社は、①株式交付または②産業競争力強化法における会社法特例の手法を選択することができるか。

　(1)　Q社が外国法を設立準拠法とする株式会社と同種の外国会社である場合

　(2)　P社が、Q社（日本法を設立準拠法とする株式会社）の発行済株式総数の40％に相当するQ社株式を取得した後に、Q社の取締役の過半数をP社の役員または従業員とする場合

　産業競争力強化法は、認定事業者が認定計画に従って行う自社株式対価のM&Aについて、現物出資規制を免除するなどの会社法の特例を設けている（同法32条。越智晋平「産業競争力強化法における会社法特例の改正の解説」商事2173号（2018年）8頁）。

　株式交付と産業競争力強化法による会社法の特例は、いずれも、ある会社が他の会社を子会社化する際に用いることができる手法であることから、本問では、(1)(2)それぞれの場合について、これらの手法を用いることができるかを検討する。

### (1)について

　①　株式交付の手法を用いることができない。

　株式交付は、株式会社が他の株式会社をその子会社とするための制度であり（新2条32号の2）、外国法を設立準拠法とする会社については用いることはできない（→ Case 77）。したがって、本問においては、株式交付の手法を用いることができない。

　②　原則として、産業競争力強化法における会社法特例を用いることができる。

　産業競争力強化法における会社法特例は、認定事業者である株式会社が外国法人を「外国関係法人」にしようとする場合に用いることができる（産業競争力強化法32条1項）。外国関係法人とは、国内に本店または主たる事務所を有する事業者がその経営を実質的に支配していると認められる外国法人であり（同法2条9項）、その要件は、産業競争力強化法施行規則4条により定められているが、会社法上の子会社の定義における

要件とは異なる。会社法上の子会社に該当すれば、外国関係法人にも該当する場合が多いが、そうでない場合もありえ、そのような場合には、産業競争力強化法における会社法特例を用いることができない。

　以上から、本問において、Ｑ社を外国関係法人にしようとするときは、産業競争力強化法により会社法特例の適応を受けることができる（同法32条1項）。

## (2)について

　① 株式交付の手法を用いることができる。

　株式交付の定義における子会社は、客観的および形式的基準に基づき判断される子会社（新2条32号の2、新施規4条の2）であり、2条3号に定められる子会社の要件とは異なる（→ Case 76）。

　本問において、Ｐ社がＱ社の議決権の総数の40％を所有することとなり、またＱ社の取締役の過半数をＰ社の役員または従業員とすることから、施規3条3項2号ロにより、Ｐ社が「Ｑ社の財務及び事業の方針の決定を支配している場合」に該当し、Ｑ社はＰ社の子会社（2条3号の子会社）となるものといえる。しかし、Ｑ社は株式交付の定義におけるＰ社の子会社（新2条32号の2、新施規4条の2）には該当しないことから、Ｐ社によるＱ社株式の取得には株式交付の手法を用いることができない。

　② 産業競争力強化法における会社法特例を用いることができる。

　産業競争力強化法における会社法特例は、認定事業者である株式会社が他の会社を「関係事業者」としようとする場合に用いることができる（同法32条1項）。ある事業者の「関係事業者」とは、当該事業者がその経営を実質的に支配していると認められる会社であり（同法2条8項）、その要件は、産業競争力強化法施行規則3条により定められているが、会社法上の子会社の定義における要件とは異なる。

　本問においては、Ｐ社がＱ社の議決権の40％を所有し、Ｑ社の取締役の過半数をＰ社の役員または従業員とすることで、Ｑ社はＰ社の「関係事業者」となる（産業競争力強化法施規3条2号イ）ため、会社法特例を用いることができる。　　　　［豊田祐子］

# 91
# 株式交付と産業競争力強化法における会社法特例②

## Case

　P社とQ社は、ともに、日本法を設立準拠法とする株式会社である。P社は、Q社株式（議決権）の過半数を取得して子会社とし、対価として、Q社株主に対してP社株式に加えて金銭を交付することを検討している。

　P社は、①株式交付または②産業競争力強化法における会社法特例の手法を選択することができるか。また、対価としてP社株式の他に金銭を交付することは、これらの手法においてとるべき手続に対してどのような影響があるか。

①　株式交付の手法を用いることができる。

　株式交付においては、株式交付子会社の株式の譲渡人に対して金銭等を交付することが認められている（新774条の3第1項5号）ため、本問の場合に株式交付の手法を用いることができる。

　株式交付において株式交付子会社の株式の譲渡人に対して金銭を交付する場合には、原則として債権者保護手続が必要になる（新816条の8）（→ Case 83）。また、簡易株式交付該当性の判断において当該金銭等の額を考慮する必要がある（新816条の4第1項1号ハ）（→ Case 84）。なお、簡易株式交付の場合には、差止めおよび株式買取請求権に係る規定は適用されない（新816条の5ただし書・新816条の6第1項ただし書）。

②　産業競争力強化法における会社法特例を用いることができる。

　産業競争力強化法は、対象会社の株主に対する買収会社による募集株式の発行等に際して現物出資規制が適用されないという会社法の特例を定めているという点で、組織再編として規定されている株式交付とは異なっている。本問においては、P社がQ社株式の取得の対価としてQ社の株主に対してP社株式および金銭を交付することを検討しているところ、産業競争力強化法の特例を用いる際には、P社株式の交付部分と、金銭交付部分とに分けて考えることになる。

　まず、P社株式をQ社株主に交付するにあたっては、P社株式の発行またはP社の保有する自己株式の交付を行うことになるが、Q社株式が払い込まれることになること

から、通常は会社法上の現物出資規制が適用されるところ、産業競争力強化法の特例を用いることにより、現物出資規制が適用されないこととなる。

　次に、P社が金銭をQ社株主に交付する部分については、P社がQ社株式を取得した対価として現金を支払っているということにすぎず、株式の発行や自己株式の交付には該当しない。したがって、現物出資規制の特例を定める産業競争力強化法の適用の余地はない。これにより、簡易手続の可否の判断の際には金銭の交付部分は考慮されない（産業競争力強化法32条3項による会社法796条2項1号の読替え）。なお、簡易手続の要件を満たす場合、株式買取請求権に関する規定の適用はないが（産業競争力強化法32条3項による会社法797条1項ただし書の準用）、募集株式等の発行の差止めに関する規定は適用される（210条）。なお、債権者保護手続は不要である。　　　　　　　　　　　［豊田祐子］

# 92
# 責任追及等の訴えに係る訴訟における和解

**Case**

監査役会設置会社の株主Xが提訴した取締役Aに対する株主代表訴訟において、株主X、株式会社Yおよび被告取締役A間で和解をしようとしている。この場合、
 ① 当該訴訟上の和解において株式会社Yを代表するのは誰か。
 ② 株式会社Yが当該訴訟上の和解をするために必要な手続は何か。

## 【Before】

　監査役設置会社における会社と取締役との間の訴訟に際しては監査役が監査役設置会社を代表する（386条1項、1号・2号の括弧書により退任者も対象となる）。また、訴訟以外に提訴請求（847条1項）、訴訟告知（849条）、和解の通知催告（850条）の受領についても監査役が会社を代表する（386条2項）。

　しかし、以上に規定する以外の場面の代表者は誰かという問題は不明確であった。会社が原告となる責任追及訴訟における和解は、同条1項の流れにより監査役が会社を代表すると考えられる。一方、会社が責任追及訴訟において取締役側に訴訟参加する場合の代表者は、各監査役や各監査委員の役割は同意権とされていること（849条3項）、訴訟外の和解との平仄等から、代表取締役と解釈されるが、その場合の和解における代表者も代表取締役としてよいかは問題である（松山三和子「訴訟上の和解と監査役の権限」明治大学法科大学院論集7巻（2010年）293頁参照）。この点、和解によって多くの場合会社は債権放棄を承諾することとなり、業務執行を拘束する効果を伴うこと、和解および補助参加の制度は平成13年改正で同時に導入されたにもかかわらず補助参加人の和解時の代表者につき特段の規定がないことから、代表者は代表取締役とも考えられる。しかし、多くの和解には代表者自身ないしその同僚取締役の責任の免除が含まれ、内容の公正性・妥当性の確保が課題となる（取締役の横領に関する和解後に責任財産が第三者に譲渡された事案として、仙台高判平成24・12・27判時2195-130）。平成13年改正においては、一部の株主との和解により他の株主の利益が害される懸念から、株主の詐害的判決への再審請求（853条）が定められており、和解案についても裁判所による後見的監督を求める見解もあった（土田亮「責任追及等の訴えにおける詐害的和解の無効」千葉大学法学論

集 30 巻 1・2 号（2015 年）444 頁）。また前述のとおり、850 条に基づき会社が和解の当事者でない場合にも和解調書に確定判決と同様の効力を得させる（和解が取締役の責任免除を含む場合も株主全員の同意は要しない）ための会社への通知の名宛人も監査役とされていることから、①の場合には監査役を代表者とすることが望ましいとの立場もありえた。また、②の手続も明らかでなかったが、特に和解の代表者を代表取締役とするならば、責任の一部免除の場合に類する和解には各監査役の同意（425 条 3 項）を必要とすべきと考えられた。

## 【After】

改正により 849 条の 2 が新設され、株式会社が監査等委員および監査委員を除く取締役、執行役および清算人（退任者含む）の責任追及等の訴えに係る訴訟で和解をする場合、849 条 3 項と同様、各監査役（監査等委員・監査委員）の同意が必要となった。これにより、取締役——会社間および原告株主——その他株主間について、和解案の公平性・妥当性が担保されることが期待される。なお、補助参加したが和解しない場合は 850 条 2 項による催告の対象となるが、承認に際して同様の手続がとられると考えられる。

改正後は、①が問題とする、会社が取締役側に補助参加している場合の訴訟上の和解における弊害が除去されたといえるため、代表取締役が Y 社の代表となることが可能であろう（明文で監査役代表を定めた 847 条の提訴請求につき、請求が会社（代表取締役）に宛てられても監査役等が提訴の可否を自ら判断する機会があれば適式となるとした、最判平成 21・3・31 民集 63-3-472 との権衡）。一方②については、849 条との関係では公正に判断できる情報や環境がある限り監査役から個別の同意を取ることでよく、取締役会の場で同意を取得する等の手続は不要と思われるが、これによって被告取締役 A との和解について利益相反取引規制（365 条・356 条 1 項 2 号）の適用可能性がなくなるかは明らかでない。立法時の検討上も、代表取締役が会社を代表してなす和解の承認が自己取引に該当する可能性について示唆されており（部会資料 7・3 頁）、仮に、利益相反取引規制の適用がなく 423 条 3 項の規定に基づく責任の基礎となる取締役会の事前の決議が不要となると、一部免除に類する事項につき監査役等が同意の判断に責任を負う一方で、他の取締役は取締役会の業務執行報告で知るのみという処理となりかねないため、なお検討が必要だろう。

[松井智予]

# 93
# 議決権行使書面の閲覧等の拒絶事由

## Case

　株主Xは、株式会社Yの第 t 期定時株主総会に提出された議決権行使書面および委任状の閲覧請求をした。当該請求が以下に該当する場合、株式会社Yは閲覧請求を拒絶することができるか。

　①　株主Xが翌年の t ＋1 期定時株主総会に行う予定の株主提案に賛同してくれそうな株主を探すために第 t 期の定時株主総会における議決権行使の状況を確認しようとしている場合

　②　株主Xが販売している商品についてのダイレクトメールを送付するために議決権行使書面および委任状に記載されている株主の氏名および住所を確認しようとしている場合

　③　株式会社Yの業務を妨害し、嫌がらせをしようとしている場合

【Before】

　株主名簿閲覧請求に関する規定（125 条）と異なり、議決権行使関係書類の閲覧請求に際しては、株主総会の議事録と同様（318 条参照）、会社法上請求理由の明示や拒絶要件に関する規定がなかった。しかし、議決権行使関係書類には、送付の都合上その法定記載事項（施規 66 条）ではない株主の住所が記載されていることも多く、濫用的な請求に対する改正要望につながった。

　解釈論上は、従来も濫用的な閲覧請求は認められなかったと考えられる。株主名簿閲覧請求について平成 17 年会社法に拒絶事由が規定として新設される以前、株主名簿の濫用的な閲覧請求は、請求に信義則上「正当な目的」が必要であるとする判例（大判昭和 8·5·18 法学 2-1490）により退けられてきており、同様の考慮が議決権行使関係書類にもあてはまるためである。判例には、株主のプライバシーを侵害する目的（東京高判昭和 62·11·30 高民集 40-3-210）、不適当な宣伝活動（長崎地判昭和 63·6·28 判時 1298-145）、新聞購読料等の金員支払打ち切りに対する嫌がらせまたは報復目的（最判平成 2·4·17 判時 1380-136）などがあり、また改正後も会社の信用を失墜し株価を下落させる目的での請求の拒絶が認められている（東京地決平成 22·7·20 金判 1348-14）。

　他方、拒絶事由を会社側がどのように運用するかには注意が必要である（公開買付勧

誘目的・委任状勧誘目的での株主名簿閲覧に対する拒絶を認めなかった例として、東京地判平成24・12・21金判1408-52）。議決権行使関係書類については、特に近年、敵対的買収防衛策導入議案や取締役選任議案について賛否が拮抗する中で決議の成立を確認したり未着扱いとなった議決権行使書面の存在について検証を求めたりする例（東芝の令和2年定時株主総会に関するエフィッシモによる第三者委員会設立要求等）、企業不祥事に対して共同提案株主が機関投資家に賛同を呼び掛けるなど株主間の連携をとる例（関西電力令和2年定時株主総会に際しての神戸市による株主提案）が現れており、拒絶事由を広く定めたことで株主の権利行使が困難にならないよう配慮する必要がある。

　本問の場合、②や③についての拒絶が解釈上可能であったとは考えられるが、運用上不明確さが残る状態であったといえる。

【After】

　本改正においては閲覧に請求の理由を要求することが提案されたが、中間試案の段階では、拒絶事由として、業務遂行阻害・株主共同利益毀損目的や図利目的のほか、【A案】（当該請求を行う株主が株主総会の招集の手続または決議の方法に関する調査以外の目的で請求を行ったとき）か、あるいは【B案】（当該請求を行う株主がその権利の確保または行使に関する調査以外の目的で請求を行ったとき）のいずれかを定めることとして、パブリックコメントに付された。コメントには、議決権行使書面の閲覧謄写請求制度の趣旨から株主総会の決議の取消し等の訴え等に利用するための調査目的でのみ利用されるべきとしてA案に賛成する主張と、A案では経営陣と株主の間に情報格差が生じ、また少数株主が株主運動等において株主提案の共同提案者を募ることが阻害されるとしてB案を支持する主張とがみられた。部会は、少数株主権行使のための持株要件を満たすために他の株主を募る目的や、議案についての委任状勧誘目的で議決権行使書面を閲覧することは現行法上許容されていることとの平仄に立ち、B案を採用し（部会資料21参照）、これが新311条5項1号の規定として法制化された。このような経緯から、①が問題としている賛同株主を探す目的は同号にいう「権利の確保又は行使に関する調査」に該当し、会社は拒絶できないと考えられる。なお、同様の規定が代理権行使書面（新310条8項1号）および電磁的方法による議決権行使の記録（312条6項1号）にも存在する。

　これに対し、株主名簿閲覧請求に係る従来の判例と同様、②のように自己の商品の販売促進に用いるため株主の住所を特定しようとして議決権行使書面の閲覧請求をする行為は、株主権行使と無関係であって新311条5項1号の拒絶事由に該当すると解するべきであろう。また、③のように業務妨害や嫌がらせを目的とする請求は、同項2号の「会社の業務の遂行を妨げ、又は株主の共同の利益を害する目的」にあたるとすべきである。

　したがって、本問においては、①の場合については拒絶することができないが、②と③の場合について拒絶することができる。　　　　　　　　　　　　　　　　　　　　［松井智予］

# 94
# 株式の併合によるスクイーズアウトにおける事前開示

## Case

株式会社Xは、上場会社である株式会社Yの株式の80％を公開買付けにより取得した。Y社は、公開買付けの結果を踏まえ、上場を廃止しX社の完全子会社となるために、株式の併合によるスクイーズアウトを実施しようとしている。Y社は、当該株式の併合に係る事前備置書類を準備するにあたり、当該書類において、当該株式の併合により発生する端数の処理に関しどのような事項を記載しなければならないか。

【Before】

株式の併合は、併合により発生する端数の処理の手続（235条）を通じ、全部取得条項付種類株式の取得と並んで、現金を対価とする少数株主の締出し（スクイーズアウト）を実施するための手段として利用することができる。こうした利用を想定し、株式の併合については、平成26年会社法改正において、事前開示手続（182条の2）および事後開示手続（182条の6）が設けられるなど、端数となる株式の株主の利益を保護する観点から情報開示の充実を図る措置が講じられた。同改正後は、スクイーズアウトを実施するための手段として、（全部取得条項付種類株式の取得に代わり）株式の併合が実務上広く利用されている。

平成26年会社法改正により、株式の併合に関する事前開示事項として、端数の処理が見込まれる場合における当該処理の方法に関する事項や、当該処理により株主に交付することが見込まれる金銭の額および当該額の相当性に関する事項が含まれることが明らかにされた（旧施規33条の9第1号ロ）。したがって、Y社は、株式の併合に係る事前備置書類を準備するにあたり、当該書類にこれらの事項を記載する必要がある。

【After】

平成26年会社法改正により株式の併合に関して事前開示手続が設けられたが、実際にスクイーズアウトを実施するための手段として株式の併合が利用されていく中で、確実かつ速やかな任意売却等の実施および株主への代金の交付を確保することに資する措置を新たに講ずるべきであると指摘されるようになった（補足説明第3部第3の3商事77頁）。株式の併合に際してする端数の処理の手続において、株主に実際に交付される代

金の額は任意売却等の結果に依存しており、実際に任意売却等がされるまでの事情変動等による代金の額の低下や不交付のリスクは、株主が負うことになるためである。こうした指摘を踏まえ、令和元年会社法改正では、会社法施行規則の改正を通じて、株式の併合に関する事前開示事項の充実・具体化が図られた。

　具体的には、株式の併合に関する事前開示事項につき、新たに端数の「処理の方法に関する事項」として次の①〜③の事項が含まれることとされた（新施規33条の9第1号ロ。なお、新施規33条の2第2項4号において、全部取得条項付種類株式を用いたスクイーズアウトに関しても同様の改正がされている）。したがって、Y社は、株式の併合に係る事前備置書類を準備するにあたり、当該書類において、次の①〜③の事項その他の端数の処理の方法に関する事項を記載するとともに、当該処理により株主に交付することが見込まれる金銭の額および当該額の相当性に関する事項を記載する必要がある。なお、①については、株式の併合がスクイーズアウトに用いられる場合には、端数の合計を買収者または対象会社が取得することが通常であるため、任意売却をする予定である旨が通常は記載される。

①　競売または任意売却のいずれをする予定であるかおよびその理由
②　競売をする予定である場合には、競売の申立てをする時期の見込み（当該見込みに関する取締役（取締役会設置会社では取締役会）の判断およびその理由を含む）
③　任意売却をする予定である場合には、(i)任意売却が市場において行う取引による売却であれば、売却する時期および売却により得られた代金を株主に交付する時期の見込み（当該見込みに関する取締役（取締役会設置会社では取締役会）の判断およびその理由を含む）、(ii)任意売却が市場において行う取引による売却でなければ、売却に係る株式を買い取る者となると見込まれる者の氏名または名称、当該者が売却に係る代金の支払のための資金を確保する方法および当該方法の相当性ならびに売却する時期および売却により得られた代金を株主に交付する時期の見込み（当該見込みに関する取締役（取締役会設置会社では取締役会）の判断およびその理由を含む）

　以上の事前開示事項の充実・具体化は、株式の併合によるスクイーズアウトの場面で、対象会社の取締役がその善管注意義務の一環として確認する必要がある事項を明確にするという意味でも、意義が認められる。特に③(ii)で挙げられている事項は、株式等売渡請求に関する事前開示事項（施規33条の7）とほぼ同程度の開示を実現しようとするものといえるが、株式等売渡請求に関する事前開示事項は、同請求を承認するか否かを決定するにあたり、対象会社の取締役が確認する必要がある事項を明らかにするという点でも意義を有すると指摘されているところ（坂本三郎編著『一問一答　平成26年改正会社法〔第2版〕』（商事法務・2015年）272頁）、株式の併合によるスクイーズアウトの場面でも同様の考え方は妥当すると考えられる（内田修平＝遠英基「その他の改正が実務に与える影響」商事2237号（2020年）38頁注9）。

　　　　　　　　　　　　　　　　　　　　　　　　　　　　　　　　　　　［白井正和］

# 95
# 新株予約権の払込金額の登記

## Case

株式会社Xは、以下のブラック・ショールズ式により割当日において算出した1株当たりのオプション価格を払込金額として新株予約権を発行し、新株予約権の登記申請を行おうとしている。この場合において、株式会社Xが登記すべき当該新株予約権の払込金額はどのようなものになるか。

なお、割当日における算出の結果、払込金額は100円であった。

$$C = e^{-qt}SN(d_1) - e^{-rt}kN(d_2)$$

$$d_1 = \frac{Ln(\frac{s}{k}) + (r-q+\frac{1}{2}\sigma^2)t}{\sigma\sqrt{t}}$$

$$d_2 = d_1 - \sigma\sqrt{t}$$

【Before】

株式会社は、その発行する新株予約権を引き受ける者の募集をするときは、その都度、募集新株予約権について、238条1項に定める事項を定めなければならない。その際、募集新株予約権と引換えに金銭の払込みを要しないこととする場合以外の場合には、募集新株予約権の払込金額またはその算定方法を定めなければならない（同項3号）。また、新株予約権を発行したときは、募集新株予約権の払込金額またはその算定方法を登記しなければならない（旧911条3項12号ニ・915条1項）。そして、238条1項3号に定める場合で、募集新株予約権の払込金額ではなく、その算定方法を定めたときには、仮に登記申請時に当該算定方法に従い払込金額が確定できたとしても算定方法を登記することとされている（一問一答243頁）。

本問の場合、募集新株予約権の払込金額を定めず、ブラック・ショールズ式をその算定方法として採用して新株予約権を発行している。したがって、登記を要する事項もブラック・ショールズ式に基づく算定方法となる。仮に、登記申請の時までに募集新株予約権の払込金額が当該ブラック・ショールズ式により確定していたとしても、同様である。

## 【After】

　上述のとおり、旧法ではブラック・ショールズ式に関する詳細な登記がなされるが、これについては、登記申請者にとって煩雑で、登記閲覧者にとってもその式に意味があるともいえず、また、式が直接資本金の額に影響を与えるものでもないため、ここまでの詳細な事項を公示する必要があるか疑問が呈されていた。

　一方で、募集新株予約権の払込金額やその算定方法は、有利発行該当性や不公正発行該当性等の判断要素（検証が可能となる）となるだけでなく、発行の無効の訴え（828条1項4号）や役員等に対する責任追及（285条・286条等）など、公告期間経過後に当該発行に関連した訴えを提起するような場合には容易に入手できる登記が裁判資料となる可能性もあるとの指摘もあるなど、募集新株予約権の払込金額に関する事項を一切登記しないとすることも適切でないとの指摘もあった。

　そこで、改正法では従前の取扱いを変更し、募集新株予約権と引換えに金銭の払込みを要しないこととする場合以外の場合であっても、原則として募集新株予約権の払込金額を登記すれば足りることとし（算定方法の登記は不要）、例外的に、登記申請時までに募集新株予約権の払込金額が確定していないときは、当該算定方法を登記しなければならないこととした（新911条3項12号へ）。なお、算定方法を登記した場合は、登記申請後に払込金額が確定したときでも変更登記は不要である（宮崎拓也ほか「【座談会】会社法・商業登記法の改正と今後の登記実務の展望」登記情報701号（2020年）24頁）。

　本問の場合は、割当日において払込金額が確定しているため、払込金額100円を登記することとなる。なお、改正法の施行前に登記申請がされたときは、新911条3項12号の規定にかかわらず、従前の例によるとされているので、留意が必要である（新附則9条）。

[矢野　領]

# 96
# 会社の支店の所在地における登記の廃止

## Case

　東京都中央区に本店を置き、愛媛県松山市に支店Ａを置いている株式会社Ｘが以下に掲げる行為をした場合、どこでいつまでに登記の申請が必要となるか。
　①　新たに岩手県盛岡市に支店Ｂを設置した場合
　②　支店Ａの所在場所を愛媛県松山市から香川県丸亀市に変更した場合
　③　支店Ａを廃止した場合
　④　商号を変更した場合

【Before】

　株式会社の商号および本店支店の所在場所は登記事項であるから（911条3項2号・3号）、これらに変更があった場合には、本店の所在地においては2週間以内に（915条1項・911条3項）、支店の所在地（当該支店が本店の所在地を管轄する登記所の管轄区域内にある場合を除く）においては3週間以内に（旧930条1項5号）、それぞれ登記しなければならないこととされている。

　したがって、本問①～④の場合は、以下の記載の場所および期間内にそれぞれの登記を行う必要がある（以下の①～④の記載においては各条の項以下の記載は省略）。なお、これらの登記は別々に行ってもよいが、本店の所在地において登記する際に、支店の所在地における登記も一括して申請することができる（旧商業登記法49条）。

①　新たに岩手県盛岡市に支店Ｂを設置した場合
　ア　本店の所在地である東京都中央区を管轄する法務局（東京法務局）
　　　支店Ｂ設置の日から2週間以内（915条・911条）
　イ　支店Ｂの所在地である岩手県盛岡市（盛岡地方法務局）
　　　支店Ｂ設置の日から3週間以内（旧930条）
②　支店Ａの所在場所を愛媛県松山市から香川県丸亀市に変更した場合
　ア　本店の所在地である東京都中央区を管轄する法務局（東京法務局）
　　　支店Ａの所在場所変更の日から2週間以内（915条・911条）
　イ　支店Ａの旧所在地である愛媛県松山市（松山地方法務局）

支店 A の所在場所変更の日から 3 週間以内（旧 931 条）

　ウ　支店 A の新所在地である香川県丸亀市（高松法務局）

　　　支店 A の所在場所変更の日から 4 週間以内（旧 931 条）

③　支店 A を廃止した場合

　ア　本店の所在地である東京都中央区を管轄する法務局（東京法務局）

　　　支店 A の廃止の日から 2 週間以内（915 条・911 条）

　イ　支店 A の所在地である愛媛県松山市（松山地方法務局）

　　　支店 A 廃止の日から 3 週間以内（旧 930 条）

④　商号を変更した場合

　ア　本店の所在地である東京都中央区を管轄する法務局（東京法務局）

　　　商号変更の日から 2 週間以内（915 条・911 条）

　イ　支店 A の所在地である愛媛県松山市（松山地方法務局）

　　　商号変更の日から 3 週間以内に商号変更の登記（旧 930 条）


## 【After】

　今回の法改正で、支店の所在地における登記（旧 930 〜 932 条）はすべて廃止された。その理由は以下のとおりである。

・現在はインターネットが広く普及し、検索によって会社の支店等の場所を探すことは容易になっていること。

・一般財団法人民事法務協会が運営しているインターネット登記情報提供サービスにおいても、会社法人等番号を利用して会社の本店を検索することもできること（なお、会社法人番号は、国税庁法人番号公表サイトにおいて検索することができる）。

・会社の支店の所在地における登記について登記事項証明書の交付請求がなされる例はほとんどなくなったこと。

　そのため、本問①〜④のいずれの場合も、本店の所在地である東京都中央区を管轄する法務局（東京法務局）についてのみ当該事由発生の日から 2 週間以内に登記すればよい（915 条 1 項・911 条 3 項）。

　なお、当該規定を施行するにはシステム改修を要することから、支店の所在地における登記制度の廃止についての施行日は、改正法の公布の日から起算して 3 年 6 か月を超えない範囲内（令和 5 年 6 月 10 日）において政令で定める日とされている（新附則 1 条ただし書）。

[矢野　領]

# 97
# 制限行為能力者による取締役への就任

## Case

　下記の者は株式会社の取締役に就任することはできるか。取締役に就任することができる場合には、これらの者が行った取締役会での議決権の行使・契約の締結等の職務執行の効力は、どうなるか。また、これらの職務の結果、株式会社または第三者に損害が生じた場合には当該取締役は責任を負うことがあるか。

① 　成年被後見人
② 　被保佐人
③ 　被補助人
④ 　未成年者

【Before】

　旧331条1項2号は成年後見制度等の導入の際に①成年被後見人・②被保佐人を取締役欠格者と定める一方、③被補助人や④未成年者は欠格者としなかった。就任後に取締役が制限行為能力者となった場合の処理については Case 98 で検討する。

　①や②につき会社が当該事実を隠蔽して（隠蔽した取締役らの責任は別途発生する。また本人が会社に対し当該事実を隠蔽した場合は民法21条により取り消すことができない）、株主総会選任決議や登記手続を経た場合、取締役選任決議は法令違反（830条2項）となり取締役への就任は当初から無効となり、就任登記も抹消される（商業登記法134条1項2号）。業務執行の効力については、ⓐ社内的な指示や決裁は会社法上の取締役権限に必ずしも基づかず、法律行為としての効果も伴わないが、ⓑ取締役会や株主総会の決議は、無資格者の関与が手続上の瑕疵となるかを検討すべきであり、ⓒ対外的な取引行為の効力については、354条・908条の適用・類推適用の余地があるか、従業員として他の代表取締役から代理権を委任された（民法102条）と考える余地があるかを検討すべきだろう。責任は、登記簿上の取締役ないし事実上の取締役の法理の適用が考えられるが、民法713条の適用範囲次第では否定されうる（代表行為が有効な場合の同法117条2項との平仄もある）。一方、③や④の者は欠格者でないが、③につき就任以前に同法13条1項3号（重要な財産の権利の得喪に関する行為）につき補助人の同意を要する審判が

あり、会社や被補助人は同意を不要と考えたが、就任後に補助人が取締役への就任が同号に該当すると正当に解釈し取り消した場合や（同法17条4項）、④につき法定代理人（親権者）による許可（同法5条1項・823条1項）がなく、行為能力が認められないのに（同法6条1項）、会社が虚偽の営業許可を作出して未成年を取締役に就任させた場合には、これらの者であること自体でなく就任後に取締役としての職務を果たすことができないという事実が選任時に説明されなかったことが重大な手続上の瑕疵として選任決議の取消事由となるだろう。

③や④の者が適法に就任すれば業務執行行為に問題は生じない。上記の瑕疵により会社側から選任決議が取り消され、あるいは制限行為能力者側から就任行為が取り消された場合には、上記①や②の業務執行行為について述べたと同様の考慮が妥当する（この間に生じた責任については民法712条・713条の適用の可能性が残るが、その場合も同意・許可がないことを隠蔽して就任した事実は自己の行為の責任を弁識している証拠として考慮されうる）。③については適法な就任後に個別の業務執行行為類型につき同意を要する審判（同法17条1項）がなされ、代表者としてした財産処分等が取り消される可能性がある。この場合も354条・908条、民法102条の適用・類推適用の余地を検討すべきだろう。

## 【After】

改正法は、旧331条2号を削除し、成年被後見人については、本人の同意（後見監督人がある場合には両者の同意）を得た成年後見人による就任承諾を要件として、取締役就任を可能とした（新331条の2第1項）。また、被保佐人の場合には保佐人の同意を得て就任するか（同条2項）、保佐人が本人を代理して就任承諾する（民法876条の4第1項）ことが必要とされた（新331条の2第3項）（監査役につき準用（335条1項））。

審議の過程においては、行為能力制限を理由に取締役等への就任承諾や職務執行を取り消せると取引の安全を害し、また取消しができるとしたうえで原則どおり第三者保護規定等（悪意者を保護しない）による救済によるとすれば、代表者等が成年被後見人等であることを知っている相手方は取引を避けるため改正の趣旨が没却される、就任後に遡及効を伴う取消しを認めると取締役等として会社法上の責任を一切負わない可能性があり妥当でないと指摘された（部会資料22・2頁）。そこで、①や②については、上記手続をとったときは取締役への就任の効力が確定的に生ずる（取り消せない）が、当該手続を欠くときは取締役への就任は当初から無効と整理された。就任が無効となる場合には、従前と同様に個々の行為の性質や登記等に着目しながら行為の効力や責任についての解釈論を行うべきことになろう。

③や④の運用上も、取締役への就任に際して改めて補助人や法定代理人の同意を取ることが意識されるだろうが、法律の解釈上は変更はない。　　　　　　　　　　［松井智予］

# 98
# 取締役が制限行為能力者になった場合の取扱い

## Case

　取締役会設置会社ではない株式会社Ｘの３名の取締役（Ａ〜Ｃ）のうち、代表取締役Ａが任期途中に以下に該当することとなった場合に、Ａは代表取締役および取締役の地位を失うか。
① 　成年被後見人
② 　被保佐人
③ 　被補助人

## 【Before】

　従来から、後見開始や保佐開始の審判の有無にかかわらず、代表取締役が心身の故障により客観的に職務遂行に支障を来す場合には、民法651条２項ただし書に該当し委任の解除が可能であった。また、Ａに業務執行の障害となる客観的状況が生じていれば、解任の正当事由（339条２項）となり、ＢおよびＣはＡが心身の故障により上記状態が生じていると知った場合には、状況に応じて①代表取締役から解職し、②取締役解任のため株主総会を招集し、③一時（代表）取締役の選任の申立てをし（346条２項・351条２項。法令・定款上の最低員数に抵触することとなる場合、従前の（代表）取締役は権利義務者となるが（346条１項・351条１項）、職務執行への支障度合いによっては任から遠ざけるべき場合もある）、また④株主または監査役に報告する（357条）などの措置を講ずる必要があった。したがって代表取締役が成年被後見人となって退任し経営者が不在となる不都合を避けようと、成年後見開始の審判の申立てを差し控えたとしても、ＡないしＣは辞任しないことや解任しないことによる責任を負う可能性があった（民法713条の適用可能性は争いがある）。

　取締役が認知症等により辞任の意思表示ができない場合、退任には成年後見の開始が必要である（民法７条）。取締役が①成年被後見人・②被保佐人となると取締役の資格を失うので、会社側の手続を要せず当然に退任する（旧331条１項２号）。もっとも、会社が当該事実を知り、退任登記を経由するまでには若干の時間の懸隔があり、その間は上記と同様の状況が存在する。退任理由が欠格事由の発生である場合には、退任者は権利義務取締役とならないと解される。

③につき就任後に補助が開始された場合、補助人は就任を取り消すことはできない。通常は、取締役就任合意の際に補助開始を委任契約解除の条件とする旨の合意があったと認定することも難しいだろう。しかし、補助の開始により委任契約上要求される職務の遂行が困難となったとして会社から解任され、あるいは辞任することは考えられる。なお、Case 97 における未成年者の場合、就任後の営業許可の取消しは遡及効はないが（民法6条2項・823条2項・857条）、未成年であることが明らかな以上営業許可が維持される条件付きで就任承諾や決議がなされたと考えられ、取消しは委任契約の解除事由となるのではないか。

## 【After】

　改正法の下でも、取締役と会社の間の委任関係（330条・402条3項・478条8項）に民法653条3号が適用されるから、①は後見開始の審判を受けたことにより任期が終了する。会社法自体は後見開始の審判等を受けたことを明文の終任事由としていないが、これは⑥破産手続開始の決定を受けた場合と同様に、委任の規定によりその地位を失うとしたうえで、当該者を再度取締役として選任するか否かはその後の株主総会の判断に委ねれば足りる、⑥民法653条3号は任意規定と解されているが、取締役等が後見開始の審判を受けたことを終任事由としない旨の会社取締役間の特約は無効と解されうる（たとえば、監査役の善管注意義務・忠実義務は民法に依拠するものの特約により軽減できない）などの理由で、明文化の必要はないと判断されたことによる（部会資料22・3頁）。委任契約の終了事由としての審判開始を会社に対抗するには会社への通知または会社が知っていることを要する（民法655条）。また、①の者は破産開始決定を受けた取締役と同様に考えれば取締役権利義務者となることができ、仮役員を含む後任者が選任されるまで解任の訴えにより地位を失わない（最判平成20・2・26民集62-2-638）。

　②の被保佐人は欠格者でなくなるうえ、保佐開始の審判は委任契約の終了事由にもならない。また代理人が選任後に成年被後見人になった場合には代理権の消滅事由となるが（民法111条）、被保佐人には同様の規定がなく、制限行為能力者でない者（法人を含む）の代理人としてする行為は保佐人の同意を要しないから（同法13条1項10号参照）、当然には代表取締役の解職事由ともならない。③が取締役たる地位を失わないのは改正前と同じである。後見人・保佐人・補助人は制度の開始後に従前の職務執行を取り消すことができないため、対外的法律関係に影響はない。ただし、いずれの場合においても、心身の故障により客観的に職務遂行に支障を来した結果会社に損害が発生する場合には、取締役には改正前と同じく適切に対処する義務が課せられる。　　　　　　　　［松井智予］

# 99
# 登記された代表者の住所の公表

## Case

　株式会社Ⅹの代表取締役Aは、自身の住所が登記事項として公開されることに強い抵抗感を覚えている。Aは、株式会社Ⅹの登記事項証明書およびインターネットにより提供される登記情報の記載から、自身の住所の記載を省略してもらうことができるか。

【Before】

　株式会社について代表取締役の氏名および住所は登記事項とされており（911条3項14号）、例外の定めはない。

　そして、これらの登記事項は、法務局で発行される登記事項証明書（商業登記法10条1項）、または一般財団法人民事法務協会が運営しているインターネット登記情報提供サービスを利用することで確認することができるようになっている（電気通信回線による登記情報の提供に関する法律）。

　そのため、株式会社Ⅹにおいても、これらの登記情報の記載から代表取締役Aの住所の記載を省略することは認められず、上述の方法を利用することで誰でもAの住所を確認することができる。

【After】

　要綱附帯決議に従い、以下の①・②の場合には代表者の住所が表示されないことが想定されている（いずれも要綱附帯決議2項）。

　①　インターネットにより提供されるインターネット登記情報提供サービスの記載から代表者の住所を省略する（2項(2)）。

　②　法務局で発行される登記事項証明書についても、当該代表者がいわゆるドメスティック・バイオレンスの被害者等の場合は、一定の要件のもと、代表者の住所が表示されないこととする（2項(1)）。

　こうした改正となったのは、以下の理由からである。

　すなわち、そもそも代表取締役の氏名・住所、特に住所が登記事項とされているのは、代表者を特定するための情報として重要である（氏名だけでは特定が不十分である）こと、

民事裁判において当該会社が被告になる事案において、裁判管轄の確定（民事訴訟法4条4項）および送達（同法103条）の場面で代表者の住所が問題となることがあることからである。特に民事裁判では、会社の本店所在地に訴状等を送達しても届かないときに登記上の代表者の住所地に送達がなされることはしばしばみられる。そのため、代表者の住所を登記事項から外し、住所を一切公開しない扱いとすると、裁判実務において支障が生じるため適当でない。

　一方で、プライバシー保護の要請から、上述の支障が生じない場面では、一定の範囲で代表取締役の住所の記載を表示しないこととすることは可能と考えられ、上述の内容で改正されることとなった。

　そのため、本問の場合でも、まず、インターネット登記情報提供サービスには、Aの住所は表示されない。

　次に、登記事項証明書を取得する場合でも、当該代表者が、いわゆるドメスティック・バイオレンスの被害者等であり、さらなる被害を受けるおそれがある場合において、当該代表者からその住所を登記事項証明書に表示しない措置を講ずることを求める旨の申出があった場合において、当該申請を相当と認めるときは、登記官はその住所を登記事項証明書に表示しない措置を講じることとなる。この場合には、代表取締役Aの住所は登記事項証明書に表示されないことになる。なお、この場合でも、代表者の住所が登記事項から外れたものではなく（登記事項であることには変更はない）、あくまで発行される証明書に表示されないだけにすぎない。そのため、これに該当する場合でも、一定の場合には、第三者は利害関係人として附属書類の閲覧請求をすることにより代表取締役Aの住所を知ることができる（詳細は→ Case 100）。

　以上の点については、商業登記規則および電気通信回線による登記情報の提供に関する法律施行規則の改正により実施することとなっているが、システム改修が必要となるため、改修後のシステムの運用開始時期は改正法の公布の日から起算して3年6か月を超えない範囲内（令和5年6月10日）の適切な時期となることが予定されている。

［矢野　領］

# 100
# 登記された代表者の住所の閲覧方法

## Case

　新聞記者のＸは、株式会社Ａの代表取締役Ｂのスキャンダルを取材するため、Ｂの自宅を調べそこで突撃取材をすることを考えている。新聞記者のＸは、登記情報を見ることによりＢの自宅住所を調べようとしているが、これは認められるか。

【Before】

　株式会社について代表取締役の氏名および住所は登記事項とされており（911条3項14号）、例外の定めはない。

　また、登記事項が記載された登記事項証明書は、何人でも交付を請求することができ（商業登記法10条1項）、一般財団法人民事法務協会が運営しているインターネット登記情報提供サービスを通じて、登記所が保有する登記情報をインターネット経由で確認することもできる（電気通信回線による登記情報の提供に関する法律）。

　そのため、これらの方法によれば、株式会社の登記事項を確認することができるから、新聞記者Ｘは、株式会社Ａの代表取締役Ｂの自宅住所を調べることができる。

【After】

　Case 99のとおり、インターネットにより提供されるインターネット登記情報提供サービスにおいては、代表者の住所は表示されなくなり、登記事項証明書についても、当該代表者がいわゆるドメスティック・バイオレンスの被害者等の場合には、一定の要件の下、代表者の住所が表示されないことが想定されている（要綱附帯決議2項）。

　そのため、これらに該当しない方法、つまり法務局で登記事項証明書を受ける場合で、代表者の住所が表示されない事例以外の場合は、新聞記者Ｘは、登記事項証明書を取得することで株式会社Ａの代表取締役Ｂの自宅住所を調べることができる。

　一方、登記事項証明書に代表者の住所が表示されない場合でも、登記されている代表者の住所を知ることがおよそ不可能となるわけではなく、代表者の住所地が登記事項であることには変わりがないから（表示が省略されているだけ）、利害関係を有する者は、登記申請時の附属書類の閲覧を請求し、これを閲覧することで代表取締役の住所を知る

ことは可能である（商業登記法11条の2）。

　利害関係を有する者がどういった者かは解釈に委ねられているが、その趣旨に鑑み、事実上の利害関係ではなく、法律上の利害関係まで要すると厳格に解されている。たとえば、株式会社Aに対して訴え提起をしたが、登記上の本店所在地には送達できず、代表者の住所地への送達が必要となる場合などが考えられる。

　この点、本問では、新聞記者Xの目的は、株式会社Aの代表取締役Bのスキャンダルを取材するためのものでしかなく、登記申請の附属書類を閲覧することについて法律上の利害関係があるとはいえない。そのため、新聞記者Xの閲覧請求は認められず、登記事項証明書に代表者の住所が表示されない場合であったときは、登記事項を通じて代表取締役Bの住所を知ることはできない。　　　　　　　　　　　　　　　　［矢野　領］

# 事項索引

# 判例索引

# 条文索引

【編著者】

田中　　亘　東京大学社会科学研究所教授

梅野晴一郎　弁護士

沖　　隆一　弁護士

加藤　貴仁　東京大学大学院法学政治学研究科教授

齊藤　真紀　京都大学大学院法学研究科教授

邉　　英基　弁護士


Before/After 会社法改正

2021(令和3)年2月15日　初版1刷発行

編著者　田中 亘・梅野晴一郎・沖 隆一
　　　　加藤貴仁・齊藤真紀・邉 英基

発行者　鯉渕 友南

発行所　株式会社 弘文堂　　101-0062 東京都千代田区神田駿河台1の7
　　　　　　　　　　　　　TEL03(3294) 4801　　振替00120-6-53909
　　　　　　　　　　　　　https://www.koubundou.co.jp

装　丁　笠井亞子

印　刷　大盛印刷

製　本　井上製本所

ISBN978-4-335-35860-9

# 実務解説 改正会社法［第2版］

**日本弁護士連合会=編**

改正の理由・条文の趣旨・実務への影響がこの1冊でわかる。会社法改正作業と並走してきた日本弁護士連合会・会社法制部会バックアップチームの集大成ともいえる待望の逐条解説書。規則等も加え施行後に対応した最新版。　A5判　440頁　本体2800円

# Before/After 民法改正

**潮見佳男・北居功・高須順一・赫高規・中込一洋・松岡久和**＝編著

# Before/After 相続法改正

**潮見佳男・窪田充見・中込一洋・増田勝久・水野紀子・山田攝子**＝編著

改正の前後で、どのような違いが生じるのかを、シンプルな設例（Case）をもとに、「旧法での処理はどうだったか」（Before）、「新法での処理はどうなるか」（After）に分け、第一線で活躍する民法学者および実務家が、見開き2頁でわかりやすく解説。根拠条文・要件効果の違いを示すことを第一義にし、実務においても学習においても、まず、押さえておきたい基本を明示。新しい民法および相続法の理解が一気に深まるお勧めの一冊。　A5判　504頁／264頁　本体3300円／2200円

＊定価（税抜）は、2021年2月現在のものです。